HORIZONTE DAS COTOVIAS

GILVANIZE BALBINO
Romance do espírito Ferdinando

NOVA EDIÇÃO

© 2017 por Gilvanize Balbino
© iStock.com/DianaHirsch

Coordenadora editorial: Tânia Lins
Coordenador de comunicação: Marcio Lipari
Capa e projeto gráfico: Jaqueline Kir
Diagramação: Rafael Rojas
Preparação e revisão: Equipe Vida & Consciência

1ª edição — 1ª impressão
5.000 exemplares — junho 2017
Tiragem total: 5.000 exemplares

CIP-BRASIL — CATALOGAÇÃO NA PUBLICAÇÃO
(SINDICATO NACIONAL DOS EDITORES DE LIVROS, RJ)

F389h

    Ferdinando (Espírito)
    Horizonte das cotovias / Gilvanize Balbino ; pelo espírito
Ferdinando. -- [2. ed.]. -- São Paulo : Redentor, 2017.
    288 p. ; 23 cm

    ISBN 978-85-9377-700-4

    1. Romance espírita 2. Obras psicografadas. I. Título.

17-41513
                    CDD: 133.93
                    CDU: 133.9

Todos os direitos reservados. Nenhuma parte desta edição pode
ser utilizada ou reproduzida, por qualquer forma ou meio, seja ele
mecânico ou eletrônico, fotocópia, gravação etc., tampouco apro-
priada ou estocada em sistema de banco de dados, sem a expressa
autorização da editora (Lei nº 5.988, de 14/12/1973).

Este livro adota as regras do novo acordo ortográfico (2009).

Vida & Consciência Editora e Distribuidora Ltda.
Rua Agostinho Gomes, 2.312 — São Paulo — SP — Brasil
CEP 04206-001
editora@vidaeconsciencia.com.br
www.vidaeconsciencia.com.br

QUEM É FERDINANDO?

Ferdinando é o nome utilizado pelo espírito que se apresentou a Gilvanize Balbino em 1979, assumindo a responsabilidade espiritual de seu trabalho mediúnico. Por meio da médium, sua missão é relembrar e divulgar a genuína mensagem de Cristo, propositadamente esquecida nesses dois mil anos que nos separam de sua estada em nosso planeta.

SUMÁRIO

APRESENTAÇÃO 7

BREVE RELATO... 11

A LENDA DAS COTOVIAS.................................... 15

CAPÍTULO 1 – Confirmações de amor 17

CAPÍTULO 2 – Súplicas e separações......................... 29

CAPÍTULO 3 – Desafios em uma nova terra 41

CAPÍTULO 4 – Reencontro e anunciação..................... 45

CAPÍTULO 5 – O futuro sob julgamento e disputas 53

CAPÍTULO 6 – Vidas em movimento e transformação 63

CAPÍTULO 7 – Caminhos de verdade e luta................. 75

CAPÍTULO 8 – Sacrifícios e dívidas de amor 83

CAPÍTULO 9 – Verdades e consolação......................... 91

CAPÍTULO 10 – Novo lar, mais um recomeço 97

CAPÍTULO 11 – Travessias e reencontros..................... 103

CAPÍTULO 12 – Despedidas sem esmorecimento 113

CAPÍTULO 13 – Enganos e recomeço 119

CAPÍTULO 14 – O retorno para Roma.......................... 129

CAPÍTULO 15 – Mesmo caminho, semelhante destino 139

CAPÍTULO 16 – Sublime despedida.............................. 147

CAPÍTULO 17 – União de luz....................................... 169

CAPÍTULO 18 – Difícil revelação.................................. 175

CAPÍTULO 19 – Dos sonhos à separação 193

CAPÍTULO 20 – Lições de perseverança...................... 203

CAPÍTULO 21 – Desconhecido amanhã 215

CAPÍTULO 22 – Do reencontro e do
iluminado nascimento 225

CAPÍTULO 23 – Confrontos e lágrimas........................ 245

CAPÍTULO 24 – Entre as apostas e o cativeiro............. 251

CAPÍTULO 25 – Herança celeste, a luz........................ 259

GALERIA DOS PERSONAGENS 273

BREVE RESUMO dos irmão Gracus/ Graco 277

BREVE RESUMO da história grega culminando
na chegada do Império Romano na Grécia................. 281

APRESENTAÇÃO

Queridos amigos, peço licença para escrever estas páginas que têm como objetivo revelar os elementos motivadores para a reedição estendida deste livro.

Ferdinando é o mentor responsável no plano espiritual por esta obra e pelo conjunto das demais que resgatam o cristianismo primitivo, abrangendo os adventos antes, durante e após a vinda de Jesus Cristo, com textos apócrifos, que são agora trazidos aos corações dos leitores.

Inicialmente, o livro *Horizonte das cotovias* retrata os episódios da preparação da vinda do Mestre com personagens que marcaram a história, mas que foram por razões desconhecidas omitidos do domínio público.

Entretanto, Ferdinando quando da organização do trabalho psicografado em forma de livros, me solicitou que não me esquecesse do material histórico em torno de Jesus. Entre livros novos, o passado não poderia ser esquecido.

Abaixo um breve resumo das palavras eternas de nosso amado Ferdinando sobre a reedição deste livro e dos demais:

"Venho ao coração de minha médium, solicitar que não se esqueça jamais dos livros históricos que subsidiam o cristianismo primitivo, com os quais temos, não somente eu, mas todos os membros da Cidade de Jade, um compromisso eterno.

Cada página dos livros que aqui escrevi junto aos meus amigos de meu mundo, foram relatos vivos daqueles personagens que participaram da história.

Nossas pesquisas não estavam embasadas em relatos históricos, que foram deixados e conhecidos ao longo do tempo no planeta.

Nossos arquivos são vivos e residentes no plano espiritual, por isso, mantivemos a essência do latim antigo, mas compreendemos que a comunicação atual se modificou.

Jesus nos solicitou que seus ensinamentos, leis e exemplos não morressem ao longo do tempo, mesmo com as mudanças culturais que naturalmente alteram o rumo da história.

Desta forma, venho solicitar que estes livros acompanhem o desenvolvimento das sociedades e processos linguísticos, pois sabemos que as primeiras edições abarcaram uma parcela de corações, mas agora também poderá ser de conhecimento da atualidade, por isso, não somos resistentes à modernidade, mas sim, garantindo que a obra do Cristo seja preservada.

Reconheço todo o trabalho realizado em torno deste material outrora, mas agora é necessário facilitar a interpretação, mas sem perder a sua essência..."

É com o coração repleto de alegria que cumprimos a recomendação do plano espiritual. Com o apoio e compreensão da Editora Vida & Consciência, revisamos os textos originais, acrescentamos os capítulos, que por razões diversas, foram excluídos das versões anteriores e adaptamos à linguagem objetiva que permite o acesso a todos os corações. Também tentamos buscar as pesquisas históricas para complementar os estudos realizados em torno deste livro.

Não posso omitir minha gratidão a muitas pessoas, mas destaco a dedicação de meus queridos amigos Sergio Manzini, Luiz Voltolini, Cida Voltolini e Marcelo José pela imensa contribuição para a realização deste trabalho.

Horizonte das cotovias é o primeiro livro da série de romances históricos trazidos pelo espírito Ferdinando e sua equipe a ser trabalhado com o mesmo objetivo.[1]

Esperamos que a mensagem do Cristo e seus ensinamentos sejam colocados em prática em nossas vidas, para o bem ao próximo e, sobretudo, para um mundo melhor...

Com carinho,
Gilvanize Balbino

---

1 - Nota da Médium: Acompanhando a linha do tempo desta obra histórica que trabalharemos para a reedição estão os seguintes livros psicografados: *Salmos de Redenção* (Ferdinando); *Lanternas do Tempo* (Ferdinando e Bernard); *Lágrimas do Sol* (Ferdinando e Tiago); *Cetros Partidos* (Ferdinando e Tiago); *Verdades que o Tempo não Apaga* (Ferdinando e Bernard).

BREVE RELATO

Leitor amigo, reunidos em clima de paz, amor e alegria, mais uma vez o Senhor permitiu que voltássemos à Terra, em espírito, para trazermos esta história real vivida por nós e por nobres confrades, a qual jamais poderia apagar de nossas mentes e de nossos corações.

Na força que rege as pessoas no planeta, Nosso Deus de bondade concede a oportunidade da renovação a cada um de nós, fazendo que o brilho da luz não seja ofuscado pelas chamas acinzentadas dos nossos sentimentos inferiores.

Confiando no amanhã e fortalecendo-nos hoje, acreditamos na transformação de cada filho de Deus, diante de um mundo envolvido em diversos testemunhos de fé e de aprendizado.

Nas trajetórias de nossas existências, sempre haverá aqueles que ofertarão suas vidas visando à elevação da humanidade e da família universal, da qual também somos membros.

Muitos nasceram antes de nós, abrindo-nos os caminhos, experimentando espinhos, mas jamais perderam suas forças inspiradas nos códigos fraternos da fé e da consciência da existência do bem, latente em cada ser.

Diante de um cenário de escravidão, egoísmo e lutas pelo poder absoluto antes do nascimento do Nosso Senhor

Jesus Cristo, esses filhos de Deus, que marcaram esta história, carregaram a viva promessa da vinda do Messias, esperado para a dissolução do egoísmo de um mundo hostil.

A misericórdia celeste assistiu àqueles que voltaram ao planeta com a finalidade redentora de preparar os filhos de Deus, para que o espírito de nosso Mestre pudesse ser impresso eternamente em nossos espíritos. Somente a profunda demonstração de fé e a promessa da sua vinda seriam a luz da esperança para os personagens destes relatos.

Tantos anos se passaram após aqueles dias mostrados nesta história real, ocorrida no coração da saudosa Grécia. Mesmo assim, ainda podemos escutar o mar quebrando nas encostas daquele belo lugar, trazendo as bênçãos de um colorido natural, mesclado pelos amores e lutas dos personagens que compartilham as linhas destas páginas em bálsamo redentor.

Cabe a mim esclarecer que, para efeito destas lembranças, simbolicamente chamaremos as encostas humildes de Atenas, banhadas graciosamente pelo mar Egeu, de Horizonte das cotovias, em homenagem a um amigo de meu convívio, que muito conheceu estes pássaros e que tiveram significativa representação em suas passagens anteriores pela Terra.

Com o intuito de não confundir o nobre leitor, as cotovias, aqui referenciadas, serviram somente de inspiração para intitular este compêndio e não se referem às belas aves marinhas das iluminadas primaveras que dançavam como bailarinas junto às embarcações pesqueiras, que humildemente ali aportavam em cada pôr do sol, dividindo e compondo a bela obra de Deus na perfeita tela do arco-íris advindo das mãos celestiais.

Deus, em Sua bondade infinita, não abandona seus filhos em temporário estado de sofrimento na escola da vida. Por meio do nascimento, Ele confirma que o ser humano retorna às experiências da carne. Essas experiências se encarregam de estabelecer o equilíbrio nos caminhos individuais daqueles que, perseverando e sem desfalecimentos, lutam pela transformação pessoal de seus espíritos e também de todos aqueles que amam.

E ninguém sofre sozinho: sempre, em algum lugar, pelos elos do coração, alguém se dispõe, com empenho e paciência, a nos conduzir a Deus sem que nos percamos das estradas corretas e iluminadas que levam aos céus.

Assim, com intuito verdadeiro e despretensioso, rogo a Jesus que as histórias destas páginas possam servir de aprendizado, auxílio e estímulo aos filhos de Deus, que atravessam a vida experimentando vales temporários de agonias ou provações. Que eles encontrem, nestas linhas de amor, coragem e perseverança, a fonte pura e inspiradora para jamais desistirem da luta para a qual foram chamados.

Otimistas e confiantes, saudamos o nome do Nosso Senhor Jesus Cristo, reconhecendo-Lhe a grandiosidade e Sua suprema luz, jamais se esquecendo de agradecer a oportunidade e Seu amparo fraterno para compor, nestes escritos, a expressão mais verdadeira dos esforços dignos e individuais de todos os que estão a serviço dos irmãos nesta Terra. Portanto, não pretendemos ditar regras de conduta, mas sim demonstrar as lições individuais absorvidas ao longo das histórias de cada um de nós, lições que nos fizeram compreender a necessidade divina de converter nossas almas em criações eternas de amor.

Leitor amigo, estendo-lhe as minhas mãos para que participe desta viagem temporária em direção ao encanto, ao aprendizado e à candura do *Horizonte das cotovias*.

Ferdinando
São Paulo, 5 de outubro de 2000.

A LENDA DAS COTOVIAS

A espécie dos pássaros a qual os pescadores atenienses referiam-se carinhosamente ao nomearem o local em que ocorreu esta história não mais habita o globo terrestre e, sobretudo, não nos referimos a elas por não serem de conhecimento universal, mas sim de um humilde lugarejo.

Assim sendo, auxiliado pela bondade de um sábio e nobre amigo de meu convívio, chamado Pedro, elegemos as cotovias para intitular este compêndio, de maneira 'alegórica' inspirada nas palavras lendárias por ele proferidas, aqui sintetizadas:

Certa feita, os emissários benditos, por designação celestial, foram à floresta com a tarefa de visitarem os ninhos de todas as espécies de aves para distribuir, a cada agrupamento, as suas missões na Terra.

Todas as aves foram agraciadas com tamanho e beleza, visão e precisão na caça pela sobrevivência e perfeição no voo. Enquanto os trabalhadores do Senhor cumpriam suas tarefas, alguns pássaros envaideceram-se e festejavam mostrando uns aos outros o que haviam recebido.

As cotovias, porém, sofreram toda a sorte de desprezo e escárnio. Diziam que elas não possuíam importância para Deus, pois os melhores 'dons' haviam sido atribuídos aos mais experientes, maiores e melhores. De que serviria, então, o dom do canto diante dos grandes desafios da vida?

Após certo tempo, os emissários retornaram à floresta com o intuito de verificar como foram utilizados os 'dons' que haviam sido depositados naqueles corações. Alguns os utilizaram de maneira digna e correta, outros, porém, desvirtuaram seus caminhos e entregaram-se totalmente à vaidade.

Antes de partirem, os representantes divinos encontraram as cotovias resignadas e aconchegadas em seus ninhos. Ao se aproximarem, as pequeninas derramavam lágrimas e, emocionadas, cantavam corajosamente em perfeita afinação, louvando ao Senhor e agradecendo por todas as lições que aprendiam dia a dia com as dificuldades do mundo e com os desafios de enfrentar o impiedoso prado, fazendo suas dores converterem-se em melodias, sem lamento ou reclamações, até o momento de suas mortes.

Tamanha era a força daquele canto que todos paravam para escutá-lo e, assim, sentiam suas almas tocadas por profundo alívio e alegria.

Embevecidos pela majestosa cantoria, os trabalhadores celestes reconheceram o esforço daquelas humildes criaturas e, como recompensa, quando libertas dos infortúnios do corpo emplumado, passavam a habitar as moradas celestiais, como membros das orquestras de luzes, com a missão especial de derramar sobre a humanidade as melodiosas virtudes: coragem, esperança e fé.

Ferdinando, São Paulo, 2002.

CAPÍTULO 1

Confirmações de amor

Por volta do ano 60, antes do advento do Senhor Jesus Cristo, a frondosa Roma em seu apogeu demonstrava a imponência de suas conquistas, em um cenário político ofensivo, no qual a República tinha como regra única o avançar de suas fronteiras. Diante da humanidade, as famílias romanas eram a força da estrutura social vigente e todo poder era transferido no seio delas, com sucessões que ocorriam nos círculos militares e no clã do Senado.

Apesar do tempo transcorrido desde as mortes dos irmãos Gracus[2], seus nomes ainda brilhavam entre as gerações que os sucederam e herdaram seu prestígio. Portanto, essa família ainda mantinha forte influência nas decisões do Estado.

A sociedade era dividida em dois grandes grupos: de um lado, a força dos exércitos em marcha constante pelo domínio do mundo e, do outro, o Senado definindo leis para que seus soldados pudessem executá-las. Os povos conquistados eram mercadorias no crescente comércio de escravos e rendiam quantias altas, em negociações frias e desumanas.

---

2 - Nota da Médium: Tiberius Sempronius Gracus 164-133 a.C. e Caius Gracus 154-121 a.C.

Todos os textos bíblicos foram extraídos da versão de *A Bíblia de Jerusalém*, nova edição revista e ampliada. Paulus, São Paulo, 2002. As abreviações utilizadas nas citações bíblicas seguem as propostas na mesma obra.

Mesmo sendo o eterno berço da civilização, a Grécia estava sob o pesado jugo de Roma, cujas legiões haviam iniciado o domínio de quase a totalidade das terras gregas. Os romanos eram fascinados pela cultura do povo grego e era dele que, preferencialmente, retiravam os escravos que iriam lhes educar os filhos.

Na velha Grécia, o mar Egeu abraçava silenciosamente as encostas de Atenas — carinhosamente chamada pelos nativos de Horizonte das cotovias — e o entardecer trazia a profunda beleza de um raro colorido. O azul do mar se confundia com o céu tingido pelas cores que o sol, como um grande artista, distribuía sobre a brandura das águas calmas.

Em uma colina próxima, de onde se vislumbrava a valiosa obra divina daquele pôr do sol, entre os pássaros dos céus e a harmonia da natureza, uma casa humilde, construída em pedra clara e impressa em meio a tanta beleza, acomodava em paz a família do velho israelita Jeremias. Após a morte de Mirtes, sua esposa, ele dedicava-se integralmente aos filhos Cimiotis e Horacio, às noras Hannah e Miriam, e ao pequeno neto Demetrius.

A figura forte de Jeremias era o pilar de sustentação e equilíbrio daquela família. Sua face trazia uma expressão de paz e de sabedoria, conquistadas por uma vida humilde de pescador que deixara sua pele escurecida pelos raios impiedosos do sol. A longa barba embranquecida acrescentava dias à sua existência. Conhecedor dos segredos da limitada medicina daquele tempo, após seu trabalho regular, era requisitado para auxiliar os pobres e infelizes que sofriam a privação da saúde.

Cimiotis, o filho mais velho, expressava a força de seus músculos na organização da defesa do lugarejo, além de se dedicar à tradicional atividade pesqueira da família. Com sua esposa Hannah, mulher madura de seus trinta e cinco anos, vivia em perfeita harmonia, trazendo consigo a confirmação do amor com Demetrius, filho único de três anos de idade.

Horacio, o filho mais novo, apresentava uma feição clássica, apesar da vida humilde que levava com o pai e o irmão junto às redes de pesca. Seu rosto fino e seus cabelos negros brilhavam ao sol, acentuando-lhe uma mescla de força e razão. Dedicado aos estudos das leis gregas, dos códigos de justiça e ordem da região, homens sábios aconselhavam-se com ele, buscando o equilíbrio para elaborar leis justas e humanas. Conhecedor das escrituras de um Deus único, justo e soberano, herança dos ancestrais de seu pai, transmitia esse conhecimento aos filhos de Deus que buscavam socorro em Jeremias.

Com seus vinte e dois anos, Horacio compartilhava os dias e seu coração com Miriam, a esposa devotada que ostentava encanto e graça. Seu rosto delineado por uma delicadeza pura e realçado por seus longos cabelos pretos tinha a beleza de uma valiosa escultura grega esculpida pelo mais nobre artista. Em seu coração aguardava, esperançosa, o dia em que Deus lhe enviaria um filho para selar tão intensa e feliz união matrimonial. Enquanto este dia não chegava, dividia amorosamente com a cunhada os cuidados do pequenino Demetrius, a quem devotava um amor maternal.

Esses filhos de Deus viviam seus dias registrando nas linhas de suas vidas o mais puro e verdadeiro amor, confirmando uma união gloriosa presidida pela paz e por uma fé fortalecida nos alicerces de um Deus único. Sob a influência direta de Jeremias, eles resgatavam a compreensão da origem de Abraão e de seu povo, constituindo-se uma família abençoada pelas dádivas radiantes das luzes dos céus.

Miriam e a amiga fiel, considerada uma irmã, aprontavam-se, como de hábito, para irem à praia esperar seus grandes amores. Hannah ajeitava os cabelos entristecida, deixando uma lágrima rolar em sua face. Com a voz rouca, abriu seu coração:

— Minha cunhada, fui abençoada por ter um dia concebido meu Demetrius. Passei muitos dias de minha existência orando ao Senhor, suplicando misericórdia, para poder deitar nos braços de meu Cimiotis um fruto do nosso amor, pois me acreditava infértil. E agora carrego o coração turvado, temendo o amanhã. Não consigo explicar o sentimento que me toma sem razão, sinto que não verei meu filho crescer. Compartilharei dos primeiros sorrisos e os reconhecimentos mais singelos, porém não o abraçarei em suas grandes conquistas como um homem feito. Quando olho para você, vejo uma mulher jovem e tão forte. Queria possuir a sua força, mas me sinto enfraquecida.

O pranto sentido de Hannah comovia a nobre Miriam que, humildemente, aproximou-se e a abraçou com amor fraternal:

— Ah! Minha querida, compreendo a sua aflição, mas não marque seu coração com pessimismo. Seríamos mortos se perdêssemos a esperança. Deus, nosso Senhor, concede tudo no tempo justo. Você é uma heroína e sei que estamos protegidos pelas graças dos céus. Em cada um de nós reside a fortaleza do bondoso coração celestial. Basta aguardarmos para descobrir, no momento justo, o despertar de nossas almas. Ainda não pude realizar o sonho de conceber os frutos do meu amor por Horacio, mas tenho certeza de que um dia nós seremos agraciados pelas mãos de Deus, e nada, ninguém, poderá separar os corações que verdadeiramente estão unidos pelos laços do amor.

Um clima de paz envolvia as duas mulheres. Hannah, percebendo que os grandes olhos de Miriam brilhavam emocionados, tentou interromper a conversação por ela iniciada:

— Ora, devo estar com os pensamentos oscilantes entre as luzes e as sombras. Perdoe a fraqueza de meu coração. Vamos, vamos, nos apressemos. Muito em breve os pássaros dos céus anunciarão a aproximação das embarcações. Deixemos esta conversa para depois.

Com o rosto tomado por uma luz vivamente expressa, Miriam prosseguiu:

— Há dias sonhei com alguém tão meigo e dócil, envolvido por intensa luz. Mal conseguia fixar meus olhos sobre tão nobre imagem, seu brilho ofuscava minha visão. Com brandura, essa pessoa se identificou como Mirtes, esposa de Jeremias. Ela me abraçava fraternalmente. Sem conseguir explicar, me sentia acolhida nos braços maternais de alguém que muito amei, assim como se já a conhecesse há muitos, muitos anos.

Uma lágrima tímida correu pela face de Miriam, que a secou e continuou:

— Ela falava dos seus filhos e do amor por Jeremias. Dizia, com segurança, que devemos aceitar os desígnios dos céus. Pediu para dizer ao seu coração maternal que, mesmo que não possa ver Demetrius transformar-se em um homem, aconteça o que acontecer, você e Cimiotis não devem se ausentar deste lugar, aguardando com fé, sabedoria e coragem as novas fases de nossas vidas. Ainda disse que aqueles que aportariam em nossa terra, trazendo a aparente maldade, separação ou dor, nada mais seriam do que a razão essencial de estarmos vivos neste planeta. Portanto, devemos seguir perdoando e aceitando todos aqueles que se dizem algozes temporários dos nossos sofrimentos. Falou também que eu e Horacio vivemos em um só coração, mas estamos em missão e, quem ama em missão deve estar preparado para viver as leis de Deus sem medos ou amarguras. Entre tantas outras frases, ela desapareceu em sua luz, deixando vivas em minha mente as suas palavras, como se pudesse ouvi-la pronunciando-as.

Segurando as mãos da amiga, Miriam prosseguiu:

— Você diz que sou forte, mas lhe suplico ajuda para fazer cumprir a vontade de Deus. Afinal, não se separa a semente da terra, a raiz da árvore, as nuvens dos céus, os pássaros do ar. Somos uma família e nada poderá nos separar. Viver sem Horacio seria como viver sem o ar que respiro. Mas uma certeza me sustenta: o amor que nos estreita o destino. Estamos unidos pelos vínculos da fé e pelas leis de Deus. Isso nos bastará.

Com o semblante preocupado, Hannah não ousou contradizê-la:

— Sim, farei tudo para deixar nossa família feliz. Compartilharemos desses momentos, sejam eles felizes ou tristes. Estarei sempre com você. Também trago meus pensamentos voltados para essas preocupações. Nosso amanhã é somente uma esperança e devemos ter coragem para nos sustentar.

— Sei que Deus não nos abandonará. Escute o pedido da nobre Mirtes que me apareceu em sonho. Permaneça aqui e, assim, eu sempre saberei onde encontrá-la além do meu coração.

— Minha querida, prometo que permanecerei aqui, neste solar, aguardando sempre as bênçãos dos céus, mesmo que elas pareçam temporariamente distantes de nós.

Dito isso, elas abraçaram-se calorosamente, confirmando e estreitando os elos de amor que unificavam seus corações.

Naquela mesma tarde primaveril, Miriam, Hannah e o pequeno Demetrius caminhavam pelas areias quentes em direção ao vasto mar para esperar seus grandes amores, que iriam retornar após a longa jornada da pescaria.

Orgulhosa dos feitos do pequenino, que ingenuamente brincava com as conchas do mar, Hannah sorria feliz, enquanto Miriam caminhava com seu véu alvo nas mãos, não contendo em si a euforia e a felicidade pelo encontro com o esposo.

Anunciadas pelos pássaros, as embarcações lentamente aportavam, enquanto os homens desciam dos barcos para vencerem as ondas e firmá-los sobre as areias. Miriam, com candura, olhou para o esposo e correu para abraçá-lo, sendo correspondida calorosamente. Emocionado, Horacio disse:

— Deus! Deus! Não sou digno de tamanha graça. Concedeu-me, com Sua infinita misericórdia, uma de suas maiores belezas.

Miriam retribuía com carinho, presenteando-o com sorrisos e flores campestres.

— Meu querido, amo você e quero habitar eternamente em seu bondoso coração. Em minha alma, também agradeço ao Senhor poder estar ao seu lado.

Hannah demonstrando a alegria inerente à sua personalidade, abraçava o esposo, que correspondia carinhosamente.

Jeremias sorrindo com o neto nos braços, mostrava ao menino os cestos fartos de peixes, resultado do esforço do dia. Com os olhos marejados e brilhantes, silenciosamente, agradecia ao Senhor a beleza de poder experimentar a felicidade entre aqueles corações que, unidos, faziam a verdadeira composição de amor da história de sua vida.

Entre verdadeiras demonstrações de amor e saudações calorosas, as primeiras estrelas despontavam no céu. Aqueles personagens, vivendo os dias calmos de suas vidas, seguiam em busca de alívio para o cansaço de mais um dia.

Após o jantar, na humilde casa de Jeremias, todos convertidos à crença no Deus único aguardavam o momento para as orações noturnas. Enquanto as mulheres mantinham-se em conversações, os homens, na varanda, discutiam as boas-novas que circulavam na pequena cidade. Cimiotis, contemplando o horizonte, levou a taça de vinho aos lábios e iniciou com um tom de voz entristecido e apreensivo:

— Por toda a extensão da nossa terra ainda podemos encontrar os vestígios da passagem dos exércitos dominadores. Eles invadiram sem piedade a nossa Grécia, escravizando, matando homens e mulheres, crianças e jovens. O povo sábio transformou-se em lembranças e estas lembranças nos levam à realidade de que vivemos sob os pilares de Roma. Temo por nossas famílias. Conheci lares que foram desfeitos, filhos separados dos pais e mulheres belas como Miriam e Hannah sendo transformadas em escravas.

Horacio levantou-se, levou sua mão direita ao ombro do irmão e disse:

— Nesta região, somos a minoria que crê em um Deus único, crença que recebemos de nossos pais. Os demais acreditam em seres mitológicos que alucinam a própria fé. Sei que o Senhor não desampara Seus filhos. Além do mais, desconheço registros recentes de que soldados romanos tenham passado por aqui. Acredito que ninguém poderá separar o meu coração de minha família.

— Não deveríamos nos preocupar com isso? Afinal, estamos a maior parte do tempo no mar, longe de nossas esposas. Minha Hannah e meu Demetrius são as únicas preciosidades que Deus colocou em minhas mãos impuras. Perdoe-me, mas estou envelhecendo e não terei mais filhos. Gostaria de viver nossos dias em paz. Hoje, quando estava a caminho de nossa casa, encontrei um confrade que falou sobre um novo grupo de soldados que desembarcou aqui, procurando hospedagem junto aos pobres artesãos da região. Eles chegam e partem todos os dias. Você é conhecedor dos nossos códigos e eu possuo a força para organizar os exércitos. Juntos, somos a combinação perfeita. Enquanto você refina seus pensamentos, eu prefiro afiar as espadas. Não crê que deveríamos lutar? Organizar nosso povo para buscar a nossa segurança?

— Prefiro acreditar que Deus não é um Senhor de batalhas insanas, mas um Mestre da paz e da bondade, que organiza os corações para que combatam as trevas íntimas, residentes em nossas próprias almas. Se organizarmos exércitos, seremos iguais àqueles que julgamos impiedosos e sanguinários. Creio na justiça e, quando defendo uma lei, busco o equilíbrio entre as forças dos homens e a força de Deus. Se tivermos fé em nossos corações, estaremos seguros.

Jeremias, em sua sabedoria, levantou-se e ficou próximo de Horacio, sem esconder a concordância com as ideias do filho mais novo. Com bondade, elucidou:

— Meus filhos, escuto os seus lábios pronunciarem tantas frases e concluo que ambos são para mim tal qual uma balança. De um lado, Cimiotis com os pés enraizados no chão; do outro, Horacio sustentando-se com a razão das leis humanas e celestes.

Respirando profundamente, o ancião prosseguiu:

— Não devemos entregar os nossos corações a conversações sem elevação. Nem sequer sabemos os motivos que trouxeram esses homens à nossa terra. Quem sabe estão em missão de paz. Se orarmos, organizaremos nossas mentes para encontrar a vitória. E a vitória estará sempre em poder de nossos corações, enquanto aguardamos com paciência o momento lento de transformação da humanidade.

— Meu pai, perdoe-me, mas não consigo compreender o seu coração tão puro! Como consegue identificar a bondade em soldados sanguinários, homens cujo destino e cuja educação sempre foram a morte?

— Creio que ninguém nasceu para a maldade eterna. Esses homens, na maioria das vezes, por algum motivo que desconhecemos, desanimaram diante da vida e entregaram-se amedrontados às sombras inferiores. Estamos vivos para triunfarmos no bem, combatendo o mal que ainda reside em nós mesmos. Dentro de nossos corações sempre existirá a beleza de sermos filhos de Deus. Não julguemos ou apontemos os atos alheios. O tempo impõe o ritmo da marcha e ajusta com precisão os roteiros de nossas vidas.

Suspirando profundamente, ele abraçou o filho e continuou:

— Tenhamos fé e bom ânimo. O Senhor nos alertou: é chegada a hora de buscarmos nas palavras sábias o entendimento para esse temor.

Miriam, como de costume, trouxe para o esposo os pergaminhos envelhecidos que relatavam os feitos dos ancestrais e de ilustres figuras como Abraão, Jacó e José e, buscando inspiração no mais íntimo de sua fé, respirou profundamente e leu o texto da noite: "Sorrateiramente penetrará nas regiões mais férteis da província e fará o que não haviam feito seus pais nem os pais de seus pais: distribuirá despojos, lucros e riquezas entre os seus, maquinando planos contra as cidades fortificadas, mas isto até certo tempo"[3].

Em silêncio profundo, Jeremias contemplou as altas estrelas do céu e orou fervorosamente para o Deus de Israel:

— Senhor, grande é o poder que vem de Teu coração. Nobres são as Tuas leis. Sábios são os Teus desígnios. Não suplicamos a libertação, porém o entendimento no ato da escravidão. Conceda-nos a sabedoria para amarmos os nossos inimigos, em especial àqueles que atravessam a vida temerosos e cegos por não conhecerem o Teu amor. Ensine-nos a sermos a paz, pois somos viajantes do tempo e devemos nos adaptar a qualquer alteração nos códigos de nossas vidas. Ensine-nos a contemplar o novo dia, mesmo que as avassaladoras espadas do mal adentrem nossos corações. Planifique nossos destinos sob a Tua luz e não permita que o medo da espada rompa a nossa fé. Ninguém possui a terra, pois a terra pertence às Tuas mãos. Ensine-nos a respeitar o chão para que possamos olhar para as estrelas sem amarguras ou dúvidas. Ensine-nos a compreender a separação, mesmo que ela traga o difícil sabor do fel. Não permita que este fel nos cale e deixe as marcas de não sermos os Teus filhos. Derrame o bálsamo do amor e da esperança sobre nós para sustentarmos o nosso credo, a Tua verdade. Dentro dos nossos humildes corações, seguiremos sempre com a força dos nossos ancestrais, sobretudo a fortaleza do Teu grandioso e iluminado amor.

---

3 - Nota do Autor Espiritual (Ferdinando): Daniel, 11:24

Todos, emocionados, escutavam a prece fervorosa, enquanto o humilde recinto era abençoado pela terna brisa trazida pelo mar. Como se todos estivessem juntos de seres alados, sentia-se uma força advinda da expressão da fé que vicejava naqueles corações.

As horas avançadas da noite fizeram que Cimiotis e Hannah se despedissem em busca do descanso necessário para o dia que logo iniciaria. Jeremias, beijando a testa de Horacio, despediu-se.

Miriam após ter acomodado o pequeno sobrinho no leito simples, foi ao encontro do esposo, que apresentava uma expressão preocupada, oriunda do recente diálogo. Sentindo o abraço caloroso da esposa, disse:

— Minha querida, sejamos fortes para o dia de amanhã, fazendo-nos hoje fortalecidos na fé. Nesta noite, enquanto orávamos, senti a presença de alguém que não sei definir. Foi como se ouvisse uma voz no íntimo do meu coração. Ela me pediu que preparasse o seu coração para os novos rumos de nossas vidas. Em especial, à missão que o Senhor lhe reservou junto ao povo hostil de Roma. Creio que nasci com a tarefa de traçar um caminho, construindo uma ponte sem ao certo saber se caminharemos juntos sobre ela. Sinto-me preparado para um dia conhecer a luz do Messias, Aquele proclamado nas escrituras. Rogo ao Senhor poder merecer este presente. Suplico para que nada me afaste do coração do filho de Deus e, se porventura afastar-me Dele ou de você por qualquer motivo, espero poder retornar aos seus braços.

Trazendo a cabeça da esposa para junto de seu coração, prosseguiu:

— Minha amada, seja qual for a sua tarefa, saiba que sempre estarei esperando por você nas areias aquecidas deste lugar, onde somos felizes e onde nos encontraremos além da morte, porque creio na eternidade.

— Você fala como se estivéssemos nos despedindo. Dentro do meu coração, sei que o nosso Senhor reservou-me uma tarefa, mas, confesso, não sei qual. Tenho orado para não sentir medo nem desistir dos meus desígnios. Afinal, aprendi com você a jamais desistir da vida e nas mãos divinas já entreguei minha alma.

— Creio que os dias de paz estão por chegar ao fim. Sejamos fortes. Sinto-me feliz, como alguém que nasceu para fazer a luz se apresentar nas estradas de nossos familiares. Estamos juntos e o seu amor me faz avançar sem medo. Entre os mistérios do nascimento e do túmulo, somos agraciados por diversas dores e alegrias, em especial pela oportunidade de convivermos com aqueles que amamos. Porém, não devemos nos esquecer daqueles que nos ferem ou que irão ferir nossas almas. Eles também são dignos do nosso afeto.

— Acredite que, se eu morresse agora, morreria feliz, porque me encontro em seus braços.

O casal abraçava-se carinhosamente, enquanto as estrelas brindavam seus corações repletos de fé, esperança e sonhos, e anunciavam a necessidade de buscar o descanso indispensável para mais um dia de árduo trabalho.

CAPÍTULO 2
Súplicas e separações

Após alguns dias, aquele vilarejo estava agitado. Uma legião de soldados romanos havia aportado. Liderada pelo patrício Titus Octavius Gracus, homem conhecido pelos feitos gloriosos que contribuíram para que Roma possuísse os títulos honrados de grande proprietária de um mundo tão distante. Temido pelos inimigos, impiedoso, era conhecido por uma vida pessoal atribulada, pontuada de amores insignificantes facilitados pelo estado de viuvez. Entre festividades organizadas em sua residência, no coração de Roma, ele fazia com que os conceitos de honestidade e honra fossem tão somente para benefício próprio.

Em terra firme, não perdeu tempo. Fez o reconhecimento estratégico da região, convocando o povoado a fornecer o necessário para saciar a fome dos soldados que se apresentavam exaustos e, em seguida, saiu em busca de um médico para cuidar dos homens feridos.

Miriam e Hannah dedicavam-se aos afazeres domésticos quando escutaram as batidas fortes na porta de carvalho.

— Abram em nome do general Titus Octavius Gracus! Assustadas, elas tentavam identificar aqueles rostos. Um soldado, utilizando a força, empurrou a porta e o general adentrou o recinto sem pedir licença:

— Onde está o homem que conhece medicina? Fui informado de que ele habita esta morada. Meus homens foram feridos em batalha e necessitam de socorro imediato.

— Senhor, — disse Miriam com voz trêmula — deve estar procurando Jeremias, meu sogro. Ele está no mar, com nossos esposos, pescando. Voltará somente ao final da tarde.

— O que diz? — foi a réplica do militar, que com ironia e arrogância, continuou: — O médico é um banal pescador?

Miriam, sentindo que o momento fazia-se hostil, não ousou responder. Enquanto isso, o general deitava seus olhos sobre aquele lar, estudando-o minuciosamente. Hannah mantinha-se ao lado de Demetrius e, em uma inútil tentativa para livrar-se de Titus, disse:

— Eles não chegarão tão cedo, acredito ser melhor que vá embora.

Acomodando-se em um confortável assento, o general, com um tom de voz grave e irônico, disse:

— Esperarei o que for necessário. Afinal, diante de tão belo cenário, nada me retira daqui.

Assim, o general aguardando a chegada de Jeremias, exigia das humildes mulheres refinado trato para saciar a fome de seu corpo rude e cansado.

No final da tarde, Jeremias, Horacio e Cimiotis retornavam de suas árduas jornadas. Pela primeira vez, Miriam e Hannah não estavam na praia, o que anunciava possível motivo para preocupação. Apreensivos, os homens não perderam tempo e seguiram para a residência. Ao chegarem, foram recebidos pelo general:

— Ora, ora... Quem é o médico?

— Sou eu. Meu nome é Jeremias — respondeu o velho israelita, sem hesitar.

— Não posso mais perder tempo. Meus homens precisam de cuidados imediatos. Trago comigo oito soldados que necessitam de auxílio. Foram feridos gravemente em uma batalha e não posso perder sequer um homem. Mesmo tendo vencido todas as lutas, meu agrupamento encontra-se desanimado com o excesso de mortes desta legião. Portanto, ficará intensivamente cuidando deles, e assim demonstrarei minha moral e ganharei novamente a confiança desses infelizes.

Deixando seus esbugalhados e avermelhados olhos serem tomados por uma fúria instantânea e sem razão, prosseguiu:

— Serei capaz de arrancar seu coração do peito com as minhas próprias mãos caso algum deles chegue à morte.

Ao ouvir isso, Cimiotis estava pronto para guerrear, enquanto seu irmão e seu pai permaneciam serenos diante da ameaça.

Fazendo a vontade do patrício, dia e noite o velho Jeremias, auxiliado pelos filhos, dedicava-se ao trato daqueles moribundos. Até que uma noite trouxe uma brisa fria, diferente das aragens que normalmente abraçavam aqueles corações. Jeremias tentava, com todos os recursos que possuía, salvar a vida dos soldados, mas cinco deles não resistiram aos severos sofrimentos e morreram, enquanto os outros três agonizavam lentamente.

Acompanhado pelos filhos, o ancião foi notificar as mortes ao general. Aproximando-se com humildade, encontrou Titus ao lado de um soldado e, com voz segura, disse:

— Senhor, infelizmente o conhecimento que possuo não foi capaz de salvar os seus soldados...

Antes de ser concluída a frase, Titus, cheio de cólera e não podendo perder sua honra diante do exército, cerrou o punho e abriu o supercílio de Jeremias, que, em silêncio, recebia a dor com resignação, sustentado pelos braços de Horacio. Neste ínterim, um soldado de nome Cilus aproximou-se e segurou Cimiotis pelos braços. Com fúria, Titus gritava:

— Como não salvou os meus soldados? Cão mísero, você sentirá o peso da minha ira.

Ao receber a notícia da morte de seus amigos, o jovem e inexperiente soldado, que se encontrava próximo a Titus, entrou em visível estado de desequilíbrio e perturbação em decorrência dos dias nos campos de batalha. Inesperadamente, sem dizer uma só palavra, se levantou contra Jeremias, demonstrando uma fúria ofensiva, como se a força de cem homens aportasse em seu coração. Sem explicações, vazou-lhe várias vezes o abdome. O velho, sem suportar o peso da violência, caiu de joelhos. Horacio amparava a cabeça branca do pai morto. O mesmo soldado, ao ver a atitude de Horacio, repetiu o gesto. Assim, pai e filho morriam diante de todos.

Cimiotis tentava se livrar do soldado que o mantinha inerte.

Hannah escondia os olhos miúdos de Demetrius, enquanto Miriam corria, na inútil tentativa de socorrê-los. Ao constatar a morte de Jeremias, ela buscou o esposo amado, que, ao vê-la em lágrimas, consolou-a com ternura:

— Seja forte. Deus, nosso Pai, possui as leis sábias e ainda não somos dignos para conhecê-las. Jamais permita que o ódio e o rancor estabeleçam morada em seu coração. A morte não é capaz de tirar o amor de nossas vidas. Lembre-se de que esperarei sua hora e juntos seguiremos os caminhos de luzes que estão reservados para nós.

— Por Deus, suplico-lhe, não me deixe.

Miriam mantinha o amado em seu colo, aconchegando-o junto do coração. Num último suspiro, o alento abandonou Horacio. Mesmo diante de tamanha tristeza, o ambiente era imantado por um amor puro e uma luz radiante.

Já livre do corpo inerte e das dores do martírio recente, Jeremias fazia-se pleno em esclarecimento e luz, como se há muito tempo habitasse e conhecesse aquele mundo tão diferente. Com carinho, sem demonstrar qualquer traço de dor ou amargura, ele acolhia carinhosamente o filho que, em seus braços fortes, chorava qual um menino que encontra no pai amoroso um porto seguro para seu coração.

Neste ínterim, Mirtes acompanhada de vários amigos áureos amparava aqueles filhos de Deus com bondade:

— Meu esposo amado! Filho de meu passado, presente de Deus quando um dia estive no planeta! Saúdo-os e honro-os. Sou grata por recebê-los nos braços, reais amores de minha vida. Na graça de Deus, estamos unidos por vínculos de luz que jamais serão rompidos. Por agora, deixemos as dores do corpo onde estão, pois elas não servem mais. Sigamos para que em breve possamos retornar aos corações dos que amamos, porém mais fortalecidos e preparados para um novo horizonte de batalhas no bem.

— Deus de luz! — disse Jeremias, com as lágrimas lavando-lhe a face. — Seja para sempre a fonte de minha vida. Agradeço a Tua bondade que nos faz vivos neste instante.

— Perdoem-me a fraqueza — continuou Horacio com a voz embargada. — Não sou digno de consideração e dedicação. Como por um encanto, consigo reconhecer seus bondosos corações. Como partir e deixar minha Miriam e minha família nas mãos frias desses verdugos? Como viver longe dos nossos amores, deixando-os em sofrimentos?

Mirtes, com paciência e carinho, esclareceu:

— Não julgue o momento somente pela dor que sente. Tudo se transforma com o tempo, assim são os filhos de Deus temporariamente vinculados às sombras. Há de vir o dia em que o Messias chegará ao planeta, trazendo consigo todo o código de amor e renovação de um mundo a ser modificado para o bem. Não estamos longe de nossos amores; estamos simplesmente em tarefas diferenciadas no mundo que vemos e no mundo que não vemos. Todo sofrimento é bálsamo para a renovação de nossas almas, que necessitam de paz. Venham, muitos aguardam a sua chegada.

Horacio, com as róseas faces orvalhadas, deitou um beijo na testa de Miriam e, sem ser percebido, repetiu o gesto com o irmão, com o pequeno Demetrius e com Hannah. Em silêncio edificante, abraçou respeitosamente Jeremias e juntos eles se desprenderam daquele recinto.

Ao ver os soldados mortos, o agrupamento sofrendo as amarguras resultantes da severidade dos campos de guerra e as mortes de Jeremias e Horacio, Titus avaliou rapidamente o cenário, suas necessidades pessoais e sentenciou sem piedade:

— Que a lei seja cumprida! A mulher deste infame morto será levada para Roma como escrava e, pelos direitos a mim concedidos, serei seu proprietário. Levem-na daqui e garantam que não fuja.

E, olhando para o pequeno Demetrius, acrescentou:

— Levarei este menino. Assim, aprenderão a não desafiar meu poder e receberão o tributo das minhas sentenças. Além do mais, poderei, no futuro, ter algum benefício com ele, que por certo me renderá um bom dinheiro.

Miriam, sem mais uma lágrima, aceitava seu destino com resignação, enquanto o soldado Cilus amarrava as mãos dela, marcando assim seu cativeiro. Hannah, em desespero, suplicava:

— General, leve-me também, mas deixe meu filho livre. Não o sentencie com o peso do cativeiro.

— O que está me pedindo? Não se encontra em condições de querer nada. Retirem estes infames de perto de mim.

Cimiotis, livrando-se das mãos do soldado, abraçava a esposa e o filho. O pequeno Demetrius, alheio aos acontecimentos, agarrava-se à mãe, chorando, sem compreender a situação. A mando do general, um soldado arrancou o menino de perto de Hannah, sem qualquer piedade. Antes de ser separada do filho, ela o abraçou com carinho. Entre olhares de despedida e de esperança, restava-lhes aguardar os novos desafios de suas vidas.

As horas haviam seguido. Na varanda, Titus permanecia perturbado com as últimas ocorrências, avaliando suas duas últimas aquisições — Miriam e Demetrius. Pensativo, saboreava um vinho quando o soldado Cilus aproximou-se:

— General, todo o agrupamento está preparado para a partida nas primeiras horas do dia. Perdoe-me a ousadia, porém, o que faremos com o menino? Somos soldados e não amas-secas.

O general, experiente, percebendo a personalidade do soldado que tinha diante de si, não perdeu tempo em aguçar-lhe a ganância e a vaidade juvenil, utilizando-as em seu favor:

— Meu jovem, pelo que posso perceber, aspira a cargos elevados no exército. Tenho conhecimentos com os quais poderemos adiantar sua ascensão; basta que me auxilie.

— O que tenho que fazer?

— Desde que perdi minha esposa, minha vida tem sido o exército. Quando retornar a Roma, quero que Miriam cuide de meu filho Pompilius Claudius Gracus, que tem apenas quatro anos. Todo o tempo em que estivemos aqui observei a dedicação dela ao jovenzinho Demetrius, e isto me agradou muito. Ela se fez mais fiel aos cuidados maternais que a própria mãe.

Molhando os lábios, o general continuou:

— Infelizmente, admito que fui precipitado ao sentenciar o menino; minha ira foi mais rápida que minha razão. Agora serei obrigado a levar esta criatura comigo, pois não poderei, diante de meus homens, voltar atrás em uma decisão, mesmo que ela tenha sido pronunciada quando estava cheio de cólera. Onde ficaria minha autoridade? Não permitirei, contudo, que esse menino retire ou divida a atenção dessa mulher quando ela estiver dedicada ao meu filho. Portanto, quero que ele seja levado para outras paragens. Hoje mesmo você estará encarregado de levá-lo em segurança para a

Gália e o entregará, junto com esta carta, a um homem chamado Aimã. Pela manhã, direi à mãe que o menino morreu e demonstrarei minha piedade dando liberdade a Hannah e ao tal Cimiotis. Minha legião exaltará meu nome e reconhecerá minha grandiosidade.

— Mas, senhor, Aimã é conhecido por transformar homens em matadores e por treiná-los para os jogos. Esse menino será criado para ser um matador e corredor.

— É isso mesmo que quero. Ele poderá, no futuro, trazer-me muitos benefícios. O ódio faz do homem um vencedor, se soubermos utilizá-lo.

Assim eles permaneceram em conversação, ajustando os detalhes para o sombrio plano. Já noite alta, o soldado, vislumbrando a oportunidade de uma carreira fácil, seguiu para cumprir o acordo firmado com o general, separando definitivamente Demetrius de sua família, sem que ninguém o percebesse.

Titus continuava só em suas conjecturas, vibrando no ambiente algumas palavras soltas que expressavam seus pensamentos:

— Cilus é um tolo. Assim que retornar dessa tarefa, farei com que ele seja somente uma lembrança em meu pensamento. Mandarei matá-lo. Não poderei partilhar esse segredo com mais ninguém...

Logo pela manhã, o agrupamento levantava-se para a marcha. Miriam era mantida amarrada e, com desespero, buscava informações sobre o pequeno Demetrius, mas ninguém respondia às suas perguntas.

Hannah e Cimiotis, sem esconderem a tristeza, aproximaram-se da cunhada, que seguia dentro de uma espécie de carroção improvisado, junto a outros servos gregos — que em Roma eram os preferidos devido à cultura que levavam consigo, valendo grandiosa quantia nas negociações obscuras de um mercado sombrio. Vendo os cunhados, Miriam não perdeu tempo em tentar obter notícias do sobrinho:

— Onde está Demetrius? Desde ontem fomos separados e não consigo saber nada sobre ele.

Hannah se mexia, enquanto Cimiotis, mantendo as forças, respondeu:

— Minha cunhada, sejamos fortes, pois soubemos que Demetrius está morto. Não compreendemos: deveríamos seguir contigo, mas o general concedeu-nos a liberdade, sem sabermos ao certo o motivo de sua misericórdia. Apesar desses acontecimentos, meu coração paternal se tranquiliza, pois prefiro sentir a dor pela morte de meu filho do que a dor de vê-lo em cativeiro.

Ostentando a posição que lhe era de direito, sobre o cavalo, Titus aproximou-se, confirmando as palavras de Cimiotis:

— De fato, este homem tem razão. O menino, tendo visto a tia cativa, saiu correndo desgovernado, despencou do penhasco e caiu nas areias da praia. Não sobreviveu à queda. Ele está morto. Só percebemos pela manhã, quando vimos um rastro de sangue e as roupas destruídas pelos animais que dilaceraram seu corpo mirrado.

Secando o suor que lavava sua face, o militar prosseguiu:

— Para demonstrar a minha bondade diante das últimas ocorrências, deixei este casal livre e levarei somente esta mulher para minha terra.

Após essas palavras, o general saiu rapidamente para ordenar a marcha. Miriam, ajoelhada, chorava copiosamente. Quando o carro iniciou seu movimento, a esposa de Horacio buscou no cunhado o último consolo:

— Quero lhe pedir uma coisa.

— O que posso fazer neste momento?

— Sepulte meu esposo e seu pai segundo as nossas crenças e a dignidade que eles tiveram por toda a vida.

Em despedida, olhando profundamente para os olhos de Hannah, prosseguiu:

— Um dia nos reencontraremos. Seque as suas lágrimas, pois tanto Horacio como o seu filho estão vivos em nós. Não perca jamais a esperança, pois ela é a emissária de Deus, anunciando que o jardim que nasceu para florir e iluminar jamais poderá conceber trevas. Tudo passa, mas não passará o verdadeiro amor que nos sustenta neste planeta, o amor de Deus. Lembre-se: os olhos de Demetrius brilham em seu coração. Um dia nos reencontraremos. Quando eu retornar, devolverei esse brilho para as suas mãos. Coragem!

Hannah, totalmente abatida e Cimiotis, entristecido, observavam a cunhada perder-se ao longo da estrada. O agrupamento deixava para trás um rastro de dor misturado à poeira do caminho. No carro humilde, um homem grego, nativo daquele lugarejo, com respeito aproximou-se de Miriam, que estava chorando em sua solidão:

— Senhora, não tenha medo de mim. Não pude deixar de ouvir a história triste de sua vida. Meu nome é Tacitus, sou professor e estamos juntos nesta longa jornada da qual desconhecemos o final. Minha família também foi dizimada e, sem ninguém, estou aqui e aguardo as venturas de um novo amanhã. Elevemos os nossos pensamentos, sem desesperos, pois Deus irá nos amparar. Podem nos tirar a liberdade, mas jamais nossa esperança.

"A árvore tem esperança, pois quando cortada, poderá renascer e seus ramos continuam a crescer. Ainda que envelheçam suas raízes na terra e seu tronco esteja amortecido no solo, ao cheiro da água, ela reverdece e produz folhagem, como planta tenra"[4]. Lembremos que a liberdade está dentro

---

4 - Nota do Autor Espiritual (Ferdinando): Jo, 14:7-9

de nossos corações. Sejamos tal qual a árvore que um dia perdeu galhos, folhas, frutos e robustez, porém não lhe foram retiradas as raízes mais tenras, as quais anunciam um novo começo, sem esmorecimentos.

— Rogo a Deus forças para que esses sentimentos, obscurecidos pelo ódio que adentrou de súbito em meu coração, não corrompam minha alma.

Respirando profundamente, secou as lágrimas e com a coragem inerente à sua personalidade, continuou:

— Agradeço o seu coração bendito. Não sei se esta viagem será o único contato que manteremos, se seremos separados quando chegarmos à cidade, pois desconhecemos o amanhã. Prometo que, seja qual for meu destino, serei mais forte do que o ódio. Entrego minha vida às mãos de Deus e lutarei até o fim, sem rancor ou desânimo. Quero somente um dia poder retornar e morrer aqui, olhando o monte, escutando o canto das cotovias...

Aqueles filhos de Deus, unidos pelos seus próprios sofrimentos, ao longo da viagem ancoravam seus corações na fé no Deus único de Abraão, levando com eles o início de grandiosa amizade abençoada pelos portais dos céus.

CAPÍTULO 3

Desafios em uma nova era

Dezesseis anos se passaram desde então e, naquela primavera, docemente perfumada pelas flores coloridas e por uma beleza incapaz de ser esquecida, vamos encontrar Tacitus expondo uma longa barba, com as primeiras mechas embranquecidas. Contudo, os longos fios não escondiam seu rosto fino e seus grandes olhos negros ressaltados pela felicidade de poder lecionar, compartilhando momentos de profunda paz no trabalho docente.

Na sua chegada a Roma, ele foi comprado como escravo pela família de Áurea, mulher de tradicional linhagem romana, portadora de cabelos pontuados por mechas embranquecidas que lhe denunciavam a idade madura. A exclusiva missão de Tacitus era educar a filha de Áurea, a jovem Sofia, de vinte anos de idade, aureolada de imensa candura e de longos cabelos dourados e olhos brilhantes.

No sereno jardim da residência da família, uma fonte servia de palco para os pássaros, que dançavam ao som das águas cristalinas que jorravam do belo pote sustentado nos ombros da imagem feminina esculpida pelas mãos detalhistas e perfeccionistas de um artista grego. Tacitus, admirando a desenvoltura de Sofia, com firmeza e candura manifestou sua opinião sobre a aula que acabava naquele momento:

— Minha querida menina, orgulho-me por poder ensi-ná-la; agradeço ao Deus de minha linhagem poder transmitir os conceitos de meus pais. Apesar de ter sido criado na Grécia, minha família vem da casa de Davi — emocionado e com os olhos brilhantes, prosseguiu — não posso me esquecer do gesto de bondade de sua mãe, que me concede a liberdade e esta oportunidade.

Antes de concluir a frase, a figura marcante de Áurea surgiu no jardim, reforçando o encantamento do ambiente:

— Ora, ora, meu caro amigo, nada tem a agradecer. Queria que em minha residência não existisse a escravidão. Além do mais, com você aprendemos novos conceitos e somos convocados a experimentar uma nova vida que jamais conheceríamos. Sua presença neste solar nada mais é do que a anunciação de Deus em nossos corações. Seus ensinamentos iluminaram nossas estradas nos fazendo fortes diante de nossos dias.

Espontaneamente, Sofia manifestou-se:

— Compartilho das ideias de minha mãe. Bem sabe que é como um pai que carrego em minha alma. Foi e sempre será um presente de Deus depositado em nossos corações.

— Preocupo-me com o seu futuro e o de sua filha. Abandonaram o credo dos deuses fictícios e abraçaram o Deus único de Abraão. Serão obrigadas a pagar os tributos dessa conversão. A fé também concede momentos de profundas provações.

Uma serva, humildemente, convocou Sofia para continuar seus afazeres no interior da residência.

Tacitus percebeu que suas palavras tocavam o coração de Áurea, que, heroicamente, continha as lágrimas, para não orvalhar a face diante da filha amada e do amigo.

— Percebo que algo feriu seu coração — disse Tacitus com respeito. — O que poderia trazer tão profunda tristeza a seu íntimo?

— Meu amigo, meus dias são verdadeiras tormentas, como se enfrentasse a revolta do mundo contra mim. Meu esposo Virgilius envolveu-se em diversas dívidas e confesso, não possuímos posses para saldá-las. Nas vias baixas, entre jogos, corridas e amores fáceis, lá ele sempre está. Desconheço o homem que desposei. Depositava em nossa única filha a esperança de vê-lo viver e envelhecer ao nosso lado, acreditando em uma união eterna, mas agora ele se faz tão distante de mim, embriagado entre as orgias e as facilidades da vida. Vejo Virgilius perder-se e distanciar-se de nós.

Não contendo as lágrimas, continuou:

— Temo pelo futuro de Sofia. Temo que Virgilius a encaminhe para as mesmas trevas que agora são seu próprio refúgio. Minha filha é especial. Tudo percebe sem revoltas, porém sempre me estimula para o alto, rogando-me paciência. Sei que minha filha confia em você. Como ela mesma disse: é um pai de coração. Suplico-lhe para que jamais se afaste dela. Sei que ela confia em você e compartilha consigo os seus sonhos juvenis e inocentes. Tenho consciência de que não viverei para lutar pela felicidade de minha menina.

— Não sejamos pessimistas. Não permita que o desespero turve seus sentimentos, pois Deus jamais permitiria o sofrimento em vão ou eterno. Tenha certeza de que respeito esta família até o limite de minha vida. Jamais as abandonarei. Mesmo que a morte me abrace, sempre permanecerei ao lado de ambas. Eleve os pensamentos e tenha fé no amanhã, sem medo ou dúvidas, pois sei que não sofremos sozinhos: alguém sempre compartilha a nossa dor. Recordo-me desta pequena passagem das escrituras: "Dar-lhes-ei um só coração, porei no seu íntimo um espírito novo: removerei do seu corpo o coração de pedra; dar-lhes-ei um coração de carne (...)"[5].

— Nosso Deus não nos deixaria só. Sei que um dia haverá pastores que conduzirão os corações para as estradas iluminadas da paz. Creio no Messias, que é tão esperado.

---

5 - Nota do Autor Espiritual (Ferdinando): Ezequiel, 11:19

Porém, sei que não O conhecerei e, contudo sinto que Ele já acompanha nossos passos no invisível.

Áurea envolvia-se nas palavras carinhosas e com elas tentava romper a tristeza:

— Agradeço pelas palavras amigas. Eu também, onde estiver, não me separarei de minha filha — abrindo um tímido sorriso, ela continuou: — Sempre esteve ao meu lado, entregando seus dias à minha família. Serei merecedora de tamanha misericórdia?

Tacitus, com profundo respeito segurou as mãos dela dizendo:

— Recordo-me de Sofia ainda menina, dividindo as alegrias infantis neste mesmo jardim. Assim como Virgilius, homem cheio de vida e de sonhos, que me acolheu, deixando-me livre para exercer o único ofício que sei que é ensinar. Com a morte de minha família, sem herdeiros e sem ninguém, acreditei-me incapaz de viver. Graças a Deus fui colocado na mesma estrada na qual caminha. Com seu prestimoso auxílio, venci meu próprio limite e encontrei coragem para vencer o desafio da solidão. Fui acolhido como membro desta família. Sou grato por ser livre. Por isso, me sinto responsável por você e por Sofia. Aguardo ansioso o momento em que Virgilius cure o coração que, temporariamente, está tão adoecido, para poder vê-los experimentar a felicidade neste solar.

— Você é nobre como jamais pude reconhecer essa virtude em homem algum. É nosso guardião e sei que sempre estaremos unidos. Confesso que o sentimento que carrego por Virgilius é semelhante ao de uma mãe para com um filho. Honro meus deveres como esposa e entrego nas mãos do nosso Deus único o destino de nossas vidas.

Os dois amigos, agraciados pelo final da tarde, entre reconhecimentos e alegrias, confirmavam os elos de esperança para os dias que viriam.

CAPÍTULO 4

Reencontro e anunciação

Para os corações envolvidos nestas páginas os dias seguiam seu curso sem grandes alterações. Naquela manhã, o sol fazia-se presente. Áurea mantinha-se em seus aposentos, com aparência abatida e preocupada. Chegando ao ambiente, Sofia, com a doçura inerente à sua personalidade, abraçou a mãe, tentando confortá-la:

— Mãezinha querida, sinto que seu coração carrega as chamas acesas entre preocupações e tristezas com relação ao meu próprio destino. A vida nos reserva testemunhos que não consigo ainda saber se serei capaz de cumpri-los, mas tudo aceito com resignação. Não fique triste ou furte o brilho de seus olhos, pois estaremos sempre juntas, aconteça o que acontecer.

— Minha filha, você é o precioso presente que os céus me reservaram. Confesso que temo pelo seu amanhã. Temo por Tacitus, que é o mais profundo e caro amigo que conheci nestas paragens.

Secando as lágrimas, ela beijou a testa da filha, segurando-lhe as mãos:

— Nestes últimos dias, em sonhos tão reais, os quais eu ainda não consigo compreender, me deparei com uma visão radiante: um jardim perfumado, um homem maduro de semblante tão conhecido, mas eu não conseguia me recordar de onde. Era um nobre senhor que me recebeu com um afetuoso abraço, apresentando-se com o nome de Jeremias, dizendo para que eu confiasse nele, que estava ali em missão de amor. Sem explicação, me entreguei ao momento de paz; a confiança era tamanha que roguei para não despertar de tão lindo sonho. Abraçando-me como um pai abraça sua filha, ele dizia que meus dias no planeta estavam próximos do fim. Emocionada, eu interrogava por você e por seu futuro. Ele respondeu que havia sido convocado por seus passos, assim como por aqueles que ainda não haviam se aproximado de você em total paz ele me pediu para que eu retornasse e levasse comigo as lembranças tão perfeitas daquele encontro. Ao despertar, repeti para mim mesma os detalhes de tão grandiosa visão, para não esquecer.

O ambiente era acariciado por imensa paz. Áurea, buscando um pequeno embrulho, o depositou nas mãos da filha, que enquanto abria, perguntou:

— Do que se trata?

— Há muitos anos, Tacitus escreveu-me: "O Senhor é meu pastor, nada me falta. Em verdes pastagens me faz repousar. Para as águas tranquilas me conduz e restaura minhas forças; Ele me guia por caminhos justos, por causa do Seu nome. Ainda que caminhe por um vale tenebroso, nenhum mal temerei, pois está junto a mim; seu bastão e seu cajado me deixaram tranquilo. Diante de mim prepara uma mesa, à frente dos meus opressores; unge minha cabeça com óleo e minha taça transborda. Sim, felicidade e amor me seguirão todos os dias da minha vida; minha morada é a casa do Senhor por dias sem fim."[6].

E, suspirando profundamente, continuou:

— Este será o seu consolo nos dias de amargura. Quero que seja o seu alívio nos anos de sua vida.

---

6 - Nota do Autor Espiritual (Ferdinando): Salmos, 23

Mãe e filha, emocionadas, mantinham-se em elevada conversação aguardando as novas linhas que marcariam as páginas de suas vidas.

Após dez dias, Virgilius havia convocado seus amigos para festejarem, em sua residência, a chegada do grande general romano Titus Octavius Gracus e de seu filho Pompilius Claudius Gracus, que havia se transformado em um belo homem, detentor de um rosto fino e de uma musculatura bem equilibrada. Seguindo os passos do pai, ainda sem carregar o título de general, ele já alcançava a glória dos exércitos e liderava seus homens com a frieza de um militar. Seu nome era conhecido por não ter misericórdia ou piedade para os que fossem contrários à grandiosa Roma ou mesmo contra seus mais íntimos desejos. Sem vínculos afetivos, pai e filho tinham fortalezas petrificadas no lugar reservado às almas.

A harmoniosa residência de Áurea havia se transformado em um ambiente coroado pela futilidade e pelos excessos; os servos se multiplicavam para ajustar os últimos preparativos para a recepção aos convidados. Virgilius ignorava os sentimentos da esposa e da filha, que se mantinham distantes das agitações festivas, enquanto ele, totalmente envolvido em afazeres de menor valor, sorria qual um menino.

Na hora combinada, os primeiros convidados começaram a chegar. Quando Titus e o filho apareceram no portal, Virgilius foi saudá-los imediatamente:

— Caríssimos amigos, tamanha é a honra que carrego dentro de meu peito por tê-los em minha humilde morada!

O general ganhando tempo o ignorou e, desprezando-o, buscava conhecer o recinto:

— Vamos, vamos, somos homens de lutas e batalhas, não seria mais justo nos poupar de inúteis demonstrações de afeto? Vamos à festa, pois a mim e a meu filho foi anunciado que seriam reservadas servas vindas da Espanha para abrandar a chama íntima dos nossos caprichos.

Virgilius, em total demonstração de subserviência, convocou os servos para que prestassem toda a assistência que se fazia necessária e era exigida pelos ilustres convivas.

Já noite alta, o general interrogou Virgilius:

— Onde estão sua esposa e sua filha? Por que não desfrutam desses sabores da vida?

Virgilius, tentando disfarçar, respondeu:

— Minha esposa e minha filha estão repousando. Estiveram ausentes por dias e retornaram cansadas.

O general, para satisfazer seus caprichos, ordenou:

— Traga-as diante de mim. Afinal, todos devem saudar um grande general. Além do mais, sua filha e sua esposa são comentadas pelas virtudes familiares de que são detentoras. Quero conhecê-las.

Virgilius, titubeando, encaminhou-se aos aposentos. O dono da casa ordenou:

— Vamos, quero que por um momento se apresentem ao general, que lhes exige a presença.

Áurea, numa inútil tentativa, suplicava:

— Por misericórdia! Deixe-nos distantes desse recinto nocivo. Deixe-nos preservadas desses sanguinários.

— Como ousa chamar meus amigos de sanguinários? Não poderei lhe responder por agora, mas ordeno que se apresentem.

— Não nos peça tamanho esforço. Eles possuem diversão suficiente e não necessitam de nós — e, ajoelhando-se aos pés do esposo na mais pura demonstração de humildade, Áurea continuou: — Por misericórdia eu lhe suplico: não exponha Sofia, deixe-me ir só, pois sei que nada tenho a oferecer.

Por alguns instantes, o semblante do patrício pareceu compreender a preocupação da esposa. Porém, como alguém ofuscado pelos encantos da vaidade, se fez ofensivo:

— Não quero ouvir mais uma frase. Além do que eu estarei ao lado das duas. Nada poderá recair sobre ambas. Irei agora atender às necessidades de meus convidados, porém apressem-se: o general não pode esperar.

Virgilius saiu daquele aposento deixando ali a frieza que caía sobre mãe e filha como uma lâmina impiedosa, mas não era capaz de tirar de seus semblantes a beleza e o brilho de esperança que reluziram em seus olhares. Sem mais nada a dizer, ambas acatavam as ordens e se aprontavam com simplicidade.

No salão principal, Titus encontrava-se totalmente envolvido pelos encantos da festa, juntamente com sua irmã Calcurnia, uma mulher madura, de origem romana, que trazia consigo a perfeição da beleza cultivada com vaidade e exageros. Conhecedora da arte da sedução, ela enxergava no irmão uma ponte para se manter em evidência nos doentios círculos sociais que regiam o povo patrício daquele tempo. Enquanto isso, Pompilius era cercado por servas que, submissas, franqueavam-lhe seus encantos, deixando-o entregue aos prazeres da carne sem preocupar-se com guerras, lutas ou legiões.

Naquele instante, ele era somente um homem.

Com dificuldade para se adaptar ao ambiente, Áurea, segurando afetuosamente o braço de Sofia, abria caminho sem solicitar. A presença delas chamava a atenção de todos, em especial por suas características recatadas para um recinto tão intranquilo.

Virgilius, percebendo a chegada das mulheres, foi na direção delas para conduzi-las aos ilustres convidados. Com a satisfação de quem traz nas mãos obras preciosas, orgulhosamente manifestou-se:

— Senhores, aqui estão minha esposa Áurea e minha filha Sofia.

— Vejam só — admirou-se Titus. — Acreditei que os deuses haviam esquecido a arte de esculpir uma obra feminina com tanta perfeição. Rogo misericórdia a eles, pois blasfemei. Não poderia imaginar que o velho Virgilius, um simples edil[7] pudesse compartilhar seus dias com tão bela visão. — E, tocando o queixo de Sofia, continuou: — Você é jovem e forte, mulher! Portanto, está pronta para conceder ao mundo filhos da mais alta linhagem.

Áurea, tentando dispersar a onda de frieza que pairava no ambiente e retirar a filha da aflitiva situação, agradeceu.

— General, suas frases, apesar de um tanto exageradas, são dignas dos mais nobres agradecimentos. Sei que para tantas jovens desta sociedade os deuses também foram misericordiosos concedendo-lhes encantos especiais.

— Venha imediatamente, filho, pois a poderosa visão de Sofia poderá desaparecer de nossa frente.

O patrício, não ousando desafiar o pai, abandonou os braços de uma serva. Fixando os olhos em Sofia e atordoado pelo brilho que emanava da face da jovem, aproximou-se:

— Meu pai, por que não me chamou antes? Estarei eu diante de uma deusa ou de uma obra de arte criada por algum escultor audacioso?

O general, abrindo um largo sorriso em sua face rósea, não escondia a satisfação ao ver o filho interessar-se pela nobre imagem:

— É bom que pense assim. Afinal, já se faz tarde a hora de pensarmos em dar continuidade à nossa família.

Calcurnia imediatamente colocou-se ao lado de Pompilius, fazendo coro aos comentários do general:

— Meu irmão, concordo com suas palavras. Acredito que nosso menino crescido tenha que apontar sua espada e conceder-lhe um neto. Pelo que vejo, estamos diante de uma mulher

---

7 - Nota da Médium: Na antiga Roma, funcionário ou magistrado cuja função era observar e garantir o bom estado e funcionamento de edifícios e outras obras e serviços públicos ou de interesse comum, como ruas e o tráfego, abastecimento de gêneros e de água, condições de culto e prática religiosa etc.; nas municipalidades do Império Romano, funcionário administrativo regular, de segundo escalão.

pronta para assumir os ofícios de esposa de um futuro general, como é meu sobrinho.

Titus Gracus, apoiado na observação de sua irmã, não se demorou em complementar:

— Preciso dar continuidade à minha família e não posso ter delinquentes carregando o meu nome. Quero uma linhagem tradicional, digna de um patrício.

Pequeno conflito iniciou-se. Sofia, em profundo silêncio, mantinha seu olhar na direção do chão, tentando inutilmente desviar-se das hostilidades daquele momento. Pompilius, como por encanto, mantinha seus olhos fixos na filha de Virgilius. Em um gesto delicado, ele levou a mão direita ao véu que cobria os cabelos da moça:

— Retire o véu para que possa ver sua face.

A jovem obedeceu e, em meio aos olhares, a inocência de uma flor fazia curvar o coração de um império.

— Minha querida, — disse Áurea apressada — vamos nos recolher; acredito que os senhores queiram continuar se divertindo.

Ambas perderam-se entre os convidados, deixando Virgilius e Titus em conversação:

— Meu caro, sou um homem que viveu a vida para Roma e para as batalhas. Agora necessito de repouso e quero dar sequência à minha família. Somos pais e queremos sempre o melhor para os nossos filhos.

Buscando no ar a inspiração, continuou:

— Quero que Pompilius possua uma mulher digna e percebo que a encontrei. Por que não unimos nossos filhos? Pense nisso, desta forma teremos o futuro garantido e preservaremos a linhagem de nossos ancestrais.

— General, perdoe-me, mas minha filha está fora de qualquer propósito. Áurea jamais permitiria. Sofia já possui a idade madura para o enlace, mas jurei à minha esposa que não forçaria nossa menina a nada. Ela é dotada de uma inteligência especial e até o presente momento não manifestou interesse em casar-se com quer que seja. Pela minha honra, creia, minha esposa e minha filha estão fora de qualquer negociação.

Titus, percebendo que seu ataque não atingiu o alvo, silenciou na tentativa de livrar-se da própria insatisfação:

— Vou descansar. O divertimento desta noite já me bastou.

Virgilius, tentando inutilmente suavizar a situação, disse:

— Por que tanta pressa? Ainda tenho as dançarinas para alegrar seus olhos. Afinal, um ano em batalha deve ser saudado com toda a grandeza de nossa Roma.

— Agradeço, mas estou satisfeito.

Com a saída do general, os demais convidados não se demoraram e o silêncio pairava no ar. Virgilius caído sobre o divã adormeceu como um menino. Mãe e filha, contemplando o cenário vazio, dividiam suas impressões:

— Minha mãe, perdoe-me, mas jamais senti meu coração pulsar tão forte como senti no momento em que Pompilius tocou-me o véu. Não consigo explicar o sentimento que me invadiu o ser. Uma força maior que meu entendimento tomou conta de mim.

— Querida, os lobos são encantadores, mas não deixam de ser violentos quando atingem uma presa. Algo me diz que o futuro general reconheceu suas virtudes. Deixemos o tempo falar por si. Vamos nos recolher para aliviar os nossos pensamentos.

Assim, a noite sugeria as incertezas dos dias que estavam por vir na vida daquelas duas mulheres.

CAPÍTULO 5

O futuro sob julgamento e disputas

No dia seguinte, o general desfrutava o frescor de um banho nas termas. Com o semblante marcado por diversos pensamentos foi interrompido por Calcurnia, que trazia com ela Drusus, um patrício de linhagem tradicional e magistrado, com a função de procurador. Ambos viviam as aparências de uma união amorosa vazia e fútil que não lhes havia dado filhos.

— Minha irmã, é sempre ousada. Já que interrompeu meu banho, espero que seja algo muito importante.

— Meu querido irmão, algum dia já o decepcionei? Venho auxiliá-lo a encontrar a solução para que nossa família tenha a continuidade que tanto deseja. Afinal, três mentes pensam melhor do que uma. Acredito que Drusus será de grande valia para nossos propósitos.

— General, — o magistrado falava com excessos de gentilezas, bajulações e falsas demonstrações de humildade — sinto-me honrado em poder compartilhar esse momento consigo. Logo eu, sendo agora de alguma valia em seus planos.

— Se é essa a intenção desta visita inesperada, creio que não poderia chegar em melhor momento... — enquanto falava assim, o militar secava o rosto; em seguida, caminhou em direção ao patrício e à irmã para cumprimentá-los.

— Foram os deuses que os encaminharam até mim, para alívio de meu coração. Sabem que estou envelhecendo e meu filho Pompilius se fará general em pouco tempo, mas sua mente está voltada somente para exércitos, batalhas, comandos e amores fáceis. Quero que a família Gracus tenha continuidade. Necessito saudar meus ancestrais.

— Seu filho é um homem virtuoso, jamais faltarão mulheres querendo desposá-lo. Por toda Roma comenta-se que o senhor pretende promover seu casamento o mais rápido possível. Perdoe-me, mas parece uma obsessão de sua parte exigir isso dele.

— Não seja tolo! Um homem como eu não pode perder tempo. Não quero que o meu herdeiro seja o filho de uma mulher qualquer, de uma escrava. Ele poderá manter seus romances, mas exijo que o primogênito nasça de uma mulher saudável, forte e de boa reputação.

— Se nestas paragens existir uma, mostre-me, pois também gostaria de conhecer — disse Drusus, com tom irônico.

— Conheci a mulher que será a mãe de meu neto. É a filha de Virgilius. Só não compreendo por que até os dias de hoje não foi desposada por ninguém. Ao certo, estava guardada para minha família. Ontem, na festa, tentei conquistá-la por meio de seu pai, mas não tive sucesso. Sou capaz de tudo para alcançar meus objetivos.

— Deve estar louco — respondeu Drusus com espanto. — Sofia vive sob os cuidados intensivos da mãe e de um tutor, um professor chamado Tacitus. Somente um lunático ousaria atravessar tamanha barreira. Dizem que muitos tentaram, mas todas as tentativas foram inúteis.

— De fato, ela é encantadora, não posso omitir a opinião. É compreensível a proteção maternal. Agora, e o pai? Parece-me que não se importa tanto com a filha como a mãe.

— Correto, senhor. Virgilius é um homem tolo. Vive tão endividado e alucinado pelos jogos que, ouso dizer, seria capaz de apostar tudo que possui para manter-se entre o inebriante perfume das apostas.

— O que me diz é um fato? Ele seria mesmo capaz de apostar tudo que possui em troca de um bom jogo? Explica-me melhor! — quis saber o general, com interesse.

— O senhor sabe que, como procurador, administro as finanças públicas. Todos os magistrados devem se reportar a mim para resolver algumas questões. Virgilius endividou-se nos jogos e todos os artifícios são oferecidos para saldar as dívidas contraídas.

Um momentâneo silêncio pairou no recinto. Calcurnia, com a frieza inerente à sua personalidade, manifestou seu plano:

— Meu irmão, acabo de solucionar o problema. Arranjaremos para que Virgilius perca a filha para nós em uma luta de gladiadores.

— O que diz? Como faremos isso? E o que faremos com a desprezível Áurea e com Tacitus?

— Organizaremos uma disputa entre o gladiador Demetrius, o melhor e mais forte destas paragens. Ele é uma lenda viva e faremos com que bata contra Quintus, um perdedor nato que está com o destino encaminhado para a morte. No dia do confronto, simularemos que Quintus é o melhor e você induzirá Virgilius a apostar todas as suas posses nele, inclusive a filha. Demetrius será devidamente orientado por nós para fazer tudo parecer real. Não tenho dúvida que ele fará o que queremos.

E com um riso nos lábios ela continuou:

— Tenho certeza de que por algum dinheiro será muito fácil comprar este ser desprezível. No final, com o golpe fatal, Demetrius levará Quintus à morte. Assim, Sofia será do seu Pompilius.

Quanto à mãe e ao tutor, nada poderão fazer a não ser aceitar a nossa vitória, pois Virgilius firmará a aposta e nada ou ninguém poderá contestar.

Com um sorriso, o general não escondia a felicidade diante dos planos da irmã:

— Você sempre foi muito astuta! Eu mesmo fui incapaz de pensar em algo tão fabuloso. Preparemos imediatamente o confronto entre os gladiadores, e não se esqueçam de que vivo para o triunfo e a honra de minha Roma — radiante, ele prosseguiu: — Após Sofia estar em nosso poder farei com que Pompilius realize as bodas e conceda-me um herdeiro.

— O que ganharei com esse auxílio? — perguntou Calcurnia, com os olhos vertendo egoísmo e fel.

— Riqueza, minha cara! Riqueza dos povos conquistados.

Em um clima de amizade interesseira, aquelas criaturas firmavam negócios escusos para o futuro. Corações inocentes seriam submetidos às sentenças mórbidas de mentes tão doentias.

Cinco dias havia transcorrido. Titus, fazendo valer sua influência em todas as camadas sociais, organizou na periferia de Roma o espetáculo, trazendo das regiões próximas os melhores gladiadores para lutarem até a morte.

Patrícios dividiam os assentos com o populacho que buscava a euforia para saciar a sede de morte. Na tribuna, ao lado de Titus, Calcurnia e Drusus, estava Virgilius, que com um semblante ingênuo cheio de encantamento, alheio ao desejo do general, desfrutava dos jogos e apostava tudo nos nomes que o militar ordenava. Com a certeza da vitória em suas mãos, Titus não escondia a felicidade, pois por meio das mãos de Demetrius, gladiador temido e respeitado, naquele dia seria definido o destino da jovem Sofia.

Observando que Virgilius já havia perdido muito dinheiro, Titus encenou a proposta de mesquinho negócio:

— Veja, entrará na arena o famoso gladiador Quintus. Dizem que é o maior entre os maiores! — E continuou, dissimulando: — Sinto, mas apostei toda minha riqueza no perdedor Demetrius que não terá chance alguma. Arrependo-me, mas é tarde. Feliz daquele que depositar em Quintus a confiança. Recomendo apostar tudo o que possui nele; não se arrependerá.

— Perdoe-me, mas Demetrius é o melhor gladiador destas paragens. Nenhum adversário sai vivo de um combate com ele. Estava prestes a depositar minha alma nas mãos desse homem.

— Meu caro, o tempo de triunfo de Demetrius não existe mais. O nome forte de Roma é Quintus. Aposte nele e não se arrependerá. Além do mais, apostei uma grande quantia. Aquele que ganhar terá uma vida tranquila. Você não quer riqueza? Seja corajoso e lance suas apostas em meu oponente.

Virgilius não raciocinava; empolgado com a perspectiva de saldar suas dívidas com facilidade, imediatamente aceitou:

— Aceito, serei seu adversário. Como poderia recusar tal oportunidade? Mas, se o senhor apostou toda a sua riqueza, o que eu terei para apostar?

— Sua filha, contra a liquidação de todas as suas dívidas.

— Sofia? — com um lampejo de sanidade, ele argumentou: — Não posso fazer isso! Sou seu pai e onde ficaria a honra de minha família? O que diria Áurea?

Titus, dissimulando, interveio:

— Então você não possui nada que seja do meu interesse. Buscarei outro patrício mais audacioso, alguém que saiba viver as emoções dos jogos.

Simulando desprezo, o general voltou-se para outros amigos. Virgilius por instantes relutava atormentado, como se no fundo de sua alma uma voz gritasse mais alto. Entre suores frios e tremores, como se estivesse envolvido por uma força maior que ele mesmo, disse:

— General, aceito. Se eu perder, Sofia será sua.

— É um homem sábio, logo brindaremos à sua vitória.

Com satisfação, Titus ordenou o início do último jogo. Virgilius, sem perceber que tudo não passava de simples representação, assistia aturdido à queda de Quintus e à vitória de Demetrius sem conseguir expressar qualquer palavra. O oficial não perdeu tempo em requerer seu bem:

— Pelo visto, é um perdedor: Reclamarei o mais breve possível o que me pertence.

Titus, para assegurar-se, ordenou que Virgilius selasse a aposta, garantindo a ele os direitos sobre Sofia. Após os últimos ajustes, Virgilius repleto de remorso assistia atônito ao esvaziar do recinto, onde permaneceu por horas, entre lágrimas de desespero. Após conseguir sustentar o peso do corpo sobre os pés, saiu cambaleando em direção à cidade, em busca do alívio fácil nas ânforas de vinho fresco.

Enquanto seguia pelas estradas, a liteira que conduzia Drusus, Calcurnia e Titus para a cidade era sacudida por saudações e gargalhadas.

— General, curvo-me diante de tamanha astúcia. O pobre nem sequer percebeu que o senhor comprou a vitória. Creio ser difícil alguém descobrir. Quem além de nós dois poderia desfazer tal feito?

— Demetrius — disse Titus fitando o horizonte.

— E o que fazer com ele?

— Tenho que agir com rapidez. Tendo a face marcada por uma expressão pensativa, o oficial completou: — Ele não poderá permanecer vivo. Enquanto me preparo para retirar Sofia do convívio dos pais e promover a união dela com o meu filho, quero que se encarregue da missão de acabar com a vida de Demetrius.

— Sabe que tenho interesse em ajudá-lo, mas preciso pensar no meu futuro e saber o que ganharei com isso.

— O dinheiro que seria de Demetrius será seu. Aja como um soldado e não como um homem sem honra. Não poderia expor-me aos lobos.

Por mais uma vez aqueles corações turvavam as esperanças alheias, enquanto os cavalos ressoavam num trote apressado em meio à escuridão.

Ao chegarem à cidade, os dois homens despediram-se e Drusus seguiu para fazer o que lhe competia. Imediatamente contratou cinco gladiadores para conter a força de Demetrius e com eles rumou para a estalagem humilde onde Aimã, o homem que criou e transformou Demetrius em gladiador, poderia ser encontrado com os demais homens de sua propriedade. Antes de entrar, Drusus orientou os seus capangas:

— Não percam tempo e façam parecer uma briga tola.

No interior da estalagem, Demetrius mantinha-se com os olhos baixos, em muda conversa com o cálice de vinho. Aproximando-se, Drusus disse:

— Estou aqui nome do general Titus.

— Veio para pagar o que Titus me deve? Então assim o faça e vá embora, pois de todas as lutas que participei, esta é a que me incomoda o peito. Sinto-me constrangido, sem justificativa, como um monstro que faz inocentes se curvarem diante de verdugos. Todos os adversários que estiveram diante de mim não possuíam valor: eles mereceram a morte. Mas eu estou cansado desta vida e com esse dinheiro comprarei minha liberdade. Contudo, dentro de mim sei que modifiquei a vida de alguém que não conhecia; uma jovem honesta sobre a qual me informei. Como alguém tão pura poderia ter tocado o coração de um homem sem sentimento como o general? Por que tanta barbárie?

— Não creio! — comentou Drusus com sarcasmo. — Um mísero sanguinário tendo rompantes de moral. Infame!

59

O que conhece de moral? Não poderia responder às suas questões sobre pureza, pois desconheço esta virtude dentro de mim, mas quanto à barbárie, o corrijo: trata-se de riqueza, poder e continuidade das sombras que resistem no coração de um homem.

Sem motivo aparente, os cinco capangas de Drusus iniciaram uma grande agitação. Com fúria, lançaram-se contra Demetrius. Minutos depois, o gladiador solitário tinha parte de seu rosto banhado em azeite fervente e sofrera severo e indescritível espancamento. Desfalecido, ele mais parecia morto. Após rápida e superficial avaliação, Drusus, com gestos de repúdio, disse:

— Vamos! Esse sanguinário está morto. Que os cães selvagens se encarreguem de sua alma.

Sob as ordens de Aimã, Demetrius foi levado para a periferia da cidade, onde seria deixado para que as feras devorassem o seu corpo — e assim ele estaria relegado ao total esquecimento.

No desespero de vencer as dores do corpo flagelado, aquele homem esteve por dois dias em uma difícil luta para se manter vivo. Já no terceiro dia, com o nome totalmente esquecido por aqueles que o haviam conhecido, ele continuava em abandono. Foi então que despertou de um sono rápido e agitado e se viu acolhido nos braços de um nobre homem. Envolvido por imensa luz, esse fidalgo não julgava seus feitos, não lhe maldizia o coração: simplesmente o abraçava paternalmente. E ao lado dele havia outro, que também expressava infinita misericórdia:

— Meu neto, sei que você não se lembrará de mim, tampouco do passado que nos uniu. Por isso, apresento-me: sou Jeremias e este é Horacio, que um dia foi seu tio. Nas alturas, o Messias tão esperado já iniciou a busca daqueles que levarão seu nome às diversas gerações as quais não conheceremos. Estamos vinculados por um amor puro, ainda distante do seu conhecimento. Falanges de amor estenderam-lhe as mãos, convocando-o para trabalho de preparação daqueles que um dia conhecerão a verdade.

— Como um homem tão nobre escolheria alguém como eu, que possuo as mãos tingidas pelo sangue e pela poeira de um passado de mortes? Como posso viver da maneira que me encontro agora — irreconhecível e deformado?

— Não se desespere. Deus jamais permite que o sofrimento seja injusto. Cada um carrega no coração as marcas do seu ontem. Levante-se e não se esqueça de seus erros, mas não permita que eles sejam o abismo a separar seu coração das verdades do amor celeste. Muitos dos que, a partir de hoje, estarão junto ao seu coração necessitam de força e coragem. Você será o guardião dos corações amados, dos que experimentam as lutas individuais no planeta. Retorne à vida. A ingênua jovem marcada pela disputa egoísta, vítima de corações turvados de ódio, necessitará de você. Não carregue a cólera, pois tudo que hoje parece tormenta amanhã será luz.

Demetrius chorava igual a um menino, enquanto Jeremias e Horacio, percebendo seus infortúnios íntimos, derramavam sobre ele uma luz intensa e reconfortante. Algum tempo depois se despediram, desaparecendo em imensa paz. Enquanto isso, Demetrius despertava emocionado e, solitário, confortava-se:

— Criaturas amáveis que me acolheram em pensamento, minha ignorância não poderá descrevê-los. Mas, prometo que viverei para aguardar as novas instruções do porvir e para aprender a ter a honra que jamais fui capaz de compreender. A partir de hoje, abandonarei as lutas para simplesmente viver. Viverei para servir!

Carregando consigo a coragem de vencer as dores do corpo machucado, além de pequenas lembranças de um sonho confortador, aquele homem lutava para poder suportar os dias desconhecidos que chamamos de amanhã.

Já noite alta, Tacitus, após ter ocupado todo o dia lecionando para algumas pobres criaturas — às quais se dedicava com a modéstia que lhe era natural — dirigia-se sozinho para sua morada, na periferia de Roma. Foi então que percebeu alguém caído na estrada. O velho professor, vencendo o cansaço, não poupou esforço para socorrer o moribundo:

— Deus, o que fizeram com este pobre homem? Dê-me forças para auxiliá-lo, pois é tão grande e forte que não conseguirei colocá-lo sobre o cavalo.

Lutando contra os limites do próprio corpo, tal qual um pai acolhe a um filho, Tacitus acomodou carinhosamente aquele homem marcado pelo peso da própria consciência, sem desconfiar que diante de si estivesse alguém que havia lutado em troca de mísero dinheiro, entregando a nobre Sofia aos corações sombrios, enquanto todos desconheciam as linhas do amanhã.

CAPÍTULO 6

Vidas em movimento
e transformação

Dez dias se passaram desde a disputa na arena. Virgilius, totalmente alucinado, passava seus dias recolhido, amargurando um profundo remorso. Em desespero, aguardava o dia em que o general reclamaria seus direitos sobre Sofia. Não ousava relatar as ocorrências para Áurea: ele literalmente jogou com o futuro da filha. A esposa, alheia a tudo, dedicava-se tranquilamente à família.

Naquela tarde, o lar estava em silêncio. Todos buscavam ocupar-se com seus afazeres. Tacitus e Sofia mantinham-se no jardim em total harmonia, retomando as lições do dia anterior. Do divã próximo, Áurea observava a filha como alguém que admira formosa e grandiosa obra-prima. Apesar de tudo, Virgilius lograva ocultar seu estado e, trancado na biblioteca, atormentado, mergulhava sua angústia em sucessivas taças de vinho, que faziam com que se entregasse a um sono perturbado.

O ambiente de paz foi rompido por vozes altas. O general Titus, acompanhado por Drusus e por três soldados devidamente orientados, não aguardou o anúncio de sua chegada pelo servo da casa. Abrindo caminho, como quem marcha em um campo de batalha, avançou duramente em direção à entrada. Tomada de surpresa, Áurea procurava compreender aquela visita:

— Senhores, como invadem este lar desta maneira?

— Pelo que posso perceber, seu esposo não informou que eu viria buscar o que pertence à família Gracus.

— General, nos últimos tempos meu esposo tem contraído várias dívidas... Mas, perdoe-me, o que há aqui que pertence à sua família e que desconheço?

Titus sem esconder o sorriso sarcástico, prosseguiu:

— Vim buscar sua filha Sofia.

Um pequeno conflito estabeleceu-se. Tacitus e Sofia informaram-se do que acontecia, enquanto Virgilius, ouvindo as palavras do general, chorava envergonhado diante da esposa. Esta, por sua vez, chorando inconformada, pedia ao esposo:

— Por misericórdia, diga que não fez isso! Todos estes anos suportei as mais duras provas do difícil convívio com a sua insensatez. Mas, fazer que sua filha fosse parte de seus negócios obscuros foi para mim um golpe que jamais esperei receber. Diga que tudo não passa de um pesadelo.

— Perdoe-me, Perdoe-me... — dizia Virgilius sem argumentos.

Sofia, observando o desespero da mãe, correu para abraçá-la na tentativa de confortá-la e de buscar refúgio — mas Áurea, como uma heroína em defesa da honra, levantou-se desafiando o poder de Titus:

— Minha filha não sairá deste solar. Somente se eu morrer levará Sofia daqui! — e, chamando dois servos humildes ordenou: — Levem Sofia deste recinto.

Antes que os servos se aproximassem de Sofia, dois soldados avançaram. Tinham instruções expressas para tirar a vida de qualquer pessoa que tentasse impedir as ordens de Titus. Os pobres e assustados serviçais, com medo,

64

não se aproximavam de Sofia. Outro soldado caminhou até a jovem para levá-la. Áurea, cega de desespero, mas fortalecida pelo propósito de defender a filha, lançou-se contra aquele homem que, sem piedade, retirou o punhal e lhe vazou o abdome. Ela não suportou os golpes, enquanto sua túnica era lentamente tingida pelo vermelho do sangue. Aos poucos, ela desfalecia nos braços de Sofia e Tacitus.

— Mãezinha, não me deixe! Fique um pouco mais! Ainda não consigo aprender as lições de fortaleza e coragem que residem em sua alma para que possa vencer meu medo e cumprir os desejos do meu próprio destino.

— Minha querida, perdoe-me a tentativa sem sucesso de arrancá-la das mãos destes lobos de corações tão frios. Onde eu estiver, estarei com você. Minha vida nada vale agora, mas meu coração estará junto ao seu. Não se esqueça de que, quando você estiver em prantos, eu serei seu lenço invisível e meus braços sempre estarão a envolvendo com meu amor, que nos une. Por agora, tenha coragem. Não permita que lhe arranquem a doçura e a pureza que coram seu semblante. Sofra com dignidade. Sorria com firmeza. Viva como quem leva na alma a fé pelo Deus que aprendemos a amar. Confie no amanhã e siga, pois além da colina sempre haverá a luz de mais um dia...

O ambiente era temporariamente tomado por uma profunda emanação de paz. A veneranda senhora, nos braços da filha, cerrava os olhos cansados para o corpo sem vida e despertava para uma vida sublime. Naquele momento, a radiante presença de Jeremias, ancião amigo, e de Horacio faziam-se deslumbrantes, perfumando a dor e silenciando a tristeza. Com um gesto humilde, o velho homem abraçou Áurea com carinho:

— Venha comigo! Deixe as dores se manifestarem onde elas estão. Aos seus olhos o cenário parece de horror, mas me dê a sua mão para que possamos, unidos, auxiliar nossos amores que estão no planeta. Nossos filhos encontram-se vinculados por vidas e estradas que um dia conduzirão ao coração do nosso Messias. Para tanto, fomos convocados pela divina providência para trabalhar pela transformação daqueles que um dia foram nossos filhos e netos, nossos antepassados. Estamos juntos novamente e assim seremos uma família.

— Mesmo agradecida por essas palavras de luz, como seguir deixando minha menina junto dos corações desses verdugos? Como seguir em paz, desconhecendo o amanhã? Deixe-me ficar ao lado dela e de Tacitus, que amei a vida toda em meu silêncio.

— Por agora, venha. Tacitus, meu irmão de ontem, retornou ao planeta para acompanhar seus passos. Assim, compartilhou o passado silenciado neste presente, mesmo sem ter realizado as bodas com você; seus filhos desse passado necessitam de emergencial transformação. Sua filha é o fruto do amor puro e distante entre vocês, enquanto Pompilius é o amor real de Sofia. Não nos esqueçamos de que, por meio de sua filha, Pompilius e seus descendentes serão a ponte para muitos corações chegarem a Deus e ao Messias. Amigos são preparados para voltar ao planeta e sedimentarem as estradas anunciando que o Prometido há de chegar. Serão eles discípulos, morrerão e renascerão para que a Terra possa ter a Sua luz. Por agora, venha, pois outros que a amam aguardam a sua chegada. Sejamos fortes para seguir com fé.

Áurea, confiando nas palavras do amigo, não ousou dizer qualquer frase. Tomada de pranto e de felicidade, afastava-se completamente envolvida de luz, deixando para trás uma vida e outras mais.

Enquanto isso, o recinto estava mergulhado em tristeza. Abraçando o corpo imóvel de Áurea, Tacitus orava entre lágrimas em voz baixa e rouca, e somente Sofia podia escutar sua fervorosa prece:

— Deus, não imploramos pela liberdade dos nossos sofrimentos. Não imploramos excessos para nossas vidas. Não permita que em nossos ouvidos sejam açoitados os ventos da nossa própria insatisfação. Suplicamos compreensão e sabedoria, fortaleza e misericórdia, para vivermos longe daqueles que foram abraçados pela luz. Receba, Senhor, a chama viva de nossa esperança e nossa fé, faça-nos fortes para honrarmos os ditames das Vossas soberanas leis. Ensine-nos a esperar, educando e trabalhando até que o tempo seja o emissário de nossas vidas e venham anunciar um mundo novo. Liberte-nos de qualquer sentimento alheio à vontade dos céus, pois só é verdadeiro o amor que vem de Seu sábio coração.

Tacitus e Sofia choravam, enquanto Virgilius quedava-se totalmente atônito diante do que via, incapaz de qualquer palavra ou manifestação. Titus segurava o braço da jovem e, com a brutalidade inerente à sua personalidade, ordenava:

— Vamos, tenho planos para você. Não tenho tempo a perder com sentimentalismo. Os soldados se encarregarão de enterrar sua mãe.

O velho professor, ouvindo as palavras do general, imediatamente levantou-se para intervir:

— Senhor, compreendemos a situação, mas suplico, deixe-me sepultar minha senhora.

Sofia com os olhos brilhantes, docemente implorou ao rude coração de Titus:

— General, acato as suas ordens, mas suplico que permita a Tacitus sepultar minha mãe. Alguém como ela, que viveu com honra e que nada tem contra a sua dignidade, merece agora o respeito de nossos corações. Imploro para que me permita continuar junto de meu professor, ele é tal qual um pai, é minha fortaleza.

O general, aturdido pelas palavras que ecoavam no momento, envolvido pelo clima sereno que então pairava, respondeu:

— Serei misericordioso e atenderei o seu pedido. Permitirei que este homem sepulte sua mãe e continue sendo seu professor. Mas, você me acompanhará sem mais nada dizer.

Virgilius, apático, a tudo assistia sem um gesto em favor da filha ou da esposa morta. Calado, observava Sofia ser levada pelos soldados e pelo general, em direção ao desconhecido. A jovem fitou-o profundamente, deitando sobre ele um olhar plácido, cheio de piedade e de uma candura indefinível. O patrício, emocionado, deixou as lágrimas molharem sua face e tomarem sua alma. Enquanto isso, Tacitus e os servos, em total silêncio, pleno de comiseração, recolhiam Áurea para entregar seu corpo ao ventre da terra. Feito isso, o velho professor seguiria para uma nova realidade, repleta de testemunhos de fé, sofrimentos e alegrias.

Ao chegarem à suntuosa mansão de Titus, encontraram Miriam, que trazia estampada no semblante uma vida sofrida. Mesmo sob o efeito do tempo, ela mantinha a candura, com a qual foi recepcionar o general. Adentrando a casa, o militar anunciou:

— Vamos, mulher, trouxe a futura mãe de meus netos. Quero que a tratem com todo o desvelo. Quero que ela seja bem cuidada, pois em breve se casará com meu filho, assim que ele retornar dos campos de treinamento do exército nos arredores de Roma. Por enquanto, quero descanso para meus pés cansados.

Nesse ínterim, Calcurnia, preparada para uma festividade nos círculos sociais, ouvia atenta às palavras do irmão:

— Então temos companhia? Quero que saiba que debaixo deste teto está sob minhas ordens. Não aceitarei rivalidades.

Lançando um olhar de ódio e desprezo sobre a jovem, encaminhou-se para Drusus:

— Vamos, já é tarde e não podemos perder mais tempo.

No recinto silencioso, sem a presença de Titus, Calcurnia e Drusus, a jovem filha de Deus e Miriam permaneciam. Sofia ouvia as palavras daquelas criaturas atormentadas, não escondendo em seu semblante o medo que lhe furtava a cor. A serva, percebendo seu constrangimento, a envolveu em seu manto carinhosamente:

— Minha criança, não tenha medo de mim. Não lhe farei mal algum, sou Miriam. Agora me diga, qual é o seu nome?

— Sofia.

— Seremos amigas. Agora se acalme, pois compreendo sua aflição. Pelo que posso perceber, é diferente das mulheres que frequentam este solar. Sinto-me como se já a conhecesse, sem nem sequer ter deitado meus olhos sobre você. É tão bela tal qual uma luz advinda dos céus.

Miriam, bondosa, amparava no peito maternal a cabeça da jovem, que ali buscava alívio para o aperto do coração.

— Minha mãe há pouco partiu e não pude sequer me despedir. Foi tirada de mim a oportunidade de sofrer por sua partida. E agora descubro, desse jeito hostil, que meu futuro está nas mãos de um homem rude e que meu coração será entregue, sem perguntas, para alguém cuja natureza desconheço. Deus, fortaleça-me para que minhas lágrimas não interrompam minha razão. Faça-me fortalecida para vencer o medo que lentamente aporta em minha alma.

— Conhece o Deus único?

— Sim, eu e minha mãe aprendemos os conceitos do Deus único que nosso amigo e professor trouxera de sua linhagem. É esse Deus, proferido nas sábias escrituras, que me faz suportar tamanha dor no coração e os temores que assombram minha mente.

— Também sou conhecedora desse Deus. Ele também me ensinou a ser forte.

— Como veio parar neste solar?

— Vivia nas encostas da saudosa Grécia. Eu e meu esposo vivíamos felizes, junto de nossa família. Tudo nos parecia paz e alegria. As bênçãos dos céus recaíam sobre nós, e partilhávamos essa felicidade com minha cunhada Hannah, Cimiotis, seu esposo, e meu sobrinho, o pequenino Demetrius. Desconhecíamos a força dos exércitos de Roma. Porém, uma tarde estávamos tranquilos quando uma legião aportou em nossa terra. Comandados por Titus, ainda jovem, requisitaram nossa humildade para servi-los com alimentos e aquecê-los.

Nesse momento, não conseguindo dizer nada, Miriam deixava lágrimas silenciosas lavarem sua face, buscando no ar a fonte de inspiração para refazer-se. E então continuou:

— O sonho de termos um filho era a esperança mais pura dos nossos dias. Entre os soldados que chegaram, alguns carregavam chagas trazidas das batalhas. Eles ficaram sabendo que meu sogro, Jeremias, poderia curá-los e o obrigaram a cuidar dos feridos, dia e noite. O estado dos legionários era lastimável e cinco deles morreram devido aos severos ferimentos; outros três agonizaram por dias. O general, fazendo honrar seu nome e sua moral diante de seu agrupamento, sentenciou Jeremias e Horacio à morte, e a mim, à escravidão!

— Onde está seu sobrinho?

— Segundo o general, foi morto, mas dentro de meu coração ele está vivo — disse Miriam, secando as lágrimas para continuar: — Após aquele dia, vim para cá exercer os ofícios domésticos, além da missão de educar Pompilius. O tempo encarregou-se de transformar minha alma em misericórdia. Quando aqui cheguei, trazendo dor, ódio e desejo de vingança, encontrei no pequeno Pompilius, com apenas quatro anos, uma forma de não sucumbir à saudade de meu esposo e de minha família. Dediquei-me por todo esse tempo a este jovem que hoje é um homem. Quando olho para o general e para seu filho, vejo duas criaturas necessitadas de luz e amparo.

— Sou igual a você — disse Sofia com as lágrimas marcando-lhe a face — Também sou cativa. O que nos difere é somente a forma pela qual chegamos aqui.

— Não foi encaminhada para cá ao acaso. Comigo também foi assim. Alguma tarefa nosso Deus lhe reservou.

Miriam, com carinho, fitou-a profundamente e prosseguiu:

— Recordo-me de meu sogro Jeremias dizendo: "Mas, igual ao monte que ao cair se desfaz e ao rochedo que muda de lugar, à água que desgasta as pedras, à tormenta que arrasta as terras, assim é a esperança do homem..."[8]

— Lembre-se sempre de que a joia mais preciosa da Terra, antes de adornar a coroa de um rei, foi um dia pedra bruta que recebeu o trato carinhoso e o polimento necessário com desvelo. A árvore frondosa, antes de conceder os frutos, foi um dia uma semente que teve que vencer a escuridão da terra para poder receber um simples raio de sol. Sinto que você será a fonte iluminada para modificar esses corações petrificados, será a água renovadora que trará as bênçãos da fertilidade para o solo trincado que chora ressecado. Para agora, coragem, minha querida, estaremos juntas nesta estrada de Deus e conseguiremos vencer os desafios que a vida, ao certo, nos oferecerá.

— Você tem um coração generoso e rogo a Deus estar sempre atenta às suas palavras. O medo tomou conta de meu coração e o desespero invade meu ser.

— Se quer viver em paz, não se descuide de Calcurnia. Ela possui forte influência nesta morada e todos estes anos tenho assistido, em silêncio, a diversas demonstrações de horror promovidas por ela, por seus amantes e inclusive pelo general. Perceba que por aqui tudo possui um pouco dessa mulher. Até o jardim, que era para nós sereno recanto de paz, foi por ela transformado em terreno abandonado.

---

8 - Nota do Autor Espiritual (Ferdinando): Jo, 14:18-19

— Não compreendo. Por que tamanho egoísmo, a ponto de destruir um jardim? Serei eu capaz de transformar tantos infortúnios em bênçãos luminosas sobre este lar?

— Há alguns anos, o general trouxe para cá uma serva cheia de vida. Dias seguiram e Titus, identificando a beleza natural daquela jovem, tentava por todos os meios forçá-la a conceder-lhe seus encantos em troca de uma falsa liberdade. Mas quem é cativo aprende a ser forte — lágrimas tímidas umedeciam a face de Miriam, que, emocionada com as recordações, acariciava maternalmente o queixo de Sofia. — Ela, por sua vez, mantinha-se firme diante daqueles propósitos funestos que a assombravam. Com sua resistência conseguiu conquistar o coração do general. Pela primeira vez, após a morte de sua esposa, ele havia se curvado ao coração de uma mulher. Tentando escapar das duras mãos de Titus e Calcurnia, ela dedicou-se, nos poucos dias que ficou aqui, às flores deste jardim, as quais brotaram como jamais fora visto, trazendo perfume e colorido perfeitos a este ambiente. Chegou o dia em que o general saiu em campanha, deixando-a nas mãos de Calcurnia, que, consumida pelo ciúme, fazia prevalecer sua ganância. Jamais permitiria que uma serva emparelhasse com ela. Por puro ódio e para livrar-se da jovem, ordenou que fosse destruído o jardim e que ele ficasse abandonado por anos, para servir de exemplo a outras mulheres que tentassem despertar o coração do irmão para os encantos femininos.

— E o que aconteceu a ela? E o general?

— Estando o general ausente, sua irmã uniu-se a Drusus e a pobre foi levada ao suplício extremo. Não suportou o martírio do cárcere e, depois de quarenta noites de privações, foi sentenciada à morte. Titus não ousou falar mais sobre ela, sequer ordenou que recuperássemos este jardim. Para ele, é como se o passado não existisse. Portanto, fique alerta, pois o amanhã pertence a Deus e o hoje está em nossas mãos. Seja corajosa e devolva a alegria e o colorido aos corações desses dois homens, que jamais conheceram a paz, e faça deste reduto um lar de amor, pois sei que Deus nos protegerá e nos guiará.

Entre abraços afetuosos, Miriam e Sofia acalentavam-se, firmando uma amizade verdadeira, sustentada e conservada na certeza de que Deus seria o alicerce de suas vidas.

CAPÍTULO 7

Caminhos de verdade e luta

Trinta dias transcorreram. Tacitus, em sua residência, tentava esquecer a dor e a saudade das duas mulheres, as amadas de sua vida, e cuidava do ex-gladiador Demetrius, que permanecia à mercê de enfermidades que maltratavam seu corpo. Entre alucinações de vingança, ele proferia frases desconexas e sofria o peso do próprio remorso. Por dias seguidos ele queimava em febre, enquanto Tacitus tentava, com as poucas providências possíveis, aliviar os males que assolavam o rapaz. Já sem esperanças de ver aquele homem de pé, o velho professor ajoelhou-se exausto e orou:

— Senhor, perante nossa dor e incapacidade de compreender as Suas sábias leis, por misericórdia, dê-nos a força para não esmorecermos na senda da vida. Ensine-nos a enfrentar as sombras para que elas se transformem em passado de luz. Ensine-nos a querer, sem exigir; a aceitar, sem perguntar. Ensine-nos a perseverar na fé, sem nos demorarmos entre o escárnio e a solidão. Se as trevas conspirarem contra nós, se a ventania da destruição ainda açoita nossos ouvidos, seja qual for a corrigenda necessária para aperfeiçoar nossas vidas, eleve-nos o pensamento para sermos fortes, pois sabemos que avançar para o futuro sem luz e sem a Sua sabedoria é impossível.

O recinto era banhado por imensa paz. Demetrius, despertando ouvia emocionado as palavras do velho grego, recebendo-as com profundo respeito. Tacitus, ao vê-lo despertar, disse com alegria:

— Que Deus seja louvado! Meu amigo, há pouco acreditei que seria inútil realizar algo em seu favor. Acreditei que estivesse praticamente morto. Como se chama?

— Agradeço-lhe o coração bondoso. Meu nome é Demetrius... — Tacitus imediatamente associou o nome famoso à pessoa: — É o gladiador Demetrius?

— Sim! Um dia fui o grande e temido gladiador — visivelmente triste prosseguiu: — Agora não sou ninguém.

Com dificuldade, tentando levantar-se, ele continuou:

— Você foi muito bondoso comigo, mas não sei se poderei retribuir tamanha dedicação. Tudo me foi tirado, por isso irei embora o mais breve possível.

— Nada quero de você. Não quero seu dinheiro e nem agradecimentos. Não está em condições de partir. Fique um pouco mais e assim será minha companhia, pois em tão pouco tempo perdi os dois amores de minha vida.

— Não o compreendo! Não me conhece, não pergunta quem sou realmente ou o que fiz e ainda me pede que fique? Homem, carrego em minha alma o peso da morte e respiro o ar daqueles que minha mão arrancou da vida sem piedade. Além do mais, muitos temem meu nome.

— Todos nós carregamos um passado impiedoso e eu não poderia condená-lo, pois esta tarefa não me cabe. Somente Deus possui as leis sábias e justas para as nossas transformações.

— Em várias regiões por onde andei, ouvi falar desse seu Deus.

— Onde está sua família?

— Recordo-me muito pouco da minha família. Sei que um dia tive pais amorosos, pois sempre sonho com eles. Minhas ideias se misturam e não consigo ter certeza de todas elas. Parecem-me pesadelos. E em outros momentos, sonhos lindos, dos quais não quero despertar. Vejo sempre um homem bondoso, que se identifica como meu avô. Vejo minha mãe como fonte de luz. Vejo o general, o algoz de minha família, sentenciando-nos ao cativeiro. Fui levado aos treinos que me transformaram em um matador. Estas são a memórias que carrego comigo, nada mais. Desde menino fui treinado para a morte, tal qual um soldado é preparado para a guerra. Confesso que já estou cansado de tantos horrores. Sucumbi nas entranhas do egoísmo dos outros, em troca de minha liberdade. Porém, em minha última luta, realizei o pacto mais pesado: sentenciei uma jovem inocente, que não conheço, ao martírio nas garras do general Titus. Este, por sua vez, fez meu nome se apagar das arenas.

— Por Deus, então é verdade o boato que corre pelas ruas de Roma! Acreditei que fosse mais um falatório, entre tantos que nascem e morrem sem deixar marcas. Mas, pelas suas revelações, a jovem de que fala agora é Sofia, minha filha de coração.

Enquanto o surpreso Tacitus permanecia parado, Demetrius caminhou com dificuldade até a proximidade da fonte que represava humilde fio de água. No espelho líquido, o gladiador viu o próprio reflexo. Devido às agressões sofridas, sua face direita estava marcada por diversas feridas:

— Não! Me transformei em um monstro!

Com visível desespero, continuou:

— O que aconteceu comigo? Me vingarei de todos! Ajoelhando-se com as mãos cobrindo seu rosto, ele não parava de falar:

— Arrebatei o amor de sua vida e mesmo assim me trata com respeito e dedicação. A sua bondade para comigo será o tributo que tenho de suportar?

— Não saberia dizer o que aconteceu com você — replicou Tacitus, com a mão direita no queixo, tentando encontrar as palavras mais precisas. — Acalme-se. Creio em Deus e sei que ele não me colocou em seu caminho por acaso. Todos nós carregamos o impiedoso peso de nosso próprio passado. Estamos vivos para poder modificar nossas existências. De que valeria viver olhando somente para trás? Diante dos erros ou acertos, devemos enfrentar corajosamente todas as consequências. Ninguém é capaz de tirar de nossos corações um grande amor; você não me arrebatou a jovem disputada na arena. Quem sabe o general foi um enviado dos céus para que você pudesse modificar o rumo dos seus dias? Não esbraveje, não maldiga aqueles que apagaram o seu nome entre os gládios. Deus escreveu seu nome no mais sagrado solo que existe: o Seu divino coração. Conserve seus pensamentos tranquilos e sustente o equilíbrio dos seus passos acima de qualquer perturbação para que possa compreender e viver uma nova vida.

— Sinto dentro de mim que não poderei perdoar. Não fui treinado para isso. Fui treinado para lutar. Jamais conheci um homem de tão nobre coração. Suplico: Ajude-me nesta difícil tarefa de me transformar em um verdadeiro homem. Ensine-me sobre o seu Deus, pois os meus deuses se esqueceram de mim.

— Meu caro, ao Senhor, nosso Deus, pertencem a misericórdia e o perdão, e o perdão é companheiro do tempo. Devemos evitar as sentenças definitivas sobre nossas vidas. Desculpemos o presente, e o perdão aportará em nossos caminhos no momento em que estivermos nos modificando. Lembre-se de que o malfeitor de hoje poderá ser, amanhã, valioso amigo e professor para nossas consciências. Deus será sempre misericórdia e nós devemos ser simplesmente filhos dessa misericórdia. Não devemos nos esquecer de que, para encontrar o caminho da libertação, devemos iniciar retirando o pó das sandálias, fazendo de nossas vidas verdade, trabalho, luta e transformação...

Aproximando-se do novo amigo, Tacitus levantou-o pelos braços:

— Vamos, levante-se sem aflições ou angústias. Não faltarão oportunidades para você reparar as falhas de ontem. Ficará em minha residência e, de minha parte, terá meu apoio, terá minhas mãos e, sobretudo meu coração.

Demetrius e Tacitus abraçaram-se afetuosamente, registrando os mais sagrados vínculos de amizade e consideração. No céu, magnífico espetáculo colorido anunciava a partida do sol, que repousava sereno nos braços das colinas.

Naquela mesma noite, Pompilius retornou dos campos de treinamento do exército. Atravessava o salão principal, retirando o elmo e afrouxando a armadura, quando achou a casa por demais silenciosa:

— Pelos deuses, onde estão os servos deste solar para me auxiliarem? Miriam, onde está?

Assustada com os gritos, que pareciam costumeiros naquela morada, Sofia tentava compreender a origem daquela voz. E, quando se viu diante do rapaz, sentiu a face rosada. Pompilius, totalmente entregue aos encantos da jovem, disse:

— Creio que não estou equivocado. Se não estou sonhando, estou em minha morada. O que faz aqui? — perguntou, enquanto procurava se aproximar da moça, que se esquivava o quanto podia. Seja quem for que a trouxe para cá, oferecerei aos deuses, em sua homenagem, o sacrifício do melhor animal destas terras.

Miriam, percebendo a situação, apressou-se em ir ao encontro de Pompilius:

— Desculpe o atraso. Não aguardávamos um retorno tão breve. Prepararei na biblioteca o vinho e logo traremos água fresca para aliviá-lo do calor e do cansaço e, livrá-lo do pó da estrada.

79

Os olhos do patrício estavam estagnados diante da jovem. Miriam retirou-se do recinto juntamente com Sofia e foi preparar as ânforas de água fresca, enquanto o general, fazendo-se ouvir, foi saudar o filho:

— Meu filho, retornou antes do previsto. Seja bem-vindo ao seu lar!

Após as saudações, Pompilius animadamente relatou ao pai os planos das futuras conquistas planejadas pelos exércitos romanos. Isso manteve o velho soldado satisfeito e orgulhoso, mas ele não deixou de buscar oportunidade de trazer o assunto para suas intenções sobre uma prole para o filho:

— Percebi que já encontrou Sofia. O que acha dela?

— Meu pai, o homem que possuir o coração dessa mulher será honrado, será um escolhido dos deuses. Quisera eu poder ser este homem.

— Como não poderá ser este homem? Ela lhe pertence! Eu apostei com Virgilius em um jogo simples e ganhei-lhe a filha para que ela seja sua esposa.

Pompilius, como um jovem cheio de sonhos, via-se como um pássaro cativo e, ouvindo as palavras do pai, demonstrou insatisfação:

— Sou um soldado! Não posso receber tal presente. Como poderei casar-me com alguém que não sente nada por mim, que não me conhece, ou melhor, que foi arrebatada em um jogo? Sou livre e assim quero continuar. Nasci para o exército e não abandonarei minha carreira militar.

— É um ingrato. Quer continuar nos braços de mulheres que a terra se envergonha de receber? Não quer ver a continuidade de nossa família? Desde que sua mãe morreu, dediquei-me a você. Ensinei-lhe o ofício das armas e, desde cedo, o que é ser um homem honrado. Permita-me morrer consciente de que minha família não terminará na ponta de uma espada anônima ou em um ventre infame qualquer de nossa sociedade.

— Quero ser livre para as lutas nos campos de batalha, quero sentir que o céu me pertence. Não estou pronto para exercer a tarefa de ser pai, tampouco ser um escravo de sua vontade. Agradeço a sua dedicação e tudo que me ensinou, mas não poderei me esquecer da tarefa que devo a Roma. Além do mais, quero eu mesmo conquistar meus amores.

Sofia e Miriam, paradas junto à porta, traziam uma bandeja com uvas, ânforas de vinho e água e, sem se esforçarem ouviram a dura conversação. O general, não se permitindo nenhum gesto de compreensão, sentenciou o próprio filho:

— Já decidi. Você se casará com Sofia o mais breve possível.

— Pai, não faça isso. Nem sequer conheço essa mulher. Não farei isso para agradá-lo. É o pior guerreiro que conheci em minha vida. Não sou igual aos escravos que o senhor arregimenta em suas conquistas.

O general, furioso, lançou-se contra o filho e, de punho cerrado, abriu-lhe o supercílio. Gritando, sentenciou:

— Conhecerá essa mulher com o tempo, não importa! Além do mais, nas ruas de Roma todos comentam a origem, a idoneidade, a confiança e, sobretudo, a honra da família de Virgilius. Essa jovem foi requisitada para diversas linhagens familiares, mas eu a consegui para você.

Então o ambiente se fez mudo. Sofia, ao ver que Pompilius tinha sangue vertendo em sua face, espontaneamente retirou o véu e calmamente colocou-se a tratar o soldado. Este, por sua vez, não querendo que o pai percebesse sua íntima satisfação em ser tocado pelas mãos brandas da jovem, levantou-se rapidamente, deixando o recinto sem nada dizer, abandonando o ar agitado, consumido de desavenças e falta de compreensão.

Vendo o filho sair apressado, o general agarrou um cálice de vinho e o bebeu de uma só vez. Enquanto isso, Miriam amparava a jovem, que se mantinha ajoelhada enquanto segurava o véu ensanguentado:

— Venha, minha querida! Por agora basta desta demonstração de horror.

Contudo, a noite caiu serena sobre aqueles filhos de Deus e, nos braços noturnos a esperança de dias melhores pairou sobre suas consciências.

CAPÍTULO 8

Sacrifícios e dívidas de amor

Na residência do general as pessoas lutavam para adaptarem-se às suas novas vidas. Pompilius, tentando fugir à proximidade de Sofia, mantinha-se perto de seu pai a maior parte do tempo, entretidos os dois com os ofícios estratégicos do exército.

Naquela tarde, Miriam e Sofia, muito unidas, mantinham-se ocupadas com os afazeres rotineiros, entre conversações triviais, e também se dedicavam à reconstrução do frondoso jardim. De súbito, ambas ouviram gritos que vinham do salão, que pareciam de alguém sob severo açoite. As duas mulheres, ansiando por algum esclarecimento, seguiram para lá apressadamente. Quando chegaram à sala principal, Calcurnia, sem piedade, ordenava que uma jovem escrava fosse severamente punida pelas mãos de Atrimedius, um africano que trazia a força em seus braços e que sempre cumpria os mandos da irmã do general nos assuntos de corrigenda dos servos.

Sofia, observando o sofrimento da jovem, correu para tentar ampará-la:

— O que fez esta mulher de tão grave para sofrer tamanha punição?

Calcurnia, vertendo ódio dos olhos, respondeu:

— Esta infame leva no ventre um filho. Quero que seja açoitada até que o ser que carrega seja definitivamente morto.

Já é sabido por estes míseros que não permitirei nenhum deles procriar nesta residência. Como ficariam os serviços? Como dividir meu teto com esses servos sem raízes? É melhor que aprenda a discipliná-los, assim como eu.

Sofia ajoelhou-se, retirou o manto que envolvia os seus ombros e o depositou sobre a serva ferida, que agonizava em sua própria dor. Assustada, a moça retribuía o carinho recebido com um olhar triste e brilhante. Como naquele instante não confiar nas mãos amigas que recaíam sobre seu coração? Contudo, não suportando o martírio, num suspiro frágil ela cerrou os olhos para a vida. Calcurnia, observando o gesto de comiseração de Sofia, sentiu-se afrontada e gritou alucinadamente:

— O que está fazendo? Você é igual a estes imprestáveis!

— Não, senhora. Não estou acostumada a esses cenários de horror.

Secando as lágrimas e segurando o corpo imóvel, Sofia continuou a falar, corajosamente:

— Ela está morta! Percebo que nada tenho a aprender com essa demonstração de severidade. Com minha família aprendi o valor do respeito pelo nosso semelhante. Minha mãe jamais ousou punir quem quer que fosse. Vivíamos em paz. Coisa que, me parece, desconhece. Estou vivendo neste solar contra a minha vontade. Enquanto estiver aqui, não permitirei que ninguém sofra punições ou injustiça para satisfazer o egoísmo alheio.

Calcurnia, completamente perturbada pelas palavras de Sofia, lançava sua fúria no recinto:

— Como ousa falar assim comigo? Ainda não se casou com meu sobrinho. Ainda é tal qual uma serva comum e por isso também sentirá o peso de minha ira.

Com frieza, Calcurnia se dirigiu para Atrimedius, ordenando:

— Já que estamos diante de uma heroína, como sou misericordiosa e sábia, vou ensiná-la a nunca mais me desafiar na frente de meus servos. Ela receberá a mesma sentença que a escrava morta.

— Senhora, não é certo o que faz agora. Tenha misericórdia! — suplicava Miriam, sem ser ouvida.

Vendo que não era atendida, a velha serva ordenou a um escravo que fosse ao encontro de Pompilius para relatar-lhe as ocorrências, sem que Calcurnia percebesse. Neste ínterim, o servo Almerio, que trazia no semblante a marca de anos de cativeiro, adentrou no recinto e pôs-se a tranquilizar Miriam:

— Acalme-se, você está acostumada com isso. Nada podemos fazer agora. Deus há de se compadecer de todos nós.

Enquanto isso, Atrimedius, aturdido, contemplava o meigo semblante de Sofia: inexplicavelmente, o rosto da moça continha suas forças, por vezes tão espontaneamente descontrolada.

Quieta e resignada, Sofia suportava seu martírio, demonstrando força e coragem no enfrentamento das sombras que há tantos anos residiam naquele lugar.

Quando Sofia caiu desacordada, Calcurnia ordenou a Atrimedius que parasse e em seguida retirou-se. Miriam e Almerio imediatamente foram socorrer a jovem, cuja túnica alva estava agora completamente estampada com seu sangue. Acomodando-a em seu humilde aposento, Almerio não poupava esforços para aliviar suas dores. Miriam, surpresa com a destreza revelada pelo amigo no manejo daqueles rudimentos de medicina, perguntou admirada:

— Sei que não é o momento, mas não sabia que conhecia a medicina. Sempre foi um escravo comum e jamais ousei perguntar algo sobre o seu passado. Agora estou surpresa com você.

— Tive medo de que soubessem de minha profissão e que eu fosse obrigado a seguir as caravanas em campos de batalha. Por isso, me submeti aos trabalhos mais severos desta vivenda. Não suportaria viver meus dias vendo filhos de Deus em estado de constante sofrimento.

— Sinto que esta criança não suportará o martírio.

— Tenhamos fé! Deus não nos abandonará agora.

Algumas horas haviam passado quando foram ouvidas no recinto as vozes de Pompilius, de Drusus e do general. Calcurnia, por sua vez, esbanjando vaidade e irreverência, preparava-se para participar de uma festa que aconteceria logo mais, na residência de um patrício amigo. Pompilius, completamente irado com a postura da tia, ordenou a ela que contasse o que havia acontecido. Após ouvir sua versão, disse preocupado:

— O que você fez? Espero que não tenha cometido nenhum gesto insano contra Sofia.

— Ela mereceu o que recebeu. Quer saber onde ela está? A esta hora deveria procurar outra mulher para se casar, pois ela deve estar morta.

O general, transfigurado, fez-se presente com uma única frase:

— Minha irmã, espero que o que acabou de dizer não passe de uma alucinação, pois se ela morrer, você morrerá pelas minhas próprias mãos!

Após ouvir as palavras do irmão, Calcurnia o olhou com frieza e arrogância, saindo, em companhia de Drusus, em busca do divertimento vazio que os aguardava na festa do seu amigo. Pompilius, desesperado, avistando Miriam, perguntou:

— Diga, por misericórdia, onde ela está? Está viva?

— Venha comigo. Apesar do sofrimento, Sofia é forte e viverá.

Assim, o rapaz foi encaminhado ao aposento onde Sofia, desacordada, era envolvida por imensa paz.

A vida, apresentando suas faces diversas, fazia com que o filho do general causasse espanto em todos os presentes: ao segurar as frágeis mãos de Sofia, levou ao encontro de seu rosto, permanecendo assim, por toda noite, ao lado daquela que de alguma forma havia tocado seu rude coração.

Pela manhã, Sofia abriu os olhos e registrou a presença de Pompilius ao seu lado. Com dificuldade pediu ao patrício:

— Por misericórdia, peça para que meu professor e tutor venha ao meu encontro.

Pompilius imediatamente ordenou a Almerio que fosse buscar Tacitus. Após algumas horas, timidamente, a figura do velho grego despontou na porta do aposento. Miriam, ao ver o amigo de anos, não conteve as lágrimas e, num gesto espontâneo, correu para abraçá-lo fraternalmente:

— Por Deus! Deve ser uma imagem que não posso tirar do meu coração. Meu velho amigo que há tantos anos não via é, por fim, o professor falado tão carinhosamente por esta menina!

— Acreditei que estivesse morta — disse o velho grego, em meio a lágrimas de surpresa e felicidade. — A vida se encarregou de nos unir novamente. Diante deste piedoso momento, curvo-me diante de Deus para mais uma vez reconhecer a Sua grandiosidade.

Pompilius, que se mantinha calado todo o tempo à cabeceira da jovem, observando as demonstrações de afeto, retirou-se.

Sofia, com uma melhora aparente, sentou-se com dificuldades e, sorrindo, abençoou os corações presentes:

— Pouparei as apresentações. Agradeço a Deus por saber que os dois corações que mais amo e confio são amigos há muito tempo.

— Minha filha, somos amigos de muitos anos, mas o que importa agora é saber como se encontra.

— Inicio meus testemunhos de fé e meu caminho de sofrimento.

Assim, aqueles amigos relembraram o passado e continuaram em conversação ao longo de todo o dia.

Nos dois dias que se seguiram, Pompilius acompanhou todos os passos de Sofia. Porém, em seu orgulho de soldado, ele não permitia que o pai desconfiasse de que para ele era uma felicidade interior dividir o teto com a mulher que tocou sua alma.

Naquela tarde, o patrício sentou-se na biblioteca entre a leitura de estratégias guerreiras, porém com a presença de Sofia em seu pensamento. Nesse ínterim, Miriam, com carinho, entrou na sala para lhe trazer um cálice de vinho:

— Acredito que esteja com sede. Portanto, adiantei-me e trouxe um cálice deste vinho, é o melhor que temos agora.

— É para mim uma abençoada mulher que pacientemente conviveu conosco fazendo a maldade de minha tia desaparecer. Não conheci minha mãe, e é por isso que a respeito profundamente como a única mulher que conheci na posição de mãe.

Apertando contra o peito as frágeis mãos da serva, ele continuou:

— Auxilie-me, pois a única bondade que conheço é a sua. Não consigo explicar o que acontece comigo. Sempre possuí as melhores mulheres que pude conhecer. Os patrícios me invejam na arte da conquista feminina, mas confesso que estou enfeitiçado. Não consigo me desvencilhar dessa mulher e não sei explicar o motivo. Confesso que diante de Sofia me sinto incomodado, diferente, sem saber a razão. Quando estou diante dela, seu olhar me atordoa. Tenho medo de fraquejar. Ela é tão diferente de tudo que conheci em minha vida até agora. Ajude-me, por misericórdia, pois até os ofícios de guerreiro, que eram minha vida, me deixam em dúvida. Estou fatigado dessa vida de morte.

— Tenho por você admiração de uma mãe por um filho, mas na vida sempre chega o momento da transformação e da escolha. Somos como embarcações em alto-mar buscando escapar das tormentas naturais, e também daquelas que conquistamos nos cipoais de nossos sentimentos. O nosso coração também suplica por paz e busca um porto para descansar tranquilo. Encontramos criaturas que fazem parte de nossas histórias. Não posso falar muito sobre os aspectos do coração, pois não vivi tantas experiências ligadas a ele. Mas, dentro de minha alma, sei que a maior conquista de sua vida está no coração desta jovem. Deixe que seu coração diga alguma coisa para sua razão. Você foi agraciado por um amor que jamais havia sentido. Permita que esse amor transforme sua alma.

— Não sabe o que diz. Minha carreira militar está em ascensão, sou quase um general. Como fraquejar diante de um assunto tão banal? Então estou adoentado?

— O assunto não é banal. Refere-se à sua vida. Você luta para não aceitar esse amor e se recolhe para não conhecer a brandura de Sofia. Tem medo da maior revelação de seu coração. Não está adoentado, está amando. Aceite seu destino e não propicie mais sofrimento a essa jovem que, inocentemente, conheceu as amarguras mais severas para poder chegar até aqui. Creio que Deus propicia maneiras diversas para unir os corações daqueles que deverão compor as páginas da vida nos vínculos sagrados da família. As estradas desconhecidas são, na maioria das vezes, sinuosas, e felizes são aqueles que suportam o peso do sofrimento para chegar ao destino. Liberte-se das algemas que você mesmo colocou em torno de sua alma. Seu pai, apesar do modo frio, também quer o melhor para você.

— Agradeço o carinho, mas me sinto dividido entre as lutas de minha carreira e as lutas do meu próprio coração.

Miriam, beijando sua fronte, despediu-se, deixando-o envolvido em seus pensamentos desencontrados.

CAPÍTULO 9

Verdades e consolação

Três dias após aquela conversa entre Pompilius e Miriam, já noite alta, Sofia estava sem conseguir dormir, tentando reconhecer as ruínas de um jardim que no passado deveria ter sido grandioso recanto de paz. Caminhando sozinha, assustou-se ao perceber que alguém acompanhava seus passos. No clarão da noite, o rosto fino de Pompilius reluziu no recinto. Ao vê-la ofegante, colocou-se a servi-la prestimoso:

— Desculpe-me, não tinha a intenção de assustá-la. Confesso que você tem me furtado o sono. Qual é a magia que carrega que me faz fraquejar diante da minha própria vida?

— Senhor, desculpe-me, mas não compreendo o que diz.

— Bem sabe que desde o dia que deitei meus olhos em você, em sua residência, jamais saiu de meus pensamentos. Sei que a conduta de meu pai poderá nos afastar, mas quero que saiba que meus sentimentos são nobres, apesar da dificuldade do momento, que açoitou nossas vidas com a fúria de grandiosa tempestade. O que eu teria de fazer para merecê-la? Seria eu agraciado por poder viver ao seu lado? Será possível sermos felizes, mesmo começando as nossas vidas de um modo tão alheio à nossa vontade? Deixe-me provar que apesar de ser um homem rude, também posso amar.

Sofia, com a face rubra, tinha os olhos ressaltados por um intenso brilho. Respirando profundamente, disse:

— Podemos viver a felicidade, mas ela não está onde nós mesmos a colocamos. Ela reside em nossos corações e somente Deus pode nos conceder a real beleza de senti-la plenamente. Peço que me ensine a compreender o sangue que tinge sua túnica quando retorna das lutas. Ensine-me a compreender os mais nobres sentimentos que carrego por você. Haja o que houver, obstáculos, torturas ou severas provações, para sempre conservarei o seu rosto em minha alma com a única certeza de que Deus sempre nos sustentará.

Com as faces orvalhadas, ela continuou:

— Desde o primeiro dia que o vi, carrego em minha alma a convicção de que é meu bem-amado. No caminho que trilharemos novo clarão de esperança nos envolverá. Os frutos do nosso amor não carregarão a sombria missão de continuar a estrada das sombras; eles serão nossos filhos e a constatação do nosso amor nas alturas. Abençoaremos as nossas feridas com o triunfo dos nossos corações.

— Os meus deuses são diferentes do seu Deus, mas eu suplico que as suas palavras não fujam de minha lembrança por toda a eternidade. Serei seu aprendiz e me rendo aos mais singelos ensinamentos para poder viver nos retos caminhos que a conduzem neste planeta. Estou renascido agora, e ajoelho-me diante de você para provar que mereço o seu amor.

— Se iniciamos nossas vidas de modo alheio à nossa vontade, peço-lhe somente que sigamos nossos passos longe deste solar. Fixemos morada na residência que um dia pertenceu à minha mãe. Lá teremos uma história de paz. Que Miriam e Almerio nos acompanhem, pois sei que meu pai nada possui a não ser a dor que aporta em seu coração.

— Minha querida, concordo contigo. Assim faremos, daremos sequência às nossas vidas longe das influências que possam um dia turvar os nossos sonhos.

A beleza da noite e o clarão das estrelas abençoavam aqueles filhos de Deus que, resignados, buscavam o conhecimento dos seus próprios destinos, entre falas que detalhavam seus sonhos sobre o futuro e juras eternas de um amor coroado pelos mais nobres portais do céu.

Dez dias transcorreram. Naquele final de tarde, os servos corriam para preparar os últimos detalhes para a cerimônia de casamento do filho do general e de Sofia. O casal tinha a felicidade estampada na face. O salão principal havia sido decorado com todas as riquezas provenientes da vaidade de Calcurnia. Patrícios, magistrados e ilustres membros do exército começavam a chegar ao grande evento social.

A festividade transcorria tranquila e Pompilius já não escondia dos olhos do pai a satisfação por poder desfrutar seus dias com aquela que havia tocado sua alma inesperadamente. Miriam, com todo carinho, como uma mãe orgulhosa de sua filha, ajustava os mínimos detalhes do vestido de Sofia. Abrindo caminho entre os convidados, a jovem se fez presente, deslumbrando a todos com sua beleza simples e marcante.

Os olhos de Pompilius pareciam querer saltar de contentamento. Estando os jovens de mãos dadas, foi realizado o enlace. Ambos estiveram unidos por toda noite, incapazes de se distanciarem um do outro, de repartirem-se entre os convidados.

Já era noite alta quando a festa terminou. Foi então que, no fundo do salão principal, um alvoroço iniciou-se. Era Virgilius que, sem utilizar a razão, avançou em direção ao general, golpeando sua face e gritando com ira:

— Infame, o senhor não é digno de carregar os títulos de honra de nossa Roma. Arrancou de mim a vida. Não permitirei que assim proceda com minha filha.

Os legionários presentes à cena não compreenderam o que acontecia. De todo modo, detiveram Virgilius, enquanto o general ordenava severo:

— Sentenciarei sua vida para que passe o resto dos seus dias nos cárceres mais fétidos de Roma.

Sofia, atordoada, correu na direção do pai. Sustentado por dois soldados, ele se rendeu ao vê-la e lentamente caiu ajoelhado, chorando no chão:

— Filhinha querida, se for capaz, me perdoe. Nada fui e nada sou para merecer seu perdão, porém deixe-me ouvir dos seus lábios que me perdoa somente para que eu possa morrer agora.

— Meu pai, já o perdoei desde o dia em que saí de nossa casa. Não carregue o peso do remorso ou da angústia pelos fatos passados. Deus ouvirá seu coração clamando por misericórdia. Lembre-se que: "na tua angústia todas estas coisas te atingirão; no fim dos tempos, porém, tu te voltarás para o Senhor seu Deus e obedecerás à tua voz..."[9]. Eleva o pensamento e busca em nosso Criador a divina inspiração para continuar.

Irritado com a atitude de Virgilius e sem que ninguém percebesse, o general sinalizou para um soldado, que retirou um punhal da cintura e, sem uma palavra, cravou-o várias vezes nas costas do patrício. A vítima não suportou os golpes e desabou no solo. Vendo o pai desfalecido, Sofia o amparou em seu colo. Miriam, sempre presente, ajoelhou-se para apoiar a jovem. Em um gesto de despedida, o velho deslizava a sua mão direita pelo rosto da filha:

— Filha, perdoe-me, mas não suportaria viver com a dor que tenho em meu coração. Não sou digno da vida. Este soldado foi uma bênção para minha alma. Perdoe-me, perdoe-me...

Com o pai nos braços, tendo apenas Miriam por testemunha, Sofia orava em voz baixa para que ninguém mais a ouvisse.

---

9 - Nota do Autor Espiritual (Ferdinando) Deuteronômio, 4:30

— "Tu és bom e perdoas, Senhor, és cheio de amor com todos os que te invocam."[10]. Senhor nosso, tenha compaixão daqueles que não podem vislumbrar o encanto do Seu amor. Somos filhos de nossa própria ignorância e por ela somos perseguidos. Não permita que inquietações burlem a fé que reside em nossas almas. Não permita que a ventania remova a esperança de junto de nós. Seja para sempre bendito, pois somente a Sua luz é capaz de perdoar com todo o desprendimento e abnegação. Seja para nós, Senhor, o apoio digno e o amparo para aqueles que são coroados pela travessia radiante chamada morte.

Apesar do ambiente denso das tristes brumas do momento, as cândidas figuras dos emissários dos céus — Jeremias e Horacio — faziam-se presentes na tentativa de acolher aquele filho de Deus recém-chegado a um mundo novo e desconhecido. Mesmo vendo oferecidas as radiantes e carinhosas mãos dos emissários, Virgilius, totalmente perturbado, ignorou a presença deles e seguiu outras criaturas. No invisível, esses outros seres carregavam dores como as de Virgilius por caminhos distantes da luz e as levavam para o reservatório de sua própria consternação pessoal.

O corpo do magistrado foi retirado do recinto sob expressas ordens de sigilo sobre o ocorrido.

Pompilius, abraçando Sofia carinhosamente, a consolava o quanto podia. Vendo a figura do pai, comunicou-lhe a decisão íntima de sua partida:

— Meu pai, estou farto de tudo isso! Hoje mesmo eu e minha esposa iremos embora. Levarei comigo Miriam e Almerio. Quero estar longe de você e de minha tia, criaturas iguais nos propósitos obscuros de seus corações.

— É um ingrato. Fiz tudo por você e agora partirá? E meus netos? Como ficarão? Essa mulher o enfeitiçou. Se soubesse que traria para meu lar uma víbora, jamais teria aceitado apostar num jogo que está me custando muito caro.

---

10 - Nota do Autor Espiritual (Ferdinando): Salmos, 86:5

— Pelo pouco de respeito que ainda me resta por você, sairei o mais breve possível.

O general e sua irmã ouviam as palavras de Pompilius em silêncio, guardando em seus corações a insatisfação e o desgosto que massacravam seus pensamentos.

CAPÍTULO 10

Novo lar, mais um recomeço

O tempo seguia seu curso sem saltos ou fantasias, delineando a realidade que, por vezes, apresentava-se com o sabor de esperança.

Na nova residência, os dias de Pompilius e Sofia eram coroados por calma e felicidade. Para breve, haveria a chegada da pequena criança que a filha de Áurea trazia em seu ventre.

Naquela manhã, Sofia, com dificuldade, auxiliava Miriam no trato do jardim, quando foram surpreendidas pela presença de Tacitus.

— Minhas queridas, confesso que estão no lugar correto, entre as flores, pois chego a confundi-las com seus semblantes perfumados. Trago aqui um amigo para lhes apresentar. Aproximando-se do homem que trazia a face direita coberta, o trouxe para perto delas:

— Este é Demetrius, um filho com que a vida me presenteou. Miriam se aproximou dele, tentando reconhecê-lo. Emudecida segurava suas mãos com carinho:

— Por Deus, perdoe-me, mas por breve momento me acreditei diante de meu sobrinho. A semelhança do seu nome atordoou meus pensamentos. Sei que é impossível, mas, diante da coincidência do nome, julguei que Deus pudesse tê-lo trazido de volta ao meu coração.

Devido ao convívio com Tacitus, Demetrius havia se modificado. Recebendo aquelas palavras carinhosas, retribuiu com respeito:

— Senhora, sou grato, porém não seria digno de ter alguém tão nobre como parente. Quisera eu poder ter essa graça.

— Ora vamos, — disse Tacitus, interrompendo a conversa emocionada: — Trouxe-o aqui para que nossos vínculos se estreitem e para que conheça as mulheres mais corretas desta região.

Miriam, secando as lágrimas, saiu em busca de uma ânfora de vinho. Enquanto isso, Demetrius tentava esconder o rosto de Sofia, que percebendo seu constrangimento, disse:

— Todos nós possuímos lados antagônicos em nossas vidas. De um lado sombras, tristezas, culpas, remorsos e erros; e de outro, luzes, alegrias, buscas, liberdade e acertos. Dessa forma, não devemos nos envergonhar do que fomos ou do que somos. Somos filhos de Deus com capacidade para fazer o que hoje é turvo se modificar em clareiras do bem. Não nos compete registrar os erros alheios, mas sim exaltarmos aqueles que são capazes de recomeçar.

Com uma bandeja nas mãos, Miriam ouvia as palavras de Sofia, enquanto Demetrius chorava como um menino:

— Senhora, perdoe-me. Até os dias de hoje não compreendo por que tanta bondade recai sobre mim. Primeiramente, Tacitus acolheu-me como um pai recebe um filho. Agora sou recebido pelo coração que tanto machuquei e que não demonstra sequer um traço de vingança ou ódio, mas exalta-me o coração, fazendo-me fortalecido para enfrentar meu cárcere interior. Sabe quem sou? Sou o gladiador que sentenciou sua família à morte e você à escravidão.

— Sempre soube quem você é. Tacitus havia falado sobre você. O gladiador de ontem, agora é para mim a alma boa que Deus enviou para compartilhar meus dias. Seja bem-vindo em meu lar, pois ele também será seu. Como poderia me esquivar de sua alma? Não me concedeu a escravidão. Carrego um filho no ventre e sei que ele precisará de homens corretos ao seu lado para educá-lo e firmá-lo no chão. Por isso, é meu amigo e jamais se sinta aqui oprimido pelo passado, pois o passado é tal qual a água, que passa uma única vez em um lugar e jamais se repetirá.

Miriam, emocionada, completou:

— Meu caro, desconhece a bondade que reside nesta mulher. Sentirá a força do amor que um dia eu senti tendo a honra de vir a este lar. Vamos, necessito de auxílio no jardim, pois Sofia sequer consegue manter-se em pé.

Refeito, Demetrius seguiu para o jardim, sem desconfiar de que estava diante de sua tia. Enquanto isso, Sofia e Tacitus atualizavam as notícias.

— Minha querida, em breve dará à luz esta criança e temo pelo futuro, pois as notícias que correm nas vias romanas é que jamais voltou à casa de Calcurnia e do general. Ambos encontram-se irados com essa atitude. Sabe bem que eles são vingativos e não sabemos com o que o futuro nos presenteará.

— Não temo a vingança. Estou feliz ao lado de meu esposo. Pompilius tem se modificado a cada dia e a chegada desta criança nos trouxe alegria, não cabendo lugar às amarguras de corações tão doentes. Todos os dias oro a Deus para que nos conceda a felicidade de poder transformá-la em Sua filha. Olhemos para frente. Nas mãos do criador entrego meu destino desde o dia em que saí de minha casa. "Guarda-me, ó Deus, pois eu me abrigo em ti"[11]. Não foi você que me ensinou esta passagem? Assim, me sinto amparada e nada me fará ceder neste momento.

Emocionado, o velho grego beijava a face de Sofia e eles continuaram conversando sobre os dias que viriam.

---

11 - Nota do Autor Espiritual (Ferdinando): Salmos, 16:1

Naquela mesma noite, o firmamento era recoberto pelo forte brilho das estrelas, que presenteavam os olhos de todos com enorme espetáculo que rivalizava com a lua, ressaltando a beleza daquele instante. Nas águas cristalinas da fonte do jardim refletiam-se a serenidade e as bênçãos dos céus. Sofia sentia as primeiras dores para trazer à luz a criança tão amada.

Miriam, com toda dedicação, fazia tudo para auxiliar Almerio, que, com seu conhecimento, dava segurança a todos para que em breve a alegria aportasse nos braços frágeis da jovem mãe. Enquanto Demetrius atendia as ordens de Miriam, Tacitus tentava acalmar o nervosismo natural de Pompilius:

— A missão mais sublime que Deus concedeu a Seus filhos é a paternidade e a maternidade. Exaltemos o Senhor, pois Ele nos agracia com filhos do ventre ou do coração.

— Conheço muito pouco desse seu Deus — disse Pompilius com os olhos brilhantes. — Minha esposa pacientemente me fala Dele diariamente, mas ainda não consigo compreender as essências mínimas que a fazem ter tenha tanta dedicação a Ele.

— A única essência que posso sentir é a fé. Ela, sim, modifica cada um de nós, para enfrentarmos o futuro.

— Você não fala como alguém que um dia foi um escravo. Sofia me contou sua história e todas as vezes em que conversamos eu me sinto sereno, acolhido por alguém que me faz direcionar os pensamentos para uma nova vida; me sinto como um filho escutando os conselhos de um pai. Queria eu poder ser para meu filho alguém que, além de armas e mortes, pudesse também oferecer-lhe instruções para a vida.

— A tarefa de ser pai é uma grandiosa dádiva de aprendizado de luz: é em regime temporário que Deus entrega Seus próprios filhos para receberem instruções daqueles em quem Ele confiou. Devemos dedicar nossas vidas à caridade santificada quando somos chamados a atender os corações que aportam em nossos braços. Muitas vezes, tudo fazemos, mas teremos somente o mundo como escola para ensinar a disciplina, a liberdade e a responsabilidade.

Fazendo uma pequena pausa, Pompilius suspirou profundamente e, mantendo o olhar fixo no horizonte, disse:

— Decidi que não irei mais para os campos de batalha. Farei os ofícios administrativos do Estado.

— E seu pai? O que achará disso?

— Desde que me ausentei com minha família daquele lar, não permito que meu pai ou minha tia interfira em minha vida. Estou exausto dos horrores que vi durante a minha vida toda. Quero paz, quero viver com meu filho e minha esposa.

Nesse ínterim, um choro agudo ecoou nos aposentos de Sofia.

Os dois homens correram e encontraram Miriam, sorrindo orgulhosa, envolvendo a pequena criança em uma peça de linho alvo. Com carinho extremo, ela se aproximou de Pompilius e acomodou o bebê em seus braços desajeitados:

— Vamos, vamos! Segure seu filho. É um menino robusto e goza de plena saúde, apesar de certa dificuldade por causa do seu tamanho. Sofia é uma heroína e está bem.

Os olhos marejados do patrício não escondiam sua emoção. Sentando-se próximo da esposa, ambos admiravam a criança com o amor mais puro de seus corações. Pompilius, olhando para ela, cansada e feliz, disse:

— Nosso filho se chamará Octavius Claudius Gracus. Tacitus, emocionado, aproximou-se e orou: "Junto à torrente, em sua margem, de um lado e do outro, encontrar-se-á toda sorte de árvores de frutos comestíveis, cujas folhas não murcharão e cujos frutos não se esgotarão: produzirão novos frutos de mês a mês, porque a sua água provém do santuário, pelo que os seus frutos servirão de alimento e as suas folhas de remédio"[12]. Senhor Deus, Pai eterno daqueles que choram

---

12 - Nota do Autor Espiritual (Ferdinando): Ezequiel, 47:12

entristecidos e que caminham sem destinos. Seja, por misericórdia, a fortaleza para os que acabam de aportar nas esferas da carne para receberem o aprendizado para suas almas.

Nos erros que há de cometer seja presente, Senhor, instruindo-o no caminho do Seu amor. Nas aflições que há de conhecer seja presente, Senhor, sendo a esperança que renova. Nos conflitos e dúvidas que há de escolher seja presente, Senhor, pois és a divina chama que transforma os corações em renovada e redimida perseverança, vida e fé.

Se não somos merecedores do Seu infinito amor, clamamos por aqueles que amamos, pois sabemos que jamais abandonarias Seus filhos perdidos nos cipoais das próprias emoções: haverá sempre Suas piedosas mãos iluminando e acalmando os corações de todos que saúdam a criança recém-chegada.

E assim a noite transcorria serena. Junto à ventania do anoitecer aqueles corações sentiam o acalento do invisível. E, sem perceberem, eram eles agraciados pela presença radiante de Jeremias, Horacio e Áurea, que derramavam sobre seus filhos o eterno e pleno amor que os unia.

CAPÍTULO 11

Travessias e reencontros

Quatro anos se passaram sem muitas alterações, e em cada coração havia a fé e a coragem para continuar vivendo em total consciência da necessidade de se transformar em um verdadeiro filho de Deus.

Miriam, Tacitus e Demetrius firmavam seus vínculos de amor e entre eles existia a certeza de que um elo maior, advindo dos céus, os coroava. Sofia transformara-se em mãe dedicada, apesar da oscilação de sua saúde após o nascimento de Octavius.

A força do Deus único invadia aquela residência como chama renovadora de esperanças. Por meio de Tacitus, Pompilius conseguia lentamente compreender os preceitos de uma vida renovada. O quase general havia se afastado do campo de batalha e assim mantinha-se envolvido com as questões do Estado, voltando-se para as estratégias administrativas do exército.

Enquanto no lar de Sofia a paz era emissária e companheira, na residência de Titus, vamos encontrar Calcurnia muito distante da serenidade. Naquele dia ela estava irritadiça. Em suas explosões de ódio e vingança, servos eram açoitados sem motivos e gritos raivosos ecoavam no ambiente

— única forma que encontrava para aliviar os infortúnios de seu coração e de sua mente doentia.

Deitada em um divã, ordenou que um servo fosse chamar Drusus. Assim que o patrício chegou, dirigiu excessivos elogios a ela:

— É uma deusa viva! Não há mulher, em nenhuma parte de nossa Roma, capaz de ofuscar a sua beleza.

— Vamos, deixe de elogios.

Caminhando angustiada, ela prosseguiu:

— Eu o conheço bem. Diante de mim seja o que você é de verdade, sem representações. Por todos estes anos suportei os falatórios sobre a separação de Pompilius; ele enlouqueceu com a influência daquela mulher. Eu e meu irmão estamos sendo alvo de sarcasmos em nosso meio. Sou vingativa e sei esperar o momento justo para fazer prevalecer a minha vontade.

— Após tanto tempo, somente agora você despertou sua atenção para seu sobrinho? Será que esta é a única razão de sua vida?

— Não seja tolo! Estava aguardando o momento certo para ver a aflição de Sofia. O melhor do sofrimento é quando ele mata lentamente. A única razão que encontro na vida é o que ela nos oferece. Veja o nosso caso: você bem sabe que vivemos uma ligação afetuosa, a qual confesso, não posso afirmar que seja puro amor. Acredito que o amor verdadeiro é aquele dividido com todos os corações que estão à nossa volta oferecendo-nos algo. Meu irmão é para mim a manutenção de minha vida de luxos — disse ela, enquanto molhava os lábios com o vinho que refletia seus olhos cheios de ódio. Sou capaz de matar quem quer que seja para ter o que desejo.

Drusus deixava o suor escorrer pela face, tentando dissimular o nervosismo, buscando no vinho o alívio para o seu coração naquele momento:

104

— E o que tanto deseja?

— Vingança, somente vingança. Sofia me desafiou por todos esses anos e chegou a minha vez. Estive em silêncio por muito tempo. Agora ela sentirá o peso da minha ira. Jamais alguém ousou falar ou agir diante de mim como ela o fez. Aquela infame me ignora assim como a Titus. Quatro anos que não pudemos nos aproximar do pequenino. Meu irmão está envelhecendo e a todo custo quer o primogênito. O tempo é meu aliado e farei com que ela não consiga ver aquela criança transformar-se em um homem. Meu sobrinho está ensandecido; quero que você me auxilie.

— Preciso garantir meu futuro. O que ganho auxiliando-a?

— Dinheiro. Muito dinheiro. Você bem sabe que a família Gracus possui como herança terras, casas e, sobretudo, riquezas dos conquistados.

— Minha cara, você está me oferecendo o que não lhe pertence. Deixe-me entender o que terei que fazer.

— Sei que você é amigo de diversos generais do exército. Quero que me relate todos os passos e desejos das legiões de Roma. Acompanharei o caminho de Pompilius o tempo que for necessário até encontrar o momento certo para fazer com que ele pague tudo o que me fez, excluindo-me de sua vida.

Neste ínterim, o general adentrou o recinto, fazendo-se ouvir:

— Ora, ora! Escutei a sua conversa. O que você realmente deseja? Quem sabe poderá ser o mesmo caminho que o meu!

— Meu irmão, não é justo o que Pompilius fez com você. Ele foi envenenado pelos encantos daquela víbora. Não creio ser justo que eles o afastem do primogênito. Sei que você é orgulhoso e somente por duas vezes deitou seus olhos sobre o menino, que deve ser educado por você e não pelo fracassado de meu sobrinho.

105

— Trouxe para cá aquela infame acreditando que poderia domar os instintos de Pompilius e, pela primeira vez, me enganei. A carreira de meu filho transformou-se em poeira e meu neto crescerá ouvindo histórias fantasiosas de um Deus nascido nas entranhas de um povo sem destino. Sinto-me como um homem que foi traído pelos laços de seu coração.

Dizendo isso, o velho militar aproximou-se da porta para buscar no ar o alívio necessário.

— Farei com que meu neto, quando completar cinco anos, seja retirado de perto da mãe para ser encaminhado para as escolas do exército. Vou educá-lo para que seja um soldado, um verdadeiro homem. Não suporto ouvir, nas vias romanas, os falatórios sobre meu filho. Pompilius abandonou os campos de luta definitivamente, ficando responsável somente pelos ofícios administrativos do exército. Os deuses sabem que fiz tudo por ele. Prefiro vê-lo morrendo, mas com honra, do que com a vergonha de renunciar a uma batalha.

Calcurnia buscou um anel precioso e o entregou nas mãos de Drusus:

— Para demonstrar minha bondade, inicio com a oferta desta joia. Meu irmão, não se preocupe que você terá o menino, mesmo que isso custe a vida de Pompilius. Fixando o olhar cheio de cólera sobre Drusus, ordenou:

— Quanto a você, quero que me mantenha informada de todos os passos de meu sobrinho e de sua família.

Os olhos gananciosos de Drusus sobressaíam no rosto maduro.

Ele, sem escrúpulos, disse:

— Gosto de realizar meus negócios com pessoas generosas. Não vou decepcioná-los. Mas você não acha que deveria poupar um pouco os seus caprichos? Não compreendo por que em seu coração há tanto ódio contra o casal.

Calcurnia, cheia de cólera, lançou contra a parede o cálice que se encontrava em suas mãos. Enfurecida, gritou:

— Ora! Os deuses são sábios e sempre atuam em nosso favor. O que é o tempo diante do sabor da vingança? Quando essa criança tiver a idade prometida, cinco anos, eu agirei de modo a tirar a vida de Pompilius. Fragilizada, Sofia morrerá lentamente. Assim, eu volto a ser a força feminina de minha família.

Ajoelhando-se como quem havia perdido uma batalha, ela jurou a vingança.

— Eu prometo que me vingarei. Se não puder me vingar em Pompilius ou em Sofia, esperarei como uma serpente que aguarda o momento do golpe e atacarei o filho deles. O tempo será meu companheiro.

O general, escondendo o rosto entre as mãos, aliviando os suores que desciam pela face, complementou:

— Você tem razão. Eu a auxiliarei. Como estrategista de guerra seria incapaz de pensar em algo assim. Prefiro meu filho morto, estendido entre os soldados, do que envelhecido, sentado sobre o mármore do Senado. Não há escolha a não ser sua morte. Assim poderei criar meu neto como sempre sonhei e longe daquela nociva mulher.

O ar pesado misturava-se com o ódio daqueles corações. Nas sombras, Calcurnia firmava a aliança, ignorante do significado das palavras perdão, esquecimento e, sobretudo, amor.

Após trinta dias daquele encontro na residência do general, Sofia estava repousando em um divã no jardim de sua casa, observando com carinho o entendimento de Miriam com Octavius. Ambos desfrutavam os encantos de brincadeiras ingênuas. De maneira repentina e não habitual Sofia adormeceu.

Despertando fora do corpo denso, ela encontrou Áurea, junto de Jeremias e Horacio, em extenso jardim. Identificou a presença da mãe e correu para abraçá-la:

— Mãezinha querida, se estiver sonhando não permita que desperte. Seria eu merecedora de reencontrá-la ainda quando estou viva? Nossa separação é uma marca que não se afastou de meu coração e sua distância queima como a chama viva de ardente fogueira em minha alma.

— Filhinha amada, jamais me ausentei da sua proximidade. Longe do corpo, me fiz mais próxima dos seus passos. Nossas esperanças, sonhos e conquistas são semelhantes e possuem um único caminho, sustentado pelas estrelas radiantes dos céus, de onde Deus, nosso Pai, permite que a luz sempre vença as trevas.

— Mesmo trazendo em mim a felicidade deste instante, confesso que me sinto apreensiva com os dias que virão. A separação ainda é uma matéria de difícil compreensão. A morte, o egoísmo e a traição são, na maioria das vezes, a ruína para nossas almas. Temo por meu filhinho, por Pompilius, amor com que a vida me abençoou, por meus amigos Tacitus, Miriam e Demetrius. Este temor me faz fraca para enfrentar aqueles que são os mestres petrificados a testemunhar a nossa fé. Tantos inimigos e mal sei por que estão tão próximos de mim. Minha família é uma bênção, mas sob o mesmo teto estão algozes que mal reconheço.

Áurea, abraçando a filha com carinho, aproximou-se de Jeremias e Horacio:

— Viemos nas correntes brandas dos seus sentimentos, sob o amparo do Divino Senhor, para fortalecer o seu coração. É imperioso reconhecer todos os momentos de sua vida enquanto estiver envolvida nos campos terrestres. Não se detenha entre os pensamentos pessimistas, mas se fortaleça na fé e aceite com resignação todo o sofrimento, sem aportar sua alma nos portos amargos da reclamação que nada constrói. Não permita que a inferioridade alheia seja capaz de atravessar seu coração como a lâmina fria de uma espada qualquer. Os inimigos de hoje nada mais são do que os nossos prováveis amigos do amanhã. Em cada criatura difícil estará sempre a marca da perseverança e da paz; basta aprendermos a utilizá-las. Não fuja do campo de batalha, pois confiamos na força do seu amor. Você conseguiu converter o coração de Pompilius e o fruto dessa conversão foi meu neto. Assim, inicia-se uma nova jornada para que as almas ríspidas de Titus e de Calcurnia também consigam encontrar o caminho da luz. Receba os desígnios dos céus no silêncio da oração. Nada poderá ser maior do que o amor de Deus para com seus filhos. Aceite as dores do seu presente, pois em breve elas serão somente recordações de um passado que não volta mais. Entregue o seu coração materno, como um dia eu coloquei o meu nas mãos de Deus... Entregue para a vida o pequenino, pois também a ele confiaremos o mais valioso amor, assim como o seu.

— Fala como se eu fosse perder meu filho!

— Eu queria poder estar em seu lugar, mas Deus seria injusto fazendo-me retirar suas provas. Estamos juntas e assim estaremos até o fim. Octavius seguirá outros caminhos, mas deixaremos sob seus cuidados uma jovenzinha, um precioso amor desses corações que tanto amamos. A mesma sorte terá Pompilius: a separação. Mas o amor que os une romperá as barreiras do túmulo e persistirá no mais alto dos céus.

— Não suportarei a separação de meus amores.

— Não se aflija e tampouco se acredite derrotada. Toda separação é passageira: o Senhor não permitiria a dor eterna. Retorne aos seus afazeres de mãe e esposa laboriosa e entregue nas mãos de Deus o destino de suas vidas. Lembre-se de que as águas límpidas misturam-se na terra e se transformam temporariamente em lama, mas a água jamais perde a sua pureza. Agora retorne às responsabilidades que são suas.

A veneranda despediu-se da filha e em um gesto repetido, Jeremias e Horacio deitaram um beijo na testa de Sofia, que lentamente despertava, levando consigo somente as sensações de paz em sua alma pelas mãos amadas de seus ancestrais.

Naquela mesma tarde, Pompilius subiu afoito a escadaria de sua residência. Ao chegar, foi recepcionado por Sofia. O patrício a abraçou fervorosamente e pôs-se a contar as últimas notícias:

— Hoje fui convocado para voltar ao campo de batalha. Jurei que nunca mais travaria uma luta, pois minhas mãos ainda estão tingidas pelo sangue do meu passado. Não consegui descobrir a origem de tão misteriosa convocação, mas não poderei recusar. Disseram que a ordem veio da República e que muito querem a minha contribuição. Não sei quem são esses que tanto desejam o meu retorno ao campo de batalha. Confesso que estou confuso. Não quero me ausentar de Roma: quero permanecer ao lado dos meus. Estou aflito. Não quero me separar de você e nem de meu filho.

— Sejamos fortes! Compartilho de suas aflições e também não quero estar longe de você, mas confio em Deus e sei que tudo está sob as Suas leis. Estamos livres dos males vindos do mundo exterior, mas ainda não estamos livres dos males interiores, especialmente do medo que avassala a nossa fé. Elevemos o nosso pensamento, pois somente assim poderemos ouvir a Deus.

— Quero educar meu filho, transformá-lo em um homem digno e não em alguém que carregará o peso dos próprios erros sobre os ombros. Queria poder auxiliá-lo nos primeiros obstáculos de sua vida, mas sinto que não serei agraciado por esta melodia, sinto que não estarei presente.

Abraçando a esposa, ele buscava o alívio para sua alma cansada.

— Me auxilie a ter a fé e a confiança que residem em sua alma. Tenho medo e esse medo me consome.

— Não tema! A tempestade não é capaz de arrancar as raízes de uma árvore frondosa. Sempre restará um broto. Desfalecer é desacreditar da vida. Seja qual for o nosso destino, estaremos sempre prontos a recomeçar. Repousa tranquilo sob o amparo celeste. Você é um soldado do bem, e isso, nada nem ninguém poderá transformar.

— Prometa-me que se eu não estiver aqui, cuidará do nosso filho e fará dele o homem que sempre sonhei.

— Prometo. Farei tudo o que puder para dirigi-lo ao caminho do bem e da paz.

E no silêncio do crepúsculo que anunciava as primeiras estrelas, aqueles dois filhos de Deus confirmavam um amor puro, aguardando as novas linhas de um amanhã desconhecido.

CAPÍTULO 12

Despedidas sem esmorecimento

As ruas de Roma estavam agitadas: o exército preenchia as estreitas vias, anunciando a partida para mais uma campanha de conquista de novas terras, tendo como rota a região da Grécia. Os elmos dos generais reluziam sob os ardentes raios do sol; os fogosos cavalos demonstravam a força e a honra de um poder que pertencia somente ao Estado. Pompilius, em silêncio, descia as escadarias de sua residência, acompanhado por Sofia, o filho, Miriam, Tacitus e Demetrius. Um soldado aproximou-se do patrício e entregou-lhe as rédeas dos cavalos que puxavam a biga:

— Senhor, o seu agrupamento está preparado para seguir. A cidade manifesta todas as saudações ao exército que marcha agora.

— Vá e diga que em breve estarei conduzindo meus homens.

Sofia não escondia as tímidas lágrimas que desciam pela face, já com as primeiras marcas de uma saúde oscilante. Pompilius, tentando dissolver a tristeza momentânea, abraçou carinhosamente a esposa. Ao longe, Titus observava os gestos do filho sem manifestar qualquer sinal — organizava a legião e preparava-se para permanecer em Roma — para que o filho não desconfiasse de que ele havia ordenado sua execução.

O jovem oficial não escondia o orgulho de sua família, abraçando afetuosa e apaixonadamente a esposa e o filho. Sofia, emocionada, repousava a cabeça no peito do patrício, que, por sua vez, acariciava a companheira e tentava serenar seu coração:

— Ora, ora, não chore! Estarei sempre com você. É tão pouco tempo que estarei longe deste solar, porém a saudade de meus amores me sufoca o coração desde já.

— Meu querido, esteja onde estiver sempre seremos um só, em coração e em pensamento. Nosso Octavius está crescendo a cada dia e se transformando em um homenzinho. Prometo que ele sempre saberá os fatos da vida do pai honrado que Deus lhe concedeu.

Com os olhos brilhantes, a jovem senhora correspondia às demonstrações carinhosas do esposo, buscando as últimas forças em seu coração, enquanto Pompilius despedia-se dos amigos e da família. Tacitus, observando-a, aproximou-se:

— Vamos, minha filha! Deixemos as lembranças de Pompilius em nossos corações. Ergamo-nos fortalecidos, pois com certeza, Deus não permitiria o sofrimento sem causa justa.

— Sinto que não o verei mais. Terei fé e confiarei no Senhor, mantendo-me viva para ver o triunfo de nossas almas.

Pompilius perdia-se em meio aos soldados. Enquanto isso, um considerável agrupamento de mulheres derramava lágrimas por seus homens que marchavam para a guerra e perdiam-se nas poeiras da entrada. Nos corações femininos, pairava a sofrida dúvida de não saber se aquele dia seria ou não o último em que veriam seus esposos; elas aguardariam inseguras as páginas incertas de suas vidas.

Após trinta e cinco dias, Pompilius estava nos campos de batalha enfrentando com bravura os desafios próprios a um soldado. Depois de atravessar diversas regiões, a legião aportou na Grécia. Cansado e exaurido, o agrupamento se deixou ficar nas areias, aguardando ordem para buscar o repouso necessário junto ao humilde povoado.

Já com a tarde dando lugar à noite, o patrício havia alojado todos os seus soldados e estava na praia, dividindo com as estrelas a saudade de sua família. Inesperadamente, foi golpeado por três soldados jovens que, sob as ordens de Titus, executavam a sentença para lhe arrancar a vida. Argus, o líder do pequeno grupo, disse:

— Fizemos nossa parte de acordo com os planos de Drusus. O general Titus ficará satisfeito e logo teremos riqueza e poder. Vamos abandonar este infeliz na encosta deste povoado: os pássaros e o próprio mar se encarregarão do corpo. Diremos ao nosso agrupamento que ele morreu tentando nos defender de um grupo de salteadores. Ele ainda será lembrado com honrarias.

Na frieza daqueles corações, os severos golpes faziam que acreditassem que Pompilius estava praticamente morto. Assim, o empurraram colina abaixo, lançando-o sobre as pedras da encosta, deixando-o ali para que o mar se encarregasse de seu futuro. Os soldados voltaram anunciando a morte do general. Logo nas primeiras horas do dia, a tropa levantou-se em marcha, deixando para trás o difícil rastro de dor e amargura.

Três dias depois, uma pequena e humilde embarcação aportava nas areias. Hannah, com as primeiras mechas brancas nos cabelos, aguardava, como de hábito, a chegada do esposo. Dois homens, apresentando as marcas do tempo, desceram do barco e as ondas do mar banharam suas pernas. Um era Cimiotis e o outro, um pescador que o auxiliava desde a morte de Horacio. Cimiotis, conhecedor da região, estranhou o número de pássaros agrupados nas encostas. Após saudar a esposa, disse:

— Hoje, por alguma razão que desconhecemos os pássaros não vieram nos receber como de costume em virtude dos peixes que trazemos — curioso, perguntou: — O que será que há atrás daquelas pedras? Vejam como os pássaros estão concentrados ali.

— Tem razão. Quem sabe, algum animal morto.

— Vamos até lá para nos certificar.

Indo até a encosta, encontraram Pompilius desfalecido. Sem perder tempo, os três retiraram o rapaz daquele lugar e o levaram para a residência do casal. O estado do patrício era delicado. Cimiotis e a esposa, com bondade, revezavam-se na tentativa de salvar o desconhecido.

Após dez dias de difícil luta contra o massacre sofrido, o patrício começava a despertar e, assustado, perguntou:

— Onde estou? Quem são vocês?

— Que Deus seja louvado! Fique tranquilo, pois está entre amigos. Diante da gravidade do seu estado, estávamos o entregando aos céus. Acalme-se, para que possa se recuperar. Como se chama?

— Sou o general Pompilius Claudius Gracus, da sétima legião romana.

— Eu sou Cimiotis e esta é minha esposa Hannah.

Tempo depois, pensativo, Cimiotis perguntou:

— Porventura pertence à família do general Titus Claudius Gracus?

— Sim — respondeu com dificuldade — sou filho de Titus.

Dizendo isso, Pompilius tentou se levantar e não sentiu as pernas. Em desespero, viu que não podia andar:

— Deus! Sei que não mereço sua misericórdia, mas me fortaleça para que eu possa aceitar minha situação. Como homem e soldado, hoje, não consigo me sustentar sobre minhas próprias pernas. Tenha misericórdia, Senhor... Terei sido vítima de uma cilada? Como retornarei para minha terra e minha família? Como voltar para meu lar sobre os ombros de outros, se um dia saí sobre meus próprios pés?

Apesar de sereno, Cimiotis não estava indiferente ao sofrimento do jovem oficial e o confortou:

— Você clama pelo mesmo Deus de minha linhagem. O que quer que tenha acontecido com você, eleve seu pensamento e siga os novos caminhos de sua vida. "Terás confiança, porque agora há esperança; vivias perturbado, deitar-te-ás tranquilo. Repousarás sem sobressaltos e muitos acariciarão seu rosto"[13]. Confie no Deus que nos ilumina. Aceite com amor o seu próprio limite físico, pois viver não é responsabilidade fácil. Modifique seus pensamentos e aguarde o futuro depurando sua alma. Seu corpo é seu cárcere temporário, mas seu espírito clama por fortaleza, liberdade e fé.

— Como retornarei sem caminhar e sem dinheiro? Não suportarei viver longe de minha família. Quando estava sendo ferido, ouvi aqueles homens dizerem que meu pai havia ordenado a missão. Como um pai pode fazer isso com um filho? Um filho dito tão amado?

— Tenha compaixão diante das insanidades praticadas pelo seu pai: estamos vivenciando aprendizados, absorvidos nos dias difíceis e, são eles renovações para nossas almas. Agora não seremos capazes de conhecer todas as respostas, somente o tempo dirá. Para Deus não existe acaso. Está aqui em paz e terá todo o nosso apoio. De fato, somos somente pescadores, não dispomos de recursos suficientes para que possa retornar seguro para Roma.

— Se você sofreu um atentado, ao certo seus inimigos estarão atentos quanto ao seu paradeiro. Poderá colocar sua família em grande risco. Sugiro que permaneça conosco o tempo que for necessário para que possa, um dia, retornar

---

13 - Nota do Autor Espiritual (Ferdinando): Jo 11:18-19

em segurança para o coração dos seus. Quem sabe um dia o coração do general Titus Claudius Gracus se transforme em misericórdia e piedade — concluiu Cimiotis.

— Pela entonação de sua voz, posso deduzir que conhecem meu pai. Será isso uma verdade?

— Sim, o conhecemos há muitos anos. Ele também nos marcou o coração e nossas histórias.

Observando que Hannah iniciava um choro sentido, Cimiotis não concluiu a frase, na tentativa de lhe poupar as lembranças amargas.

— Deus! Mais uma vez meu pai. Perdoem seus feitos. Agradeço todo carinho. Aqui permanecerei, porém deixem-me ser útil: não quero viver para mim mesmo. Aceito qualquer trabalho que um homem limitado como eu possa realizar. Se meu corpo não pode estar de pé, minha alma está. Seguirei meus dias aprendendo e trabalhando, pois alguns conceitos de Deus também trago dentro de mim. Beijo suas piedosas mãos e rogo ao Senhor um dia retribuir a graça dessa amizade.

O céu era abençoado pela forte luz das estrelas, enquanto Hannah trazia o caldo quente para o novo membro daquela família.

CAPÍTULO 13

Enganos e recomeço

As ruas de Roma estavam tomadas pelos boatos sobre a morte do filho do grande general Titus. Drusus imediatamente tratou de relatar as boas-novas para a família Gracus. Ao chegar, encontrou Calcurnia junto do irmão e disse:

— Assim foi feita a sua vontade conforme combinamos. Pompilius está morto. O Estado prepara as honrarias em seu nome.

— Apesar da tristeza que aporta em meu peito, agora posso afirmar que estou orgulhoso. Meu filho morreu como herói e não como um filósofo ensandecido.

— Meu irmão, não está na hora de ir buscar o que lhe pertence? Afinal, o seu neto merece de imediato os seus cuidados — disse a irmã do general, com um misto de arrogância e ironia.

— Minha cara, o tempo sempre foi meu melhor companheiro. Não se preocupe, vou tirar meu neto das garras de Sofia, mas tenho que tomar cuidado. Na minha condição, não posso me comprometer.

— Preciso preservar meu nome — dizendo assim, o general ameaçou um sorriso:

— Trouxe uma menina com apenas alguns meses de nascida, filha de um casal de infelizes, pertencente a uma

119

aldeia que conquistei e mandei dizimar. Quando estava prestes a negociá-la como escrava, tive uma ideia.

— Diga logo! — pediu Calcurnia, afoita.

— Para que Sofia esqueça o filho que vou tirar dela, e para evitar que nos difame diante da sociedade, farei uma troca justa. Levarei meu neto e deixarei a menina para que fique sob seus cuidados maternais.

E, com satisfação, o velho estrategista continuou:

— Além do mais, eu mesmo escrevi uma carta em nome de Pompilius, dizendo que eu sou o tutor de Octavius e que esta é a sua vontade.

— Perfeito, ela ficará voltada para a criança e esquecerá Octavius.

— Diga, onde está a pequena?

— Está sob os cuidados da família de um soldado. Aguardo sua chegada para nos encaminharmos à residência de Sofia.

— Essa pequena infeliz herdará sua riqueza? — perguntou Calcurnia, com preocupação.

— Não me subestime. A menina me pertence. Ela é uma escrava e assim permanecerá. Quando estiver crescida, poderá me valer boa quantia.

Gargalhadas mórbidas ecoaram no recinto. Um servo anunciou a chegada do soldado esperado. Rapidamente, o general organizou uma pequena escolta e encaminhou-se para o encontro decisivo.

Acompanhado de dois soldados tentava, com sua biga, abrir caminho pelas ruas estreitas, coalhadas de comerciantes de animais e vendedores de especiarias vindas de toda a extensão das terras romanas e até de além delas. Chegando à residência de Sofia, desceu do veículo juntamente com o legionário, que conduzia a pequena criança embrulhada em um manto simples.

A agitação estava instalada entre os servos. Assustados, eles corriam para anunciar a chegada do militar. Atravessando o átrio, foi ao encontro de Sofia. Alheia aos planos daquele homem, a jovem mãe dividia sua felicidade com Miriam e Tacitus: estavam todos contemplando a dedicação de Demetrius para com Octavius, que, numa brincadeira infantil, corria para os braços fortes do ex-gladiador e escalava os ombros do rapaz.

Diante da presença de Titus, fez-se silêncio. Controlando a feição apreensiva, Sofia percebeu que, com a postura firme de soldado, o velho general tentava disfarçar a emoção de reencontrar o neto. Não manifestando no semblante a mínima candura ou contentamento, ele disse:

— Vejam só! O tempo não foi capaz de tirar a sua beleza, mas não estou aqui para encantamentos: trago notícias sobre meu filho. Ele foi morto em batalha. Morreu como um soldado que triunfou e honrou sua posição.

Enquanto recebia a notícia, a jovem foi caindo lentamente de joelhos, como se o invisível peso do mundo esmagasse seu coração. Ela cobriu o rosto com as mãos e ali ficou convulsionando-se emudecida. Miriam tentava buscar mais informações sobre o ocorrido:

— Senhor, nosso menino? Como aconteceu? Onde está o corpo para o sepultamento digno de um soldado? Perdoe-me, mas parece que o fato não lhe perturbou a alma.

— Infelizmente não há um corpo. Ele tentou salvar alguns soldados e os verdugos tiraram sua vida, deixando-o entregue ao mar — disse o estrategista, com a frieza inerente à sua personalidade. — Não me abalo, pois foi melhor assim: um homem como meu filho deveria morrer sob as honrarias do exército. Recebo este fato como um general deveria receber: com orgulho.

121

Sofia, buscando forças nos braços de Miriam, falou:

— Se veio me notificar sobre o ocorrido, assim o fez e, portanto, nada mais temos a dizer. Rogo que se retire deste solar.

— Continua com os lábios doces, mas afiados demais, tal qual uma felina. Está enganada! Venho buscar o que me pertence, o que me é de direito e se pensa que me impedirá, está muito enganada.

Antes de concluir seu pensamento, Titus ordenou ao soldado que entregasse à Sofia a pequena criança, que num choro miúdo anunciava estar com fome.

A jovem senhora, sem compreender o que ocorria, recebia e admirava meigamente a criaturinha que, distante dos acontecimentos, mostrava os brilhantes olhinhos para tão bondosa mulher.

Retirando-lhe os véus humildes, Sofia percebeu que se tratava de uma menina. Abraçando-a afetuosamente, não se demorou em buscar as respostas para a situação que tinha diante de si:

— O que está acontecendo? O que quer com tudo isso? Sempre possui uma surpresa para os nossos corações e isso tudo me assusta.

— Trago essa criança como um presente para demonstrar o quanto sou bom e misericordioso. Trata-se da filha de escravos que foram mortos em minha última batalha. Com a morte de Pompilius, terá um atrativo para seus afazeres femininos.

— Você não veio até aqui somente para me entregar esta pequena. Não perca tempo, diga logo o que veio buscar.

Titus caminhava pelo recinto com olhar impiedoso e ao mesmo tempo sarcástico. Sem misericórdia disse:

— Vim buscar meu neto. Meu filho pediu para que eu encaminhasse Octavius na estrada do mundo. Por isso, estou aqui.

Exibindo a carta redigida pelas próprias mãos, continuou:

— Veja, aqui está a confirmação do que lhe digo.

Com nítido desespero apoderando-se de sua feição, Sofia não continha as lágrimas:

— Não compreendo. O que quer dizer com isso?

— Levarei meu neto para a Gália, e assim você ficará longe dele — disse o general, com ironia. — Não se aflija: ao menos terá uma companhia, uma criança para que não se esqueça dos ofícios maternais. Jamais se esqueça de que essa menina é e sempre será uma simples escrava, não possui direito algum sobre minhas posses e não poderá ser considerada descendente dos Gracus.

— Não permitirei tal ato!

— Acalme-se! É a minha troca: levarei Octavius e deixarei essa menina com você para compartilhar dos conceitos de seu credo. Vou levá-lo para iniciar seus estudos nas artes do exército. Depois, ele retornará como um tribuno, em glórias e honrarias. Não quero que ele se transforme em um ancião em uma seita rudimentar, própria de servos lunáticos.

— Respeito-o apesar de sermos tão diferentes. Repete o que fez comigo no passado. Por vezes acredito que não possui um coração, mas ele bate forte em seu peito e ele é o grande juiz dos seus atos. Dentro de mim sei que Pompilius jamais ordenaria tal feito. Em meu silêncio, sempre acatei todas as suas decisões, até aquelas das quais discordei, mas mesmo assim aceitei. Entretanto, não compreendo o seu desejo de separar-me do meu filho. Por misericórdia, suplico, permita-me educá-lo, não quero que ele seja alguém que mata sem razão. Permita-me vê-lo crescer e iluminar sua mente com o aprendizado dos meus ancestrais — pedia a jovem mãe, de joelhos, com as lágrimas orvalhando a face. — Por misericórdia, não me furte de ser mãe e de educar o fruto do amor que sinto por Pompilius, mesmo ele estando morto.

— Sou descendente dos Gracus e, portanto, ouso-me a este feito. Sei que não poderá mais conceber um filho para minha família. Sendo Octavius meu único herdeiro direto, como deixá-lo exposto a esses fanáticos e alucinados? Compreenda, mulher, que mesmo carregando por você o desprezo por ter me desafiado e afastado meu filho de mim, sou um homem público: tenho a obrigação de manter minha linhagem familiar. Meu neto receberá a melhor instrução e carregará o código de honra de um homem feito pelas mãos do mais poderoso dos deuses. Terá orgulho e assim, eu poderei, de perto, acompanhá-lo e protegê-lo de meus inimigos.

E foi com os olhos afogueados que sem piedade ele determinou:

— Cale-se. Encerremos agora mesmo esta conversação: Octavius me pertence. Não tenho tempo a perder. Preparem as coisas do menino. Quero partir imediatamente.

— Fala da família Gracus com soberba, mas o que conheço deles é justiça, algo que não possui em sua alma. Não posso crer que os descendentes dos irmãos Tibério e Caio Gracus pudessem transformar esses honrosos nomes em vergonha. Eles lutaram por justiça e igualdade para a plebe sofrida. Hoje, o que vejo é alguém sem escrúpulos, que usa qualquer recurso em suas disputas mórbidas pelo poder; seja o de Roma, seja o poder pessoal.

— É muito audaciosa. O que sabe de minha família? Eles foram sonhadores. Acredito que essas ideias reformistas inspiradas na democracia ateniense fizeram que morressem de maneira fria ou de modo justo. Tenho a visão do que quero, portanto estou ao lado de quem possa me oferecer algo. Acredita que eu ficaria ao lado dos fracos? Faço parte da força, estou junto dos aristocratas e uso a meu favor o nome que carrego para os maiores e menores benefícios.

Seguindo as ordens de Titus, os servos aprontavam Octavius, que alheio aos acontecimentos, aguardava a partida, silencioso.

Após alguns instantes, Sofia, segurando a menina em seus braços, ajoelhou-se diante do filho:

— Filho querido! O mundo vai nos separar, mas é temporário e eu sempre estarei aguardando seu retorno. Poderia me lançar em sua frente como um dia minha mãe o fez, mas quero viver — dizia ela aos prantos. — Viverei para vê-lo um homem, para um dia ver Titus transformar-se em um filho de Deus, para despertar em sua alma a fé e, se não puder assim proceder, ensinarei a esta menina que um dia encantará os seus olhos e vai encher seu coração de coragem.

Sem compreender o que estava acontecendo, Octavius abraçava a mãe em despedida. Demetrius, humilde, ajoelhava-se diante daquelas três criaturas, tentando abrandar os corações presentes:

— Senhora, devo-lhe meu coração renovado, assim como a Tacitus. Não turve a sua alma com preocupações com o menino. Estou acostumado aos combates íntimos e coletivos. Assim, irei com seu filho e onde quer que ele vá eu estarei. Prometo que o protegerei até o último dia de minha vida. Fique tranquila, pois não permitirei que se transforme em um verdugo. Prometo.

Miriam e Tacitus deixavam as lágrimas marcarem suas faces, enquanto Sofia agradecia a promessa recebida. As despedidas ocorreram silenciosamente. Titus observou a atitude de Demetrius e não escondeu o espanto com sua figura:

— E este gigante desfigurado, quem é? Qual é o seu nome? — perguntou o general, sem reconhecê-lo.

— Sou apenas um amigo da família. Demetrius é o meu nome, e estou preparado para acompanhar essa empreitada como guardião deste menino. Posso ser útil, pois possuo a força em meus braços.

— Um dia conheci um homem, um famoso lutador, que se chamava Demetrius, mas ele está morto. — E, escondendo a perturbação, o velho estrategista alterou o rumo da conversação. — Refletindo melhor, é tal qual um gladiador e de fato será útil para proteger meu neto. Irá conosco.

— General, já tomou sua decisão e tudo organizou — disse Sofia, levantando-se com dificuldade. — Nada posso fazer. Em sua ausência aprendi conceitos de vida e, com a sabedoria de Tacitus e Miriam quanto ao Deus único, tenho amparado meu coração. Rogo ao Senhor que Ele seja meu consolo, pois não carregarei ódio em meu peito, mas sim a certeza de que a ganância e o poder nada poderão construir em nossas vidas. Entregou-me uma inocente criança e me impõe as regras mais duras como se fosse eu um simples soldado. Tira de mim o filho e me compensa com os códigos da escravidão ao me oferecer esta inocente. Que se cumpra a vontade invisível dos céus, vontade Daquele que profundamente nos ama o coração. Quanto a você, é um enfermo e somente seu coração poderá, um dia, livrar-se dos infortúnios de sua alma. Deus será piedoso e esta piedade o salvará de seu próprio egoísmo.

— É uma insolente. Está completamente enlouquecida para falar comigo desta maneira. Não há mais nada a dizer e também não quero ouvir uma só palavra sua. Partiremos agora.

Titus, atormentado com as palavras de Sofia, saiu marchando firme, acompanhado de seus soldados, de Demetrius e do pequeno Octavius. Enquanto isso, aquela residência era banhada por intensa paz transmitida aos corações presentes.

Tacitus não ousava dizer a mínima palavra, enquanto Miriam, emocionada, tentava consolar Sofia:

— Minha filha, quero lhe falar neste momento tão sofrido com o respeito e amor que carrego em meu coração. Amor de uma mãe para uma filha, que não me permite silenciar diante de tamanha dor. Sei que sou escrava, não quero mérito, tampouco benefícios em meu favor, mas não permita que este dia e esta separação retirem o mais puro brilho do seu olhar.

— Continuemos adiante, sem esmorecimentos. Não se prenda em amarguras. Sei muito bem o que sente. Um dia também tiraram meu esposo de mim e até hoje carrego sua imagem em meus pensamentos. Sobre nossas cabeças existem leis que desconhecemos porque ainda não somos capazes de conhecer a nós mesmos. Quem sabe seu filho não será um verdadeiro presente dos céus na vida desse homem rude?

Devemos persistir na fé, pois Deus, em Sua infinita misericórdia, prometeu que um dia enviará Aquele que chamamos de Messias para nos consolar e libertar nossas almas da escravidão. Será Ele a luz e com Ele não haverá mais dor, mas a certeza da paz e da misericórdia. Assim sendo, não perca a esperança, pois tudo será concebido de acordo com as leis do invisível. O Senhor conhece nossos corações e nossas necessidades e se confiarmos, sem duvidar, Ele nos conduzirá para o melhor caminho.

— Antes de ser escrava, é minha única e verdadeira amiga e a considero como uma mãe afetuosa. Carrego por Pompilius o amor mais puro que já senti em minha vida e sei que ele está vivo dentro de mim. A morte não é capaz de separar ninguém: ela é a anunciação de um novo mundo. Por isso, aguardarei o dia em que terei meu esposo em meus braços. Preocupa-me o coração ver que meu filho poderá ser igual ao avô, mas com Demetrius por perto sei que ele terá o equilíbrio necessário. Rogo ao seu coração que nestes anos vindouros me auxilie a aceitar a separação, pois não possuo vínculos com os círculos sociais: minha família é minha única inspiração.

Então ela olhou carinhosamente para a criança:

— Senhor Deus, prometo que a criança que está em meus braços não será uma escrava. A amarei como se fosse minha filha e lhe darei o nome de Lia. Conduzirei seus passos ao caminho de Seu paternal coração e a educarei de acordo com as leis dos céus, transformando-a em uma mulher digna e liberta. Eu prometo.

— Sempre estarei com você. Cuidaremos da pequenina e, se não poderá educar seu filho como sonhou, faça de Lia uma digna e virtuosa mulher, assim como fez com Pompilius.

Jamais poderemos depositar nossas vidas nas mãos do acaso. Façamos a nossa parte, levantemo-nos.

Tacitus, com um olhar contemplativo sobre as duas mulheres, elevou seus pensamentos aos céus orando:

— Deus, "(...) Vós sois minha força; em Vossas mãos eu entrego meu espírito, sois vós que me resgatais (...)[14]". Preencha os nossos corações com as bênçãos fraternas da Sua luz. Não permita que os nossos olhos se voltem somente para a chaga que queima momentaneamente em nossos corações. Alicerce-nos na compreensão das leis invisíveis. Nova luz nos felicitará e no interior de nossas almas seremos conduzidos à liberdade. Ensine-nos o reerguimento quando sentimos o frio do fundo de um abismo. Se em nosso passado erramos, estabeleça em nós a oportunidade de aguardarmos a renovação dos Seus filhos que hoje se perdem nas fronteiras egoístas do próprio sentimento. Somos liberdade e jamais alguém poderá escravizar, separar ou causar angústia àqueles que seguem sob os ofícios das Suas sábias leis. Se formos mensageiros da Sua bondade neste planeta, derrame sobre todos a Sua bênção. Estamos conscientes da necessária separação e ao longo de nossas vidas aprenderemos a amar nosso próximo incondicionalmente; a abençoar quem nos persegue e escraviza; a orar por paz e coragem aos que arrancam os nossos vínculos de amor e são incapazes de tirar nossos sentimentos mais puros; a fazer o bem a quem nos feriu a alma; a acender a Sua luz àqueles que espalham as trevas no mundo e, por fim, repartir com a humanidade as alegrias de um dia termos conhecido as redentoras linhas do código de vida do Seu reino divino de amor e coragem que reside dentro de cada um de nós.

Enquanto isso, as meigas mãos do entardecer derramavam coragem e força sobre aqueles corações que, entre juras de uma vida nova, firmavam uma união solidificada nas esperanças do porvir.

---

14 - Nota do Autor Espiritual: Salmos, 31:5-6

CAPÍTULO 14

O retorno para Roma

Dezessete anos se passaram, marcando a face e em-branquecendo os cabelos dos personagens desta história. Entre lembranças e saudades, o lar de Sofia era abençoado pela calma e pela paz experimentadas por todos.

Recolhidas ao ambiente familiar, Sofia e Miriam dividiam-se, como mães amorosas, na educação de Lia, que havia se transformado em uma linda jovem. Seus olhos grandes, bri-lhantes e expressivos, assim como seu rosto fino, eram res-saltados por seus cabelos cor de mel, caídos graciosamente em seus ombros. Ela era dotada de encanto e de uma refi-nada inteligência.

Após a partida de Demetrius, Tacitus dedicava-se integral-mente a Lia, fazendo-a compreender os ensinamentos de um Deus único e justo. Dentre as outras jovens da sociedade, ela se destacava pela educação e pela beleza, mas mantinha-se totalmente voltada ao coração de Sofia, retribuindo a ela os cuidados e o amor; dedicando-se à veneranda adoentada, que aguardava esperançosa a volta de seu filho. E assim, jun-tos, eles todos viviam os anos serenos agraciados de bênçãos: uma família banhada pelo amor e pelo equilíbrio diante de uma sociedade tão perdida de vaidade e egoísmo.

Naquela tarde primaveril, no jardim, Sofia repousava seu corpo sofrido na brisa suave que lhe renovava os pulmões ao lado de Tacitus e Lia. Miriam lhe trouxera uma bandeja com algumas uvas, uma ânfora de água e, excepcionalmente, uma carta. E, não poupando esforços para aliviar seus sofrimentos, disse com bondade:

— Minha querida, como se sente nesta tarde? Vejo que está muito pensativa.

Para seu maior conforto, ajeitou suas almofadas e continuou: — Temos surpresas! Trago uma carta em seu nome.

Sem perder tempo, Sofia leu aquelas linhas e deixou lágrimas de felicidade e preocupação banharem sua face:

— Deus de misericórdia, está assinada por meu filho e por Demetrius. Dizem que em breve retornarão a Roma e querem hospedar-se em nossa casa.

O semblante de Sofia modificou-se e Miriam, percebendo sua a aflição, lhe disse:

— Ora, vamos! Por que esta feição de preocupação e tristeza? Nosso Octavius e nosso Demetrius retornarão! Devemos estar felizes, pois esperamos tanto tempo por esse dia.

— Sim, muito esperei por esse dia. Os anos passaram e não foram capazes de tirar de minha lembrança o dia em que fui separada de meu pequeno. Temo que meu filho tenha se transformado em um verdugo, tal qual Titus. Ele foi proibido pelo avô de me ver, e Titus nunca soube que o acompanhei à distância, pelas cartas. Nesse período, somente essas cartas foram o meu consolo diante da imensa saudade e da minha limitação de não poder compartilhar os melhores momentos do meu filho, mas elas não foram suficientes para eu saber até onde o avô influenciou o seu caráter. Tenho medo de não reconhecê-lo, apesar de Octavius ter escolhido a nós e não a mansão do avô para ficar hospedado.

Lia, com todo o encanto, firmava sua presença com o brilho de seu carinho, enquanto Tacitus, com firmeza, complementava a fala de Sofia:

— Tem razão, devemos estar atentos. Pelo que pude entender, Octavius escolheu este solar à residência de Calcurnia e Titus. Isso poderá trazer grande infortúnio para os nossos corações. Vivemos em paz até os dias de hoje, distantes da família Gracus. Precisamos manter nossos corações em prece e nossos pensamentos voltados para Deus.

— Além do mais, meu amigo, temo por nossa menina — disse Sofia, segurando as mãos de Lia. — Um soldado, quando retorna, busca sempre amores fáceis. Assim sendo, no período em que Octavius estiver aqui, Lia deverá ser preservada. Não quero que minha história se repita.

— Concordo com você — disse Tacitus, com a feição aflita. — Antes da chegada de Octavius, eu a levarei daqui e a manterei distante dos acontecimentos, até que tenhamos o total conhecimento do homem que saiu daqui menino.

— Mãezinha querida, não se preocupe comigo. Apesar de não ter o seu sangue em minhas veias, tenho o seu coração pulsando em minha alma. Não se aflija. Aprendi com você que o dia de amanhã somente Deus conhece e ele poderá responder por si. Carrego as algemas da escravidão, porém minha consciência é livre e não pertencerei a ninguém que não seja o desígnio de minha vida. Ensinou-me ser uma fortaleza. Respirei a sua coragem e o temor desta família todos esses anos como se estivéssemos sempre aguardando o pior. Tenho fé que Deus não nos abandonará. Procederei de acordo com a vontade de ambos. Porém temo pela sua saúde.

— Deus, em Sua infinita bondade, me concedeu seu coração como filhinha adorada. Não tema por mim e confie em nós. A experiência de ontem jamais pode ser deixada no esquecimento. Não poderemos voltar a viver os fatos do passado, mas o presente sempre nos relembra as lições de ontem. Devemos aprender a sedimentar os conceitos com os quais um dia a vida nos presenteou, sejam eles serenos ou banhados por fel: todos fazem parte de nossas vidas.

— Não compreendo por que tenho que me ausentar daqui. Nem sequer conheço os Gracus. Por que deveria temê-los? Por que me fariam algo de mal? Gostaria de ficar ao seu lado.

— Filha, por agora, aceite as orientações de sua mãe — disse Miriam, com bondade. — De fato não conhece a família à qual nos referimos, mas a decisão de permanência longe daqui será por pouco tempo: só o suficiente para sabermos se receberemos um soldado ou um homem em nossa casa, e assim estará segura. Além do mais, Almerio será seu guardião.

— Acatarei as suas decisões sem nada mais perguntar. Em todos estes anos jamais estive longe de minha mãe, mas se acreditam ser o melhor para todos nós nada farei para contrariá-los.

Lia e Miriam se retiraram do recinto. Sofia, acomodando-se no divã, ouvia atenta as palavras de Tacitus:

— Trago meu coração apreensivo. Será que estamos por iniciar mais uma batalha com Titus e Calcurnia?

— A alegria por ter recebido notícias está agora sufocada em meu coração. Sinto como se a minha história renascesse diante dos nossos olhos e nada poderemos fazer para impedir possíveis sofrimentos. Há poucos dias, sonhei com minha mãe. Ela dizia que deveríamos aceitar os desígnios de Deus e pediu que tivéssemos muita dedicação com Lia, pois ela seria a bênção de paz que tanto aguardávamos. Para mim, ela é uma filha, mas me assombra a lembrança da escravidão de nossa menina. Sabe que nada poderei fazer se, a qualquer momento, Titus exigir a sua propriedade. Eis o meu maior infortúnio. Não viverei eternamente, mas quero morrer levando comigo a certeza de que ela está bem e de que ficará livre.

— Compreendo suas impressões, mas Lia é forte; assemelha-se muito a você na juventude. Octavius era apenas um menino quando foi separado de nós, porém confio em

Demetrius, que para mim foi e será o filho que não pude ter. Ele se transformou em um homem virtuoso. É confiando nisso que acredito que seu filho não é somente um soldado, mas um filho de Deus. Ele, ao certo, recebeu os códigos celestes que Demetrius conhece.

— Confiemos em Deus e aguardemos o passado reclamar, no presente, seus ajustes. Quem sabe um dia os corações de Titus e Calcurnia se transformem para o bem. Aguardemos confiantes, pois Deus não nos abandonaria nesta hora.

E, tentando trazer um tom suave à conversação, Sofia continuou:

— Não devemos nos desesperar: são somente conjecturas de dois velhos com excesso de zelo.

Envolvidos pela emoção, eles permaneceram em conversação, enquanto as primeiras estrelas presenteavam o céu com um brilho de esperança para aqueles corações sequiosos de paz.

No dia seguinte, do outro lado da cidade, vamos encontrar Calcurnia, dona de uma beleza que não a havia abandonado, apesar da expressão madura. Em estado de latente agitação e ansiedade, ela aguardava a chegada da sobrinha de Drusus, cuja presença havia solicitado.

Quando dava severas ordens, foi interrompida pela presença de Drusus, que em todos esses anos de convivência, absorvia e compartilhava de seus planos mórbidos e gananciosos:

— Minha querida, como estão os preparativos para recebermos minha sobrinha? Afinal, ela será a nossa garantia da transferência das riquezas de Titus para nós dois.

— Não se preocupe, tudo está preparado. Quero que Domenica se case com meu sobrinho. Assim, meu irmão não terá opção, a não ser transferir para ela a riqueza acumulada nestes anos de conquistas pelo exército. Vivemos com o suficiente, mas quero pensar no amanhã. Dessa forma, vou ter o controle de Octavius e liderar a nossa família.

— E Titus?

— Está envelhecendo. No momento oportuno, eu mesma me livrarei dele. Primeiro façamos prevalecer os nossos planos. As legiões retornarão a Roma em poucos dias. Quando Octavius se deparar com a beleza de Domenica, vai se entregar a seus encantos, a seus conhecidos dotes sensuais.

— Infelizmente, as notícias que trago não nos favorecem. Octavius endereçou uma carta ao avô informando que vai ficar hospedado na residência de sua mãe e não permitiu nenhuma argumentação de nossa parte. Sinto, querida, mas ele não ficará aqui.

— Maldita! Sempre essa mulher em meu caminho! Isso pode dificultar os nossos planos, mas jamais impedi-los. Domenica está prestes a chegar. Pelo que conheço dela, assemelha-se a mim. Tenho certeza de que, juntas, encontraremos uma forma de manter Octavius sob nosso domínio.

— Alguém já conseguiu destruir algum plano seu? Minha sobrinha honrará sua parte em nosso plano. Vai se casar com Octavius e entregar a riqueza de Titus para nós. Não devemos nos preocupar. Domenica conhece muito bem a arte da sedução.

Neste ínterim, um servo humilde e assustado adentrou o recinto:

— Senhora, a sobrinha de Drusus acaba de chegar e trouxe junto um tigre que está rugindo no salão.

— Criatura desprezível! Apresse-se para acomodá-la.

Sem perder tempo, Calcurnia e Drusus foram recepcionar a jovem. Com seus vinte e dois anos de idade, Domenica exibia uma beleza vazia, como alguém que experimenta uma vida vaidosa, revestida de futilidade. Estava acompanhada por três servos que apresentavam feições sofridas. Ao seu lado, ostentando uma relação mais íntima, outro serviçal chamava a atenção por segurar altivamente as correntes que continham a fúria felina. Era Marcus Galenus, um homem alto, que se assemelhava a uma escultura de Apolo; músculos fortes, carregando um olhar frio e silencioso que tinha algo de entristecido.

Drusus, com seus habituais elogios falsos, iniciou a conversação:

— Minha sobrinha, os deuses foram graciosos ao esculpir sua beleza. Acredito que esteja exausta desta tão difícil viagem da Espanha até a nossa humilde cidade.

— Meu tio, deixemos os elogios de lado. Falemos de negócios: essa é a razão de minha vinda.

— Tem razão, minha jovem — concordou Calcurnia com precisão. — Gosto do jeito com que trata os assuntos. Sejamos diretos. Meu sobrinho Octavius é o único herdeiro de Titus. Ele está retornando a Roma e queremos que se case com ele: assim, manteremos a riqueza familiar em nossas mãos. Não cometerei o erro de meu irmão, que escolheu a mulher errada para o próprio filho, Pompilius. Um erro estratégico que quase tirou de nós o conforto em que vivemos. Assim que o casamento for realizado e estiver consolidada a transferência dos bens, tramaremos a morte de Titus e você estará livre. Nós seremos bondosos, concedendo-lhe uma quantia que irá garantir a você uma boa vida até o final dos seus dias. Para tanto, cuide da sua parte e todos nós sairemos ganhando. Não haverá necessidade de estabelecer uma relação de amor com meu sobrinho: basta manter a união de aparências pelo tempo suficiente para ajustarmos todos os detalhes, e assim nos livrarmos de Titus.

— De minha parte, tenho interesse em assegurar meu destino, mas meu coração pertence a outro — aproximando-se de Marcus Galenus como quem se aproxima de uma propriedade, ela continuou: — Tive a oportunidade de conhecer Octavius quando sua legião atravessava os portais de minha cidade, na Espanha. Confesso que não há em Octavius qualquer encanto para meus olhos: quero somente garantir que viverei sob as glórias sociais e sob o luxo com o qual estou acostumada. Quando ele chegará?

— Muito em breve, mas não ficará neste solar.

Calcurnia, apoderando-se da situação, prosseguiu:

— Isso não nos incomoda. Ele ficará com a mãe, e nós vamos dar uma grande festa, na qual poderão ter contato suficiente.

Domenica, com superioridade, buscou descanso no divã próximo — exigindo a proximidade de Galenus. Tomando nas mãos o cálice de vinho trazido por um serviçal humilde, firmou seu plano frio para devorar corações inocentes:

— Que os deuses nos cubram de glórias. Se não cumprirem suas partes no acordo, eu mesma farei minha vingança e nem um deus será capaz de ter misericórdia de suas almas.

— Minha sobrinha, faremos tudo para assegurar seu destino.

— Vamos — disse Calcurnia — deixemos Domenica repousar.

Calcurnia e Drusus retiraram-se do salão e, enquanto caminhavam, a irmã do general destilava sua ira e manifestava suas impressões quanto a Domenica:

— Sua sobrinha é uma víbora venenosa. Tenho que ficar atenta para que o veneno dela não recaia sobre mim.

— Tem razão. Confesso que há muito não a via e me assustei com tamanha morbidez. Devemos ficar atentos.

— Não podemos perder os nossos objetivos. Precisamos manter Octavius sob vigilância e devemos ser informados de todas as suas atitudes, enquanto estiver em Roma, especialmente junto a Sofia. Além do mais, surgiu-me uma repentina ideia. Acredito que esse Marcus Galenus poderá ser útil, tanto para controlar Domenica quanto para vigiar meu sobrinho. Não perderei tempo e farei que meu irmão deposite sua confiança sobre ele: Titus o designará para acompanhar os passos do neto. Dessa maneira, manteremos o controle de tudo.

Assim, banhados por aquele ambiente denso, ambos permaneciam em uma conversa particular, delineando o amanhã e sedimentando seus planos de ódio e ganância.

CAPÍTULO 15

Mesmo caminho, semelhante destino

Naquela manhã, o exército marchava debaixo de um sol causticante, que fazia reluzirem os elmos dos soldados. Horas antes de adentrarem os portais da grande mãe, a ostentosa Roma, o general Adriano fazia a legião marchar lentamente, para ajustar suas armaduras e lanças. O oficial demonstrava extrema confiança em um jovem soldado que fazia com que as suas ordens fossem cumpridas. Reconhecido pelos pares como amigo e, extremamente respeitado por sua disciplina e moral, esse legionário era Octavius, que trazia sob a armadura o manto vermelho.

Descendo de seu cavalo com toda a firmeza, retirou o elmo e apresentou ao vento seu rosto fino, ressaltado por seus grandes olhos azuis — era como se Deus tivesse retirado dois pedaços do céu para presentear a face do rapaz. Com seus cabelos negros e seus notórios músculos, era o segundo homem nas ordenanças da legião. Junto dele estava Demetrius, com a barba tingida de branco, mas ainda forte. O velho companheiro tendo apeado, refrescava-se com jatos de água sobre a cabeça. Octavius aproximou-se com a felicidade própria de uma juventude saudável. Caminhavam lado a lado, segurando as rédeas dos animais, em animada conversação:

— Meu amigo, — disse Octavius — estou exausto, quero entrar na cidade e passar por essas festas rapidamente. Quero chegar à casa de minha mãe. Dela trago uma lembrança distante, mas ela vive dentro de mim.

— Confesso que também quero retornar e rever Tacitus, o homem que modificou minha vida. Alguém que me acolheu como a um filho, quando eu nada mais possuía.

— Por todos estes anos, você foi para mim uma ama-seca. Cuidou para que eu estivesse vivo. Nunca soube muito do seu passado e você me dedicou os melhores anos de sua vida. Foi o pai amoroso que conheci e por isso tenho por você enorme consideração — abraçando-o, feliz continuou: — Apesar do seu excesso de cuidados.

— Para um homem, o passado nada mais é do que a lembrança de um outono que não volta mais, pois um dia devemos escolher os nossos destinos. Se ontem fomos trevas, ainda é possível sermos luz. Somos filhos de Deus e por isso sempre possuiremos a oportunidade de sermos transformados para o bem. Nosso Deus jamais exila seus filhos, mesmo que eles tenham cometido erros muito graves.

— Não compreendo Deus como você, mas sou grato, pois teve a paciência de me ensinar conceitos que ainda não posso abraçar. Agradeço porque sempre manteve vivas as histórias de minha mãe. Creia: suas lembranças não me deixaram esquecer minha mãe — com um sorriso tímido continuou: — Você é o pai que não conheci e o amo com a força de meu coração.

Aqueles dois homens estenderam suas mãos e se saudaram num gesto firme, punho a punho. Neste momento, um tumulto se iniciou na praça onde os mercadores de óleo se misturavam ao povo. Três soldados que retornavam na legião de Octavius apertavam a marcha, sequiosos de paixões temporárias e, quando viram Lia a cercaram com brincadeiras ofensivas. A jovem tentava dispersá-los atirando neles as mercadorias que havia comprado. O velho escravo Almerio, segurado por mais dois legionários, tentava se livrar dos braços que o impediam de se aproximar para proteger a jovem. Por sua vez, com a força de uma leoa e em silêncio, ela se livrou dos braços dos soldados. Um deles, com a voz banhada em insensatez, disse:

— Ora, vamos! Devia agradecer por um soldado se interessar por você.

Nesse momento, Octavius chamou a atenção de Demetrius para o que acontecia e, sem esperar a autorização do amigo, correu em direção ao pequeno confronto. Demetrius o observava à distância, como um mestre que, sem intromissões a pretexto de amor paternal ou excesso de zelo, sabiamente permite ao discípulo enfrentar as dificuldades naturais da vida, sem abandoná-lo, fazendo-o compreender a necessidade de não se furtar às responsabilidades. Assim, o discípulo busca adquirir, nos bancos da experiência, no educandário da própria existência, as qualidades morais que delinearão sua personalidade. Ao chegar, o jovem ordenou com voz segura:

— Soltem-na! Serão severamente punidos por seus atos!

— Senhor, estamos nos divertindo. Foram tantos dias longe daqui que estamos sequiosos por nossas mulheres.

— Saiam daqui imediatamente!

Mesmo contrariados, os soldados não ousaram manifestar o menor gesto de insatisfação. Octavius, embriagado pela beleza simples de Lia, apanhou no chão as frutas que ela atirou nos agressores e, acomodando-as no cesto, aproximou-se dela. Totalmente assustada, a moça permaneceu em posição defensiva, lançou os punhos cerrados contra o jovem, sem saber quem ele era. Tentando contê-la, Octavius a segurou pelos braços frágeis, aproximando-a do seu peito largo.

Naquele momento, os grandes olhos azuis de Octavius misturavam-se ao forte brilho amendoado dos olhos de Lia. De súbito, após instantes de silêncio, Lia fez-se ouvir:

— Sanguinários. Estes soldados são homens que marcham por cima do calor dos corações humanos, transformando-se em reservatórios de frieza e egoísmo. Reservam-se para a morte e quando retornam são como lobos famintos, sedentos de presas que não conseguem sequer distinguir. Não conhecem o verdadeiro amor, porque estão voltados para a frieza da vida.

— Filha, por misericórdia, acalme-se — disse Almerio que, após livrar-se dos soldados, aproximou-se humilde.

— Eles são homens públicos, acalme-se.

— Para uma mulher, você possui os lábios afiados. Acusa-nos de sanguinários sem nos conhecer. Se você fosse um homem, eu mesmo faria com que as suas palavras fossem silenciadas em seus lábios. Diga-me seu nome, somente um nome para eu sonhar com a vibração de sua voz.

Lia inconformada com a situação ocorrida há pouco, lançou o cesto contra Octavius. E ele, distraído com a beleza da jovem, desequilibrou-se e caiu sentado no chão.

Almerio percebeu que as atitudes de Lia tocavam o jovem soldado. Não permitindo maior exposição, segurou-a pelo braço para retirarem-se. Logo, Demetrius aproximou-se gargalhando jovialmente, estendendo a mão para auxiliar o amigo:

— O que vemos aqui? O forte soldado, reconhecido como um dos melhores líderes do exército, derrotado por uma franzina jovenzinha?

— Quero saber quem ela é — foi o que o rapaz pôde dizer, com desespero, segurando os braços de Demetrius. — Descubra, meu amigo, descubra.

— Estou começando a me preocupar. Existem tantas jovens que esperam o retorno dos soldados e estão prontas para o amor, e se agarra a esta, que o levou ao chão? Sempre possuiu todas as mulheres que quis. Por que esse interesse em alguém que para nós agora é apenas um rastro na poeira? Será que a grande montanha curvou-se diante da simplicidade da flor?

— Não sei, mas preciso vê-la novamente. Sinto como se já a conhecesse. Como é possível termos tanta certeza de que já conhecemos alguém sem jamais lhe ter deitado os olhos? Nunca alguém ousou falar assim comigo antes, ninguém teve a coragem de me desafiar. Encontre-a, por misericórdia.

— Sabe que o que me pede é quase impossível. Estive muito tempo longe daqui, mas farei o possível: não posso recusar um pedido seu. Não creio em coincidências: Deus possui suas maneiras para fazer com que reencontremos as pessoas que compuseram nossas histórias ou que farão parte delas. Tacitus dizia que somos eternos e que a morte não representa um fim absoluto: a morte é a continuidade de nós mesmos. Acredito nisso e, se assim é, podemos tornar a encontrar alguém de nosso passado de algum modo.

E assim aqueles homens, envolvidos em descontraída conversação, seguiram seus destinos em busca de reconforto para seus corações cansados.

Após as solenidades oferecidas pelo Estado à legião, os cavalos que conduziam Octavius e Demetrius pararam em frente à residência de sua mãe. Sem perderem tempo, subiram a escadaria e, antes dos servos anunciarem a presença deles, atravessaram a entrada e encontraram Sofia e Miriam. As duas mulheres, visivelmente emocionadas, foram imediatamente envolvidas pelo carinho e pela alegria de Octavius:

— Não poderia jamais ter esquecido o brilho do seu rosto. É minha mãe. E você é Miriam.

Demonstrando a felicidade daquele encontro, ele abraçou a mãe e, em seguida, a velha serva. Sofia aproximou-se de Demetrius:

— Somente Deus poderia recompensá-lo pelo que fez a meu filho. Jamais permitiu que ele se esquecesse de mim.

Miriam, aproximando-se do ex-gladiador, segurou suas mãos e disse:

— Queria ter dito a meu filho que tenho orgulho dele, mas pelos fatos de minha vida, me foi negada a oportunidade de fazê-lo. Sem pretensões, quero que saiba que é motivo de orgulho para mim e que, se a vida me houvesse concedido um filho, queria que fosse igual a você.

Demetrius, traído pela emoção, não continha as lágrimas que o tomavam naquele momento e, retribuindo o carinho recebido, beijava as mãos marcadas da velha serva.

— Vamos! — disse Sofia. — Devem estar exaustos e ansiosos por refrescarem-se.

— Senhora, perdoe-me, mas deixo Octavius aqui. Quero imediatamente encontrar Tacitus. Estou saudoso de meu amigo.

Enquanto Octavius se entregava ao carinho materno, Demetrius, sobre seu cavalo, lutava contra o vento, seguindo para encontrar o velho amigo, sustentação de seu passado e de toda sua vida.

Na varanda do casebre humilde, Tacitus e Almerio ouviam o relato do ocorrido na praça, agora descrito por Lia com um heroísmo sem vaidade:

— Não compreendo como podem viver com o coração tão turvado. Os soldados são todos iguais. Por que tanta frieza e maldade, tanta morte e desespero? Esses homens são incapazes de amar. Jamais se modificarão.

— Minha filha, não devemos acusar ou julgar ninguém. Enquanto estamos vivos, sempre poderemos nos transformar para o bem. Cada um possui seu tempo para encontrar e vivenciar as verdades celestes que se resumem em amor e luz. Devemos honrar o compromisso de fazer que o brilho de Deus não se apague em queixas ou azedumes que fazemos. Antes de iniciarmos os julgamentos exteriores, devemos consultar o nosso íntimo, para saber se não estamos sendo algozes do nosso próprio querer. Além do mais, não parecia que todos eram iguais, quando contou sobre o jovem herói que lhe salvou dos verdugos.

A jovem enrubesceu. O sonoro trote do cavalo, que anunciava a chegada de Demetrius interrompeu a conversa. O ex-gladiador desceu da montaria e correu em direção a Tacitus. O velho grego, emocionado, banhado em lágrimas, o abraçava paternalmente:

— Deus, Deus! Seja louvado Seu nome para todo o sempre. O filho com que meu sangue foi incapaz de me presentear, o seu bondoso coração me ofertou. Demetrius, o filho de meu coração.

— Não sou merecedor de tamanho carinho, mas também o saúdo como um filho que retorna aos braços de um pai.

— Se está aqui, creio que Octavius está com a mãe. Roguemos a Deus que tudo permaneça em paz.

— Retornar é um bálsamo e todos esses anos vivi sustentado pelas suas palavras e ensinamentos, assim como na missão de cuidar de Octavius. Desenvolvi por ele um afeto do qual jamais me acreditei capaz: o amor paternal.

Lia, totalmente envolvida pelas demonstrações de amor, se esforçava para tentar reconhecer Demetrius — porém, entre as recordações do conflito matinal, somente a feição de Octavius lhe era clara. Demetrius, com firmeza, perguntou:

— Quem é esta jovem? Será que já nos conhecemos? Seu semblante é para mim tão familiar.

Tacitus, feliz, tocou o braço de Lia, trazendo-a para a proximidade:

— Ela é a menina que Titus deixou conosco quando partiu e este é o velho Almerio.

— Seja bem-vindo ao seu lar — disse Almerio com um abraço fraterno.

Após receber a afetuosa saudação de Almerio, Demetrius, admirando Lia, acrescentou:

— Somente Deus para conceder ao mundo tão formosa criatura.

A menininha transformou-se em uma bela mulher. Tem certeza de que não nos conhecemos?

— Creio que não nos conhecemos — disse ela timidamente —, mas sei que não será difícil amá-lo, após essas demonstrações de carinho. Confesso que em todos os anos de minha vida escutei seu nome, mas as palavras são injustas para definir alguém. Irei buscar água fresca para que possa repousar de tão longa viagem.

Lia e Almerio retiraram-se do recinto, deixando Demetrius e Tacitus a repassarem os fatos de suas vidas, enquanto eram brindados pelo clarão das estrelas.

CAPÍTULO 16

Sublime despedida

Na residência de Sofia, mãe e filho estreitavam o afeto em dias marcados de paz e conversas amenas. Naquela tarde, ambos saboreavam um vinho no jardim, quando um servo agitado interrompeu a alegria momentânea:

— Senhora, senhora. Titus Gracus está aguardando o neto.

Apesar do alvoroço que tal chamado lhe causou, foi com passos firmes que ela acompanhou Octavius, sem dizer uma palavra. Ao chegarem ao vasto salão, o general deitou os olhos avermelhados sobre Sofia. Apesar dos anos que ulceravam sua vida, Titus mantinha-se na altiva postura de um general. Não contendo as palavras, ele abraçou o neto e lançou sua fúria sobre a nora:

— Ora, ora! O que vemos aqui? A filha de Virgilius continua vigorosa e bela. Não consigo compreender a magia dessa mulher. Até meu neto, contra minha vontade, quis ficar neste solar. Diga: ainda mantém o seu credo naquele Deus que não possui imagem? Será Ele, o seu Deus, que oferece a você esse encanto sobre os homens de minha família?

— Senhor! — respondeu Sofia sem alterar a voz ou as feições. — Não defenderei a minha crença para você, pois sei que não poderá compreendê-la. A única força que possuo é o amor mais puro que ainda sinto pelo meu Pompilius e por meu filho. Quanto a você, não odeio: simplesmente sinto piedade pelo mal que causa a si próprio.

— Vamos! — disse Octavius, com sua alegria juvenil. — Estamos juntos e isso é o que importa. Vovô, minha mãe é a pessoa mais especial que conheci em todos os dias de minha vida. Permanecerei aqui até partir com a legião.

— Já imaginei que seria assim. Trouxe-lhe um presente gracioso das terras de Gaza — disse o velho general, arrastando para o centro da sala uma jovem detentora de singular beleza, tez dourada, olhos grandes e brilhantes e longos cabelos negros. — Veja, meu filho: eu mesmo escolhi esta escrava para saciar seus desejos. Tive que amarrar esta felina, pois ela se recusa a obedecer, apesar de eu ter pagado uma pequena fortuna para que possa usufruir de tão formoso presente.

A escrava, tentando libertar-se das amarras com que Titus a havia atado, mordeu suas mãos, deitando sobre ele um olhar frio, pleno de ódio:

— Faça o que quiser comigo, me leve à morte, porém jamais cederei aos desejos de romanos funestos. Além do mais, o ódio por você me faz agora fiel a mim mesma.

Enfurecido, o general não suportou a indisciplina momentânea.

Esbofeteando a jovem, fez jorrar sangue de seus lábios. Com o impacto do golpe, a jovem se ajoelhou para tentar se livrar da mão do militar, enquanto ele gritava cheio de cólera:

— Infame! Estes povos conquistados são a escória de nossa Roma.

— Meu neto, ela lhe pertence e será sua até que a legião convoque sua presença. Depois, eu decidirei o destino dessa desventurada.

Sofia, acolhendo a pobre jovem, disse:

— Este ato de horror é típico de sua personalidade. Creio que um dia seu coração será tocado, pois não poderá possuir todos que compartilham seus dias neste planeta. Somos filhos de Deus; somente Ele poderá reger nossas vidas. Guardarei sua feição em minhas mais puras orações.

— Cale-se, mulher! Tenho o direito sobre os meus. O que oferece ao seu Deus são palavras. E o que são palavras? É isso que chama de oração? O vento é forte e poderá levá-las para bem longe de mim. Que deus é esse que não aceita as oferendas para aliviar as tormentas de seus seguidores? Que não se mostra, deixando a seus crentes o trabalho de imaginar sua imagem? Que não possui reino ou coroa? Os meus deuses são reais e claros, neles mora a fortaleza. No seu Deus mora a ilusão.

— Os seus deuses nada mais são do que um momento passageiro para despertar a fé resignada nos corações dos filhos de Deus. Toda a ilusão proferida pelos credos temerários de hoje, amanhã será somente uma linha na história de nossas vidas. Deus, em sua graça, enviará o Messias para que a lei verdadeira de amor, que concede a liberdade e a misericórdia, seja o único credo do mundo. A oração é a ponte que nos eleva aos céus, pois não precisamos de aparências, mas de sentimentos e pensamentos verdadeiros, voltados para a libertação de nosso apego a este planeta. Dia após dia, rogo que escute o pulsar de Deus dentro de você. Aí compreenderá o que digo. Por agora, é como um menino que carrega a inexperiência diante da vida quando falamos de Deus, mas um dia há de ser tocado. Não carrego nenhuma magia em mim, mas somente a fé que me mantém viva.

O general secou o suor da testa e falou, por sua vez:

— Então diga onde mora sua fé, para que eu mesmo a cale nesta vida, e assim a elimino de minha existência. Se estiver em seu coração, não me custará arrancá-lo de você com minhas próprias mãos.

— Minha fé faz morada em minha alma. E minha alma, você não poderá arrancar de mim!

— Cale-se! Você é insolente como sempre foi. Não venho aqui escutar conceitos de amor, liberdade ou fé — dizendo isso, o general apressadamente segurou o braço de Marcus Galenus, o aproximou do centro da sala e o apresentou: — Antes de partir, quero me assegurar de que não exercerá suas magias contra meu neto. Este será o guardião de Octavius e estará aqui sob minhas ordens.

— Meu avô, creio que isso não seja necessário. Sou um homem, não mais um menino. O que poderia existir aqui que corromperia minha alma?

— Você é jovem e nada compreende das leis da vida. Somente eu posso conduzi-lo. Quero ter certeza de que não irá alterar sua essência enquanto conviver neste solar. Acate minhas ordens sem mais nada questionar.

Dito isso, Titus saiu, deixando atrás de si as marcas de suas mãos e de sua vontade. Então, Miriam socorreu a jovem e Sofia aproximou-se, amorosamente, tentando acalmá-la:

— Minha filha, qual é o seu nome? Não tenha medo de nós.

— Diga-nos: como chegou até Titus?

— Sou Anmina. Minha mãe morreu quando eu era uma menina, deixando-me como única filha, cuidando de meu pai, assumindo as suas tarefas e o cuidado com a nossa terra. Os anos passaram e meu pai, vendo-se totalmente desgovernado com a ausência da esposa e acreditando que eu precisava de uma mãe para dividir meus sonhos femininos, casou-se com outra mulher, que possuía três filhos. Ela, por sua vez, trouxe do seu passado várias dívidas e, tanto eu quanto meu pai, trabalhávamos para manter as crianças, enquanto ela se dedicava a festas desordenadas.

Assim sendo, meu pai adoeceu e morreu. Dias após a sua morte, um mercador de escravos passou na cidade e ela me vendeu sob a justificativa de que não poderia conviver comigo, pois havia poucas providências para manter a todos.

O general me viu na feira e me comprou para o neto. Assim, fui transformada em escrava e fui obrigada a aprender a me defender de homens como Titus.

— Não se preocupe comigo — disse Octavius. — Nada farei contra você. Permanecerá sob a atenção de minha mãe. Não lhe farei mal algum.

Marcus Galenus, deslumbrado pela beleza de Anmina, ouvia a sua história sem disfarçar o encanto que o tocava. Miriam, como de hábito, acolheu os dois jovens, cativando-os imediatamente pela doçura de sua voz, e os conduziu a outro recinto. Enquanto isso, se sentindo abalada pelas emoções a que foi submetida, Sofia buscou refúgio no divã, acompanhada pelos braços fortes de Octavius:

— Repouse, está enfraquecida. Tente descansar um pouco.

— Sempre oro ao meu Deus para que Titus um dia possa ver a luz.

— Perdoe-me, mas o Senhor, seu Deus, somente conheço pelos lábios de Demetrius. Confesso que não consigo compreendê-lo. Vi povos morrerem falando Dele, mulheres orando enquanto seus esposos desfaleciam em seus braços, pais mergulhados nos corações de seus filhos mortos pela fúria de tantos. E mesmo assim continuavam a agradecer, a orar e a seguir — o rapaz falava perambulando pelo recinto, desorientado. — Como pode um deus permitir tamanha ofensa contra aqueles que se dizem seus filhos? Como podem esses filhos continuar o chamando de Pai? O que presenciamos agora é comum no mundo em que eu vivo. Procurei em Demetrius as respostas e jamais as encontrei. Não consigo entender: esse Deus me parece conhecido, mas não o compreendo. Cibele, Vênus, Júpiter, Febo são mais simples de compreender e de ver. Porém, o seu Deus, minha mãe, me assusta, pois Ele me toca o coração, fazendo com que eu O sinta.

— Meu filho, compreendo as suas dúvidas, mas a força do amor do nosso Senhor é capaz de ter paciência para aguardar a transformação de cada um. De nada valem as sentenças de um homem que adora os deuses talhados nas pedras. Viver significa modificar a frequência dos nossos sentimentos, do nosso amor. A justiça celeste, muitas vezes, se apresenta aos nossos olhos de maneira muito austera, mas somos filhos das nossas ações e devemos crer na bondade, que sempre vai imperar sobre as nossas consciências. Há de chegar o dia em que o amor espelhado na fé tocará seu coração e então conseguirá ver que o hoje é o portal da esperança do nosso amanhã.

— Fala de amor, mas jamais o senti — com o semblante triste prosseguiu — Será que um dia vou experimentá-lo?

— Não vivemos sozinhos. A vida se encarrega de trazer de volta tudo aquilo que nos foi ofertado por Deus como empréstimo e que, temporariamente, nos pertence. Até mesmo nossos amores. Estamos unidos pelo hálito da vida, porém o que reforça nossa união é o amor. Vivemos para fazer prevalecer as leis que organizam as nossas vidas e não para satisfazer as leis criadas por nós mesmos. Vejamos o exemplo da escravidão: o homem coloca as algemas nos pulsos alheios, mas é incapaz de algemar a fé que reside naqueles que creem em Deus.

— Espero um dia absorver as suas verdades. Elas ecoam em mim como um canto de esperança. Sinto-me refeito. Você não sente ódio pelo meu avô depois de tudo o que ele representou em sua vida? Após o que presenciei aqui, posso somente reconhecê-lo como um homem cruel.

— Como posso sentir ódio de alguém que me conduziu aos braços de seu pai, propiciou termos o fruto do nosso amor que é você e que nos ofereceu a oportunidade de firmamos a nossa fé? Acredite, filho, amo seu avô e não consigo explicar esse amor. Creio que ninguém vive eternamente para o mal. As formas de amar de cada um são diferentes e sei que um dia Titus encontrará a melhor maneira de ver a luz dos céus.

Enquanto isso, aguardemos orando, pois sei que muito em breve eu não estarei entre meus amores, mas quero que você saiba que sempre, sempre meu coração pulsará em suas mãos.

— Não fale assim. Estamos juntos há muito pouco tempo para falar em despedidas.

— Meu filho, você é um homem honrado. Sei que a pureza reside em você. Sempre estaremos juntos, apesar das histórias de sua vida, suas lutas e guerras. É um homem e seu pai vive em você. Mas sempre chega o momento da morte e ela nada mais é do que um silêncio mais prolongado, incapaz de extinguir o amor que unifica os nossos corações.

Octavius, beijando as mãos emagrecidas da mãe, repousou a cabeça no seu colo maternal, desfrutando aquele momento de paz.

Nas primeiras horas daquela manhã, Octavius ajustou o cavalo para passear nas redondezas e assim conhecer o lugar. Miriam, expressando cuidados carinhosos, aproximou-se:

— Vejo que está se preparando para um passeio. Há lugares lindos nesta região. Peço que esteja atento por onde passar, pois esta terra é repleta de contradições. De um lado, a forte nobreza vivendo em aparente felicidade e, de outro, a pobreza esmagada em um massacre entre a dor e a tristeza da privação e ignorância.

— Não se preocupe comigo. Esqueceu que sou um soldado? Quero encontrar Demetrius, estou saudoso de minha "ama-seca".

Entre acenos e sorrisos, o jovem oficial, dominando o cavalo com perfeição, apertou o passo e perdeu-se na poeira da estrada. Miriam, bondosa e dedicada, ficou silenciosa, orando, pedindo as bênçãos de Deus para o filho de Sofia.

Octavius cavalgava como quem desafia a força dos ventos, como se assim pudesse aliviar os pensamentos que ardiam

153

como fogo em sua cabeça. Entretido com as palavras que sua mãe havia proferido na véspera, adentrou humilde vilarejo, nas proximidades do casebre de Tacitus. Distraído, observava a tudo e a todos, e eis que seu cavalo assustou-se com um jovenzinho que lhe atravessou a frente, fazendo com que o soldado caísse, ferindo a cabeça.

Lia estava nas proximidades e, percebendo o pequeno tumulto, aproximou-se, encontrando o jovem desacordado. Abrindo caminho solicitou auxílio àquele agrupamento para que o levassem até a casa de Tacitus. Um homem recolheu o cavalo, enquanto outros dois levaram o jovem nos braços. Chegaram rapidamente e de imediato Demetrius foi ao encontro de Lia, que correu para preparar um humilde aposento para o ferido. Acomodado, ele permaneceu desfalecido, enquanto Demetrius, Almerio e Lia se revezavam nos cuidados básicos.

As horas avançaram sem piedade e a tarde chegou. Tacitus, experiente, encaminhou Almerio até Sofia para relatar o acidente. Enquanto Demetrius orava, Lia foi em busca de uma ânfora de água fresca para os cuidados com o ferido. Desperto, Octavius ainda se encontrava atordoado:

— Onde estou?

— Que Deus seja louvado! Por instantes, acreditei que estava morto. Está entre amigos. Sou Demetrius, lembra-se de mim?

— Como posso esquecê-lo se vim à sua procura? Acidentei-me, mas não perdi a razão, apesar de minha cabeça estar doendo — mas antes de concluir a frase, Lia despontou na porta do singelo aposento, segurando uma ânfora nas mãos. Instintivamente, Octavius tentou se sentar, admirado com a deslumbrante imagem:

— Se estou morto, quero permanecer na eternidade diante de tão formosa criatura. Se estou vivo, rogo aos céus que não seja uma visão passageira, capaz de ser levada para longe nos braços fortes do vento.

Lia, totalmente mergulhada nos olhos azuis do jovem, permanecia atônita. O ambiente era tomado por um suave perfume trazido pelas flores campestres que enfeitavam o recinto. Reinava uma profunda serenidade trazida pela presença de Jeremias, Áurea e Horacio. Em espírito, eles ofertavam toda a paz celestial que lhes era própria.

Naquele exato momento, Tacitus sentiu que uma brisa suave modificava o aroma do ambiente. Com as dificuldades inerentes à idade, aproximou-se do rapaz e, em um gesto espontâneo, o abraçou, enquanto as lágrimas tocavam sua face envelhecida. Octavius, sem nada dizer diante daquela atitude, retribuiu o abraço. O velho grego se manifestou com carinho:

— Meu caro, é melhor que descanse. Já mandei chamar Sofia e em breve ela estará aqui. Por ora, é melhor que procure repousar. Está delirando.

— Senhor, não estou delirando, tampouco perdi minha razão.

Permita-me admirar a perfeição que se encontra tão próxima de mim.

Tentando se levantar, não se sustentava nas próprias pernas. Octavius desfaleceu nos braços de Demetrius. Mesmo desacordado, ainda chamava pela jovem sem pronunciar seu nome, sem desconfiar que ela fosse simplesmente Lia.

A noite abrandava aqueles corações. No casebre de Tacitus, Lia não saía de perto de Octavius, que, em meio ao delírio, enaltecia a beleza da jovem vista em tão rápidas ocasiões. O velho grego e Demetrius conversavam na varanda, quando Sofia e Miriam chegaram, acompanhadas de Marcus Galenus, e rapidamente seguiram em direção a Tacitus:

— Meu amigo, estávamos saudosas. Diga sem demora: onde está meu filho?

— Não se preocupe, Octavius agora descansa sob os cuidados de nossa menina.

Lia correu para abraçá-la:

— Mãezinha querida! Quanta saudade. Neste momento me sinto fortalecida com sua presença.

— Minha filha, jamais encontrei em seu semblante tamanho brilho mesclado de dúvidas. O que tocou o seu coração?

Sem querer se adiantar no assunto, interrompeu a conversação.

— Deixemos essa conversa para depois; quero ver meu filho. Sofia aproximou-se do leito de Octavius, enquanto os demais presentes saíram, deixando mãe e filho sozinhos. A filha de Áurea, sentindo que o ambiente trazia as lembranças de sua mãe, enquanto seu filho permanecia adormecido, se ajoelhou, elevou o pensamento e iniciou uma oração, segurando as fortes mãos de Octavius, que permanecia desacordado:

— Senhor, meu Deus! Escute a minha oração. Entre o desejo de ver meu filho em pé e ver honrado os compromissos que assumimos diante da vida, trago o coração maternal rogando por um filho Seu. Temos consciência que a nossa vida é muito pequena diante do mundo, mas suplico-Lhe, deixe Octavius cumprir as missões que o Senhor lhe reservou, sejam elas quais forem. Tentei separar Lia de Octavius, porém, aparentemente, foi inútil. Perdoe-me a ignorância de acreditar que as Suas leis poderiam ser alteradas pelo excesso de cuidados maternais.

Em uma pequena pausa, buscando em seu íntimo a inspiração para prosseguir, um imenso clarão se fez visível diante dos olhos de Sofia. Áurea, Jeremias e Horacio resplandeciam em formosa luz. A voz da veneranda se fez ouvir:

— Filhinha amada, Deus escuta todas as nossas preces, quando pronunciadas pelos portais verdadeiros dos nossos corações. Seque as suas lágrimas, pois a lei dos céus unifica as criaturas.

— Mãezinha, que Deus seja louvado! Como posso ouvi-la tão nitidamente sem que você precise pronunciar uma palavra? Ouço-a somente pelo pensamento abençoado de agora?

— Porque nosso Senhor ampara Seus filhos em desespero. Existem diversas maneiras de auxiliar nossos amores. Escute-me, porque estamos unidas pelos vínculos sagrados dos nossos corações.

— Perdoe-me, sinto que minha própria experiência de vida se repete para esses dois jovens que tanto amo. O passado retorna em outras formas, em outros meios, e se faz presente. Dê-me forças para viver meus poucos dias no campo de luta que a vida nos confia.

— Não se separam os desígnios de Deus dos seus objetivos. Nossa família retorna ao planeta não somente para a lenta transformação de Titus, mas para receber nobres criaturas que um dia irão preparar as estradas que receberão o filho de Deus. Serão emissários bendicos e na própria dor encontrarão o desafio de suas transformações. Por agora, nas mãos de Lia e Octavius estará o compromisso de continuar os desígnios de Deus e do Messias, que virá ao planeta com a missão redentora de libertar os corações do egoísmo e das lutas sem motivos.

Jeremias, ouvindo-as atentamente, secou uma lágrima tímida e disse:

— Voltarei ao planeta e pelo filho de Deus, que será conhecido como o Messias Redentor, viverei meus dias, mas sei que não o conhecerei: aqueles que serão nossos filhos amanhã terão em suas vidas o compromisso de continuar com a esperança viva Daquele que renunciará a Seu reino para a libertação de nossas consciências. Nestes filhos de ontem é que levarei minha vida e por eles o meu silêncio e meu coração se fixarão em nossa família.

Ele suspirou e prosseguiu:

— Assim, com o nome de Apolonius Copernicus, voltarei ao planeta como filho de Lia e Octavius, enquanto aguardarei o momento em que meus filhos Horacio, Cimiotis e Pompilius retornem mais tarde para nos encontrar em outras paragens, com outras roupagens. Seremos presenteados pelas forças de Mirtes, Sofia e Miriam, que serão abençoadas por Deus.

Eis a composição de nossas linhagens e de nossos amores: por eles seremos capazes de viver quantas vidas forem necessárias para que o nosso Senhor possa confiar a missão de fazer prevalecer o amor do Messias. Estará em minhas mãos a tarefa de conversão de todos e assim a estrada redentora de cada um será iluminada pela boa-nova trazida pelas mãos do filho de Deus.

— Por Deus! Quem são essas criaturas citadas por você?

— São eles grandes amores de todas as nossas existências.

— Filha, por ora, seja forte como no passado. Reerga-se feliz sem temer o dia de amanhã, aceitando o sacrifício pessoal de cada um, resignada e consciente.

— Serei eu forte o suficiente? Como ver nossos filhos sofrerem aquilo que sofremos um dia?

— Será forte prosseguindo sem esmorecimentos. Levará com você a certeza de que todo sacrifício de hoje será a salvação do nosso amanhã: além dos nossos desejos, estão as leis e a bondade de Deus, que prepara a Terra para ser presenteada com a plenitude de Sua luz: Seu filho, o Messias esperado.

Naquele momento, os três se perdiam no brilho de suas luzes, deixando Sofia mergulhada em lágrimas. Demetrius e Tacitus retornavam quando Octavius, expressando alguns sons incompreensíveis, despertava. Demetrius, com um semblante sério, perguntou:

— Como se sente?

— Esqueceu que sou um soldado? Estou bem. Continua com excesso de zelo para comigo.

— Não tenho excesso de zelo por você, mas para mim é como um menino e não um soldado como se proclama. Jamais se desequilibrou de seu cavalo. Onde estavam seus pensamentos? Esqueceu-se de que deve está onde seus pensamentos estão?

— De fato, fui negligente. Pensava tantas coisas e por instantes acreditei ter avistado a jovem do comércio.

— Não esqueceu aquela jovem? Você bem sabe que será muito difícil encontrá-la.

— Meu filho, fala daquela jovenzinha que encontrou quando entrou nos portais da cidade? — perguntou Sofia.

— Sim. Pareço enlouquecer, mas nenhuma mulher me tocou a alma com tanta precisão, porém sei que será muito difícil encontrá-la. Fecho meus olhos e a sinto tão presente.

Nesse momento, Miriam e Lia entraram nos aposentos. Sobressaltado, Octavius sentou-se. Todos, aturdidos, assistiam à cena sem nada dizer.

Octavius rompeu o silêncio:

— Eis a jovem da qual falávamos há pouco. Diga o seu nome antes que eu desfaleça — disse o jovem, com o semblante visivelmente feliz.

Sofia, adiantando-se, respondeu:

— Esta é Lia, minha filha do coração. Ela é como uma irmã para você.

— Então ela é a menina sobre a qual Demetrius sempre me falava quando relembrávamos a nossa família? Aproxime-se, deixe-me vê-la melhor.

Lia, na defensiva, demonstrava ingenuidade e medo como um pássaro inseguro que inicia o voo, não ousando levantar os olhos. Octavius, segurando-a fortemente pelos braços, continuou:

— Então é a felina que odeia soldados. Salvei sua vida e retribuiu com um cesto de frutas. Sinto-me um tolo. Continua a acreditar que sou um verdugo?

Lia, tentando se livrar das mãos de Octavius, disse:

— Senhor, perdoe-me, não sabia que era o filho tão esperado de minha mãe. Os conceitos que trago não foram alterados pela revelação de instantes. Todos que lutam e matam são verdugos: estão adoentados pela ganância, têm as mãos sujas de sangue. Eles escravizam e jamais saberão o que é o amor.

Tacitus, não compreendendo as agressões juvenis, intercedeu:

— Minha filha, acalme-se! Guarde para você os conceitos aprendidos ao longo de sua jornada.

— É muito audaciosa para uma mulher, "irmãzinha". Carrega o anel da escravidão e mesmo assim me afronta. É igual a mim, porém minha luta está nos campos de batalha e você luta contra si mesma. Como são as estradas da vida! Em poucos dias, salvamos a vida um do outro.

— Senhor, perdoe-me, mas não sou sua "irmãzinha" e jamais serei. Não esqueço minha origem e me orgulho dela. Sei quem sou e o que sou. Agradeço por me salvar daqueles seres desumanos, porém creio em um mundo de paz, creio no amor e na bondade; para isso estamos vivos.

— Por agora é melhor descansar — disse Demetrius, sorrindo e separando as mãos de Octavius dos braços de Lia. — Estou diante de duas crianças descobrindo os mistérios da vida.

Lia retirou-se, enquanto Octavius sorriu timidamente, como quem tivesse encontrado seu próprio destino. Tacitus, aturdido, complementou:

— Acredito ser melhor Octavius pernoitar nestas paragens até que tenha se recuperado totalmente.

— Concordo contigo — respondeu Sofia. — Pela manhã, encaminharei Anmina para cuidar dele. Enquanto isso, Galenus permanecerá aqui.

— Não quero que ela cuide de mim. Quero que Lia faça isso. Pelo que sei, ela é uma escrava e, assim sendo, quero domá-la e ensiná-la a conter os lábios afiados que se manifestam diante de um soldado. Além do mais, agora terei dois guardiões: Demetrius e Galenus.

— Meu filho, por Deus, ela é para mim como uma filha. Não faça nada que possa magoá-la. Não compreendo as agressões. Não seria isso uma paixão?

— Não se preocupe, minha mãe, sei o que faço. Tem algo mais forte dentro de mim e quero estar junto dela. Nada sei do amor, não posso responder à sua questão.

— O amor não poderá ser uma simples doma. Ele está acima dos desejos inferiores que podem estar em nossos corações e carrega em si a prudência e a tolerância. Assim sendo, avalie os seus propósitos e não permita que a primavera de sua juventude se transforme no inverno do seu amanhã.

— É nobre, mas deixarei que os dias falem por si. O tempo será meu conselheiro.

Sofia, amorosamente, beijou a testa do filho em despedida, deixando-o pensativo com o teor da conversa, enquanto todos se retiravam do recinto. E Miriam, sabiamente, concluiu:

— Deus, em Sua infinita bondade, continua sendo o conhecedor dos nossos corações. De nada adiantou tanta preocupação em separarmos os jovens. Aqui estão apaixonados e sem carregar a consciência desse fato. Aguardemos pacientemente os dias que virão. Assim poderemos encontrar as respostas que tanto perturbam nossos pensamentos.

— Tem razão — disse Sofia, num longo suspiro. — Tudo que pertence aos nossos destinos e que está escrito pelas mãos de Deus jamais poderá ser alterado pelo nosso querer. Somente aos céus pertence o dia de amanhã. Sigamos confiantes, pois o nosso recomeçar jamais terá um fim.

E foi entre falas amenas que as duas mulheres seguiram seu caminho, escoltadas pelos guardiões da residência de Sofia.

O dia despertava trazendo um sol luminoso e ardente. Nas primeiras horas, Anmina, escoltada por um velho servo, apresentou-se a Tacitus e Demetrius:

— Senhores, venho em nome de Sofia. Sou Anmina.

Lia, sob o portal de entrada, contemplava o olhar triste e amedrontado da jovem e, com doçura, foi imediatamente recepcioná-la:

— Sou Lia. Venha comigo, não tenha medo, somos iguais. Estamos juntas agora e a saúdo como amiga e irmã de coração.

Anmina, com um semblante mais sereno, continuou:

— Como poderia ter medo de alguém com uma feição tão pura e boa? Desde que cheguei aqui fui tratada com dignidade por todos. Cabe a mim somente agradecer a Deus tamanha bondade e retribuir com minha dedicação, pois desde a morte de meu pai ninguém havia me tratado com tanto respeito e carinho.

As duas, sorrindo, entraram, enquanto Galenus não disfarçava seu interesse pela jovem de Gaza. Nesse ínterim, Demetrius acomodou o velho Tacitus na varanda:

— Vamos! É melhor descansar um pouco. A sua saúde está oscilante. Seu olhar é o de quem tem preocupações. Estou errado?

— Não. Diante de tanta juventude, observo que minha tarefa está por terminar. Creio que em breve, muito breve, não estarei mais aqui.

— Não fale assim. Não nos deixaria órfãos. É para nós, além de nosso pai amoroso, nosso mais digno professor.

— Meu filho, para os nossos corpos fatigados, a morte é um presente de Deus, da mesma forma que a vida também é. Não devemos temer esse fato em nossas caminhadas: enquanto amamos verdadeiramente, mantemos viva a fonte terna da união dos corações.

Cobrindo-se com um manto, ele continuou:

— Noite passada sonhei com a mãe de Sofia e ela me dizia que meus dias estão chegando ao fim de mais uma jornada. Agradeço a Deus ter vivido meus dias sob o carinho de todos. Nasci livre, experimentei o cativeiro e agora morro agraciado pelo sabor da liberdade. Temo somente por nossa

Lia e compreendo quando ela fala de liberdade. Somente a experiência da vida a fará sentir que a liberdade reside dentro dos nossos corações. Permita-me lhe pedir algo.

— Diga. O que posso fazer para atender seu pedido?

— Peço que não abandone a família de Sofia, em especial Lia e Octavius, pois carrego dentro de mim a certeza de que o destino em comum desses jovens foi traçado pelas mãos bondosas de Deus.

Respirando com dificuldade, o ancião prosseguiu:

— Rogo que leve Miriam, para que possa morrer na região onde nascemos. Ela é para mim alguém muito especial e tenho por ela um amor puro e silencioso, em meio às estradas que percorremos nesses anos. Em minhas recordações, seu rosto jovem e brilhante ainda reside. Ela viveu toda sua vida como cativa, uma propriedade de Titus. Quero que, quando ela experimentar os braços da morte, seja exatamente no local onde experimentou os melhores anos de sua plena felicidade.

— Não se preocupe, farei o que me pede. Miriam é especial e a levarei aos braços de sua família na Grécia.

Após as juras plenas de carinho verdadeiro, aqueles homens permaneceram na varanda, contemplando a manhã vigorosa, que trazia esperança, paz e coragem aos seus corações.

Cinco dias seguiram velozes, mas sem alterações. Octavius e as duas servas retornaram para a residência de Sofia. Naquele entardecer, a matriarca, Lia e Anmina encontravam-se envolvidas em leituras e orações. Humildemente, a bondosa Miriam, acompanhada de Demetrius, adentrou o recinto. E o ex-gladiador foi imediatamente informando:

— Senhoras, infelizmente as notícias que trago não são boas.

Tacitus piorou na última noite e pediu que viesse buscá-las.

163

Parou para respirar, com as lágrimas lavando sua face, e prosseguiu:

— Acredito que chegou a hora da partida de nosso amigo, que já vai deixando saudade em nossos corações antes mesmo de dizer adeus.

— Vamos! — disse Sofia. — Vamos ao encontro de Tacitus.

Sem perda de tempo, aqueles corações rumaram até o casebre do velho grego. Entraram no quarto humilde onde Tacitus, franzino, respirava com dificuldade. Ao ver as três mulheres, estendeu carinhosamente a mão emagrecida e pronunciou com rouquidão e dificuldade:

— Meus amores, chegou minha hora e sigo feliz, pois estou partindo diante de minha família. Deus me concedeu o dom da vida e agora me presenteia com o carinho da morte — ouvindo isso, todos choravam copiosamente. — Meus filhos, não chorem. Não devem lamentar aqueles que cerram os olhos para a Terra: devem sorrir para encontrar em vossos corações a força e a coragem, e assim alcançar aceitação para os desígnios de Deus.

Enquanto todos choravam emocionados, Lia se ajoelhou em oração:

— Deus de luz, recolhe este momento em Seu coração. Não suplicamos que nossas dores sejam retiradas de nossas almas, mas rogamos fortaleza e coragem para secarmos as lágrimas que lutam bravamente contra nossa paz, nos lavando as faces.

Buscando inspiração interior, ela prosseguiu: "(...) e minha alma espera, confiando na sua palavra; minha alma aguarda o Senhor mais que os guardas pela aurora"[15]. Estamos conscientes de que o amor jamais poderá ser tirado de nossos corações. Assim, receba em Seus braços este filho, para que as glórias entoadas nos céus possam agora ser ouvidas em oração.

---

15 - Nota do autor espiritual (Ferdinando) Salmos, 130:5-6

O velho grego, observando-lhe o gesto, carinhosamente deslizou a mão cansada sobre seus cabelos brilhantes:

— Minha criança, é uma mulher e em seus braços Deus deitará as histórias de todos nós, de nossa família. Para que alguns nasçam, é necessário que outros partam. Assim são os propósitos dos céus. Chegou minha hora, mas sempre estarei em seus corações, pois, de onde eu estiver e se Deus permitir, estarei com vocês.

O recinto, banhado em imensa paz, fazia o ar transformar-se em suave perfume dos céus, exalado pela presença de Jeremias, Horacio e Áurea — que no invisível sustentavam aqueles corações. Demetrius, se ajoelhando, orava em silêncio, enquanto as mulheres repetiam seu gesto.

O velho grego, admirando-os, elevou seu pensamento aos céus, permitindo-se ver os amigos invisíveis, pronunciando uma inesquecível oração:

— Deus de luz! Não conheceremos o Messias que chegará em breve ao planeta, porém Sua força celestial nos banha os corações sedentos de Sua misericórdia. Não somos dignos de Lhe suplicar imunidade contra os sofrimentos que assomam em nossas mentes e sem rebeldia aceitamos o Seu auxílio, agradecendo a Sua bondade na tristeza ou no triunfo, pois nos momentos aflitivos a Sua bênção e Sua luz resplandecem sem nada pedir em troca. Por todos os tesouros de amor e esperança, vida e recomeço, exaltamos o Seu nome nas alturas. Estamos convictos de que nossas fraquezas não serão capazes de remover a nossa fé, e as nossas vicissitudes valem como instrumentos purificadores de nossas vidas. Faça-nos fortes o suficiente para dizermos adeus e gravarmos em nós as feições de nossos amores, para que o tempo não seja capaz de apagá-las de nossas lembranças. Diante do Seu amor inesgotável, aceitamos chegar somente ao lugar onde o Senhor permitir a nossa entrada. Abençoe cada filho Seu que permanecerá neste solo sagrado chamado Terra, ainda envolvidos pelo calor e pela flagelação do próprio sacrifício, porém estarão conscientes de que o Seu amparo e a Sua luz serão a estrada iluminada que elevará todos até o reino pleno dos céus.

Tal qual um pássaro mirrado que se desprende do seu ninho, em um último suspiro, o velho grego abandonou o corpo inerte, despertando nos braços de Áurea:

— Vamos, meu amigo, nossa jornada não termina neste aposento. Sigamos em paz para que, restabelecido, possa acompanhar a nova fase das vidas dos nossos amores.

— Que Deus em Sua infinita luz seja eternamente louvado. Como seguir-lhe sem sentir-me merecedor de tamanha misericórdia? Como encaminhar-me com estes amigos que me ofuscam os olhos diante de tamanha luminosidade?

Fixando o olhar paternal em Sofia, Miriam, Lia, Demetrius e Anmina, secando as lágrimas que lavavam sua face, ele prosseguiu:

— Deixo meu coração junto deles, mas como um pai poderia deixar seus filhos em sofrimento no planeta? O que será deles? Como Deus poderia ser tão bondoso em me trazer diante de tamanha luz expressa por estes amigos?

— Estes são Jeremias e Horacio — disse Áurea, com brandura —, amigos que estão aqui sob as leis de Deus.

— Deixemos de conversação — falou Jeremias, sorrindo. — Vamos seguir nosso destino. Quanto a esses corações, a divina graça de Deus já tem traçado os planos de acalento e coragem para a continuidade de suas vidas.

Tacitus, fixando o olhar no rosto de Áurea, continuou:

— Permitam-me mais uma questão?

— Diga — disse Áurea, com carinho.

— Onde está Virgilius?

— Virgilius está sendo preparado para retornar à vida corpórea, nas mesmas estradas que interrompeu com sua própria insanidade. Ele será presenteado pelo amor de dois jovens: Anmina e Marcus Galenus. Você retornou para auxiliar nessa nova empreitada de vida. Por agora, não queira a compreensão absoluta: acate em silêncio os desígnios de Deus e por eles dedique toda a força de sua oração.

Sem ousar dizer uma só palavra, Tacitus beijou a fronte de cada um dos presentes naquele aposento, deixando o recinto sob o poder da luz que era dividida entre aqueles corações. Lia, demonstrando coragem, inerente a sua personalidade, levantou-se, secou as lágrimas e imediatamente foi preparar o corpo para o sepultamento. Sofia se admirava daquela atitude de fortaleza. Percebendo o espanto, Lia disse:

— Tenho certeza de que Tacitus não gostaria de nos encontrar chorosos com a sua partida. Aprendi com ele que a morte não representa o fim: é o começo de uma nova fase em nossas vidas. Saudade é um sentimento que desperta em nosso coração a lembrança daqueles que não estão mais ao nosso lado, mas permanecem vivos em nossa memória. Assim sendo, me levanto e louvo meu amigo com a força do trabalho, pois diante de nossa dor olhamos o céu e encontramos somente o acinzentado diante dos nossos olhos. Confiemos em Deus, pois amanhã, ao certo, o azul voltará e o sol retornará ao seu lugar de brilho e luz.

Sofia e Miriam se levantaram e abraçaram carinhosamente a jovem, e assim prosseguiram com o humilde sepultamento, enquanto os pássaros cantavam felizes nas proximidades daquele casebre, anunciando, mais uma vez, que a vida continuava para aqueles corações.

CAPÍTULO 17

União de luz

Passados trinta dias da morte de Tacitus, Octavius, recoberto de intenso cuidado, encontrava-se na residência de sua mãe, onde Lia e a jovem serva Anmina continuavam unidas em um vínculo de irmandade que fazia com que sorrissem e experimentassem a doçura e a alegria da juventude, mesmo estando suas vidas destinadas ao cativeiro.

Visivelmente, os grandes olhos azuis de Octavius encontravam-se no olhar encantador e vigoroso de Lia. Assim, eles se faziam cúmplices na descoberta silenciosa de um grandioso amor que nascia entre as banais divergências juvenis: conceitos virtuosos de vida, fé e liberdade. Nesse ritmo, seus corações seguiam nos mais puros e verdadeiros sentimentos.

Fazia pouco mais de um mês que Octavius havia visto Lia pela primeira vez — o suficiente para enamorar-se por aquela jovem de uma beleza simples, delineada pelas mãos de Deus. Dedicado aos ofícios do exército, o filho de Sofia vivera entre os estudos e os jogos de uma mocidade irriquieta, dedicada à busca dos prêmios terrenos. Mulher alguma havia lhe tocado a alma como Lia havia conseguido. Tinham eles a consciência dessa convergência de sentimentos: enquanto Lia fascinava o soldado com suas palavras, demonstrando força e coragem, Octavius lenta e silenciosamente domava o coração valente daquela mulher.

Naquela noite, Lia e Anmina repunham o óleo das luminárias, fazendo com que suas belezas ofuscassem o brilho das chamas que cresciam à custa dos sopros dos seus hálitos. A jovem de Gaza, observando uma sutil tristeza nos olhos de Lia, ousou interromper seus pensamentos:

— Desde que aqui cheguei, tenho por você o apreço de uma amiga que considero como irmã. Encontrei a família que um dia a vida me tirou. Recebi aconchego e coragem e, sobretudo o grandioso amor de minha vida, Galenus — nisso, seus olhos brilharam: — Vivo a ternura de dividir meus sonhos com alguém que me compreende a existência.

— Não duvide jamais que é parte de nós: é a amiga com a qual jamais esperei compartilhar meus dias nesta vivência — disse Lia, deixando escapar tímida lágrima. — No íntimo de meu coração, todo dia peço a Deus que o seu amor por Galenus seja abençoado.

— Minha querida, confio em você e queria que confiasse em mim. O que aperta seu coração?

— Minha amiga, Creia que também é minha irmã do coração. Saiba que me sinto traída por mim mesma. Sempre acreditei na liberdade, na justiça, e agora me encontro totalmente mergulhada no coração de um soldado. Temo que ele não saiba dos meus íntimos sentimentos. Tenho lutado tal qual a borboleta que sai do casulo e que tenta vencer a insegurança para alçar seu voo em direção ao mais alto dos céus. A cada instante, sinto que algo nos une intensamente. Na última vez em que encontrei Tacitus, antes de sua morte, sorrindo ele me disse: "O fato de teres visto ferro misturado à argila de oleiro indica que eles se misturarão por casamento, mas não se fundirão um com o outro, da mesma forma que o ferro não se funde com a argila".[16] — Interpretando com paciência, como o mestre que compreende a limitação do

---

16 - Nota do autor espiritual (Fernandino): Daniel, 2:43

aprendiz, ele me disse que, na escritura sábia, sempre o ferro será ferro e sempre o barro será barro, que eles jamais se misturarão, porém sempre estarão ligados um ao outro porque, apesar de suas diferenças, serão os complementos nas construções de suas vidas. Por que, por que, meu Deus, por que somos traídos pelos nossos corações? O que está acontecendo comigo?

— Está amando! De que vale lutar contra esse amor? Na sementeira renovadora do nosso amanhã, não podemos esquecer que o amor não é uma palavra inútil. Ele, o amor, continua sendo e sempre será a força que nos mantém vivos no planeta. Aceite com dignidade os propósitos do seu destino. Seque as suas lágrimas e deposite em Deus toda a confiança, pois nada lhe faltará.

Sem perceber que estavam sendo ouvidas, foram surpreendidas pela figura hercúlea de Octavius. Lia totalmente assustada deixou escapar de suas mãos o jarro de óleo.

— Perdoe-me, não queria assustá-la — disse Octavius, com brandura. Anmina, compreendendo a necessidade de retirar-se daquele recinto, saiu após breve despedida. Lia, com a face rubra, tentava repetir o gesto da amiga:

— Creio que também vou me recolher.

Não contendo o ímpeto juvenil, Octavius a segurou pelos braços, fixando-lhe os olhos:

— Por que sempre foge de mim? Por que luta contra mim? Não percebe o quanto a amo? Eu seria capaz de abandonar tudo simplesmente para viver e até mesmo morrer ao seu lado. Vivi até hoje entre os encantamentos de uma vida vazia. Tantas mulheres repousaram em meus braços, deixando-me acreditar em acenos de amores fáceis, arriscados e errôneos. Vivi paixões violentas que não foram capazes de me trazer o sonho das núpcias, coroado por filhos que pudessem firmar e consolidar o amor que nasce entre duas pessoas. Cercado de criaturas movidas pelos impulsos violentos do

171

coração, acreditava ser um homem realizado em todos os feitos, como um herói, no exército e nos jogos, até o dia em que a encontrei. Revelou-me a nobreza sublime da razão e da fé, me fazendo crer, dia a dia, na força de Deus, pois creio que Ele me conduziu a você. É meu presente e quando fecho meus olhos também está no meu futuro. Guarde-me em sua alma, assim como a guardo na minha.

De pronto, aqueles filhos de Deus deixavam-se enovelar pelos sentimentos sinceros que se manifestavam em um profundo beijo de amor. Lia, afoita, tentava soltar-se das mãos fortes do soldado, porém seu coração estabelecia forte batalha com sua razão.

— Somente Deus seria capaz de definir o amor que tenho por você, porém não devemos nos esquecer de minha origem. Como amar uma escrava? Bem sabe que esse amor é impossível, jamais seu avô ou sua tia permitirá. Como fazer nossa mãe aceitar que nós dois não nos reconhecemos como irmãos?

— O Deus que aprendi a respeitar com Demetrius jamais condenaria tão puro amor. Por agora, me aceite, por misericórdia, e a minha família, essa eu mesmo domarei. Quero me casar com você, mas para isso tenho que conseguir a sua liberdade. Até que eu a consiga, manteremos nossa união em segredo.

— Meu querido, prometo-lhe amor fiel e viverei somente para você, para nossos filhos e para Deus, nosso Pai, até o final dos meus dias neste planeta. Nosso lar será coroado pela luz celeste, não havendo algemas, mas sim liberdade. Quando estiver fatigado, sedento por paz, encontrará a ventura em nosso lar de amor, onde Deus estará derramando Seu bálsamo eterno sobre os nossos corações, pois estará, por toda a eternidade, nas linhas de minha vida.

De mãos unidas, acomodados no banco do jardim, onde as folhagens dançavam com a brisa noturna, eram abençoados pela claridade daquela noite. A luz do luar fazia com que suas feições fossem aureoladas pela esperança dos sonhos juvenis. As flores, sorrindo para eles, exalavam singular perfume, presenteando-os com paz e coragem para que nunca temessem os dias que viriam.

Nem sempre a vida real permite mantermos a paz e a felicidade conquistada por corações ingênuos floridos de sonhos e esperanças. Um mensageiro, vindo sob as ordens de Calcurnia, apresentou-se trazendo uma carta para Octavius, que ficou com a feição apreensiva após a leitura.

Sofia, percebendo, perguntou:

— Meu querido, o que traz essa carta de tão importante para turvar o brilho do seu olhar?

— Minha tia anuncia que daqui a três dias será oferecida uma grandiosa festa em minha homenagem. O convite se estende a você e meu avô me ordena a presença.

— Bem sabe que não sou bem-vinda ao solar de Titus. E por que uma festa lhe traria preocupação? Lá, ao certo, conhecerá jovens cheias de vida e, quem sabe, encontrará alguém para compartilhar os seus sonhos?

— Em breve partirei e não quero participar dessa reunião social: quero ficar contigo e desfrutar destes dias de paz aqui — e, tentando disfarçar, continuou: — Além do mais, como ir a uma festa sem a sua companhia?

— Dentro de meu coração materno sinto que algo mais profundo invadiu sua alma. Poderia eu compartilhar de tão íntimo segredo?

Lia adentrou o recinto, alheia ao conteúdo daquela conversação. O jovem, contemplando-a tal qual um artista olha para a sua obra, aproximou-se dela e, segurando as mãos de sua mãe, revelou:

— Não lhe poderia furtar à verdade. Disse-me há pouco que na festa eu encontraria alguma jovem para desfrutar minha juventude, mas confesso já a encontrei e ela está aqui ao meu lado. Eu quero me casar com Lia. Ela é a razão da minha existência e vivo os melhores momentos, dos quais tenho consciência de não ser merecedor. Sei o quanto você desejava que fôssemos como irmãos, mas não carregamos o mesmo sangue: carregamos sim um só coração.

Diante disso, Sofia não demonstrava surpresa, mas compreensão maternal:

— Sinto-me como uma tola, meus filhos. A princípio eu quis separá-los na tentativa de preservá-los de Titus. Ambos passaram o tempo entre discussões de ideias e aparentemente não demonstravam quaisquer afinidades, porém isso nada mais era do que o início de um grande amor. A felicidade de ambos não foi capaz de esconder esse amor de meus olhos, de Miriam e de Demetrius. Desconfiávamos — revelou com um sorriso de ternura. — Não seguirei contra as leis de Deus: que se cumpra a Sua vontade. Rogo ao Senhor que lhes ampare e abençoe.

A veneranda beijou o casal, demonstrando seu carinho.

Octavius, pensativo, repentinamente manifestou sua decisão:

— Não irei a lugar algum, especialmente onde estarão unidos corações rudes e hostis. Anunciarei minha decisão à minha tia. Ficarei onde meu coração está: aqui.

Dizendo assim, e após rápida despedida, o soldado partiu, enquanto Lia acomodava Sofia em um divã na biblioteca. E ali ficaram elas, aguardando serenas os novos desafios de um amanhã desconhecido.

CAPÍTULO 18

Difícil revelação

No dia seguinte, saboreando um vinho no salão principal de sua residência, Titus encontrava-se visivelmente preocupado e irritado, não escondendo a insatisfação por ter o neto hospedado com Sofia. De súbito, seu silêncio foi interrompido pela arrogância de Calcurnia, que, poupando saudações, foi imediatamente anunciando:

— Meu caro irmão, ontem fui notificada pelo próprio Octavius de que não virá à festa. Mesmo tendo garantido que seria agraciado pelos braços de muitas jovens fortes e belas, ficou irredutível. Creio que deva fazer alguma coisa, pois a noite de amanhã se faz próxima.

— Como? — espantou-se Titus deixando a fúria enrubescer sua face e de pronto jogou o cálice de vinho no chão. — Quais são os motivos para esse recusa?

— Afirmou que Sofia está muito doente e não suportará a agitação. Além do mais, confessou que o seu coração pertence a uma mulher cuja identidade não revelou.

— Não compreendo qual a magia que mulheres da casa de Sofia possuem para encantar os homens de minha família. Ele deveria ter orgulho de ser um Gracus.

Após uma pausa, o velho estrategista continuou:

— Não sou tolo. Acabo de descobrir o que prende meu neto àquele solar. Anmina, de Gaza, não lhe despertou os encantos. É a escrava Lia. Sinto-me sentenciado pelos meus próprios atos. No passado, entreguei Sofia a meu filho e cometi um novo erro ao presenteá-la com essa escrava para ser tratada por ela como filha. Como as linhas do futuro são cruéis com os nossos propósitos de vida! Não permitirei que ele manche o meu nome se envolvendo com uma escrava. Ele virá, custe o que custar. Ele virá à festa, nem que para isso eu tenha que trazer Anmina e Lia para cá.

— Acho que a sua ideia é perfeita. Essas duas mulheres devem ser tratadas sem distinção, são míseras servas. Sendo elas sua propriedade, encaminhe-as para cá: tenho certeza de que Octavius virá em seguida. Assim, ele conhecerá Domenica e se casará com ela, mantendo o seu nome vivo. Após o casamento, eu mesma mandarei executar as duas criaturas desprezíveis. Percebe que você não consegue se desvencilhar de Sofia? Ela está em sua vida e por todos esses anos não compreendo por que os seus caminhos vão sempre ao encontro dela.

— De fato, minha irmã, essa mulher está presente em minha vida, perseguindo meus dias e invadindo minhas noites com frágeis conceitos de amor, igualdade e liberdade. Confesso que, ao fechar meus olhos para um simples descanso, tenho meus sonhos perturbados pela imagem dela.

Saboreando um cálice de vinho, continuou, demonstrando uma nítida obsessão por Sofia:

— Tenho honrado os nomes de nossos deuses, fazendo-lhes as mais ricas oferendas, porém acredito que eles continuam revoltosos contra mim ou me abandonaram. Tudo faço para me livrar desse infortúnio chamado Sofia, mas sempre carrego o malogro e não tenho êxito em minhas investidas, mas desta vez serei vencedor. Pela minha sanidade, tenho que ser o vencedor.

Titus deixou o recinto ordenando a presença de três guardas e seguiu em direção à residência de Sofia, enquanto Calcurnia sorria friamente diante do sombrio cenário e de sua própria perversidade.

Naquele mesmo entardecer, Sofia estava com o filho e Demetrius no jardim, quando Miriam, assustada, adentrou o recinto:

— Sinto dizer, mas Titus está aqui com três homens como escolta. Está vasculhando o solar em busca de Lia e Anmina.

Sofia, com dificuldade, levantou-se, ajudada pelo filho:

— Deus! Terei que enfrentá-lo novamente.

Antes que ela terminasse a frase, a voz grave e rouca do general Titus se fez ouvir:

— Venho buscar o que me pertence. Quero as duas escravas, Lia e Anmina.

— Meu avô, não compreendo sua posição. Lia foi criada por minha mãe como uma filha e Anmina é uma inocente que merece uma nova oportunidade.

— O que você conhece de oportunidade ou inocência? Elas são minhas e de agora em diante oferecerão seus préstimos em minha residência.

— General! — disse Sofia. — Tenha misericórdia e deixe as jovens comigo. Nada poderemos fazer contra você. Ao que resta de humano em seu coração como filho de Deus, lhe suplico.

— Cale-se! Sempre com o seu Deus nos lábios. Eu defino as regras quanto ao rumo de minha família e você manterá os seus lábios cerrados para que esta sua suposta excelência não aumente minha ira contra você.

Anmina, assustada, assistia à cena, enquanto Lia apertou a mão da amiga junto ao peito, como quem oferecesse conforto

177

e coragem. Sem titubearem, elas se entregaram aos soldados, que, sob as ordens de Titus, amarraram as suas mãos.
Lia, segura, olhou profundamente para o general e disse:

— Senhor, a misericórdia que não foi capaz de oferecer
a mim ou a Anmina é a misericórdia que por você transborda
em meu coração.

Com severidade, o general lançou sobre a jovem o punho
cerrado, abrindo-lhe o lábio. Sem suportar o peso daquele
ódio gratuito, a jovem se ajoelhou, enquanto os gritos de Titus
eram ouvidos por todos que estavam no solar:

— Felina miserável! É o reflexo de Sofia. Cale-se antes
que eu não possa mais conter a fúria dentro de mim, antes que
eu acabe com sua imprestável vida.

Olhando para o neto, o general prosseguiu:

— Se quer estar perto desta miserável, irá para o seu
lugar, em minha residência.

Octavius segurava Lia em seus braços fortes e, como
quem quisesse protegê-la, respondeu ao avô:

— Irei aonde Lia for e com ela comporei as linhas de minha vida até os portais da eternidade. Não poderá nos separar.

— Então é verdade! Está envolvido com esta escrava?
Maldita seja esta morada que me trouxe somente infortúnios.

Lia e Octavius entregavam-se um ao outro, naquele momento, com seus olhares mais profundos.

Sem nada mais a dizer, Titus ordenou aos guardas que
arrastassem as jovens, que desta forma brutal deixavam para
trás um tempo de paz e luz em suas vidas.

Enquanto isso, Sofia não podia ocultar o sofrimento do
corpo após as agitadas emoções daquela situação. Octavius,
não querendo deixar a mãe desprovida de cuidados e sem
poder acompanhar as moças, ordenou a Marcus Galenus que
fosse com o avô até que ele pudesse segui-los, pois temia alguma ofensiva contra as inocentes mulheres. Sofia, constatando
o sofrimento do filho, disse, com extremo carinho maternal:

— Meu filho, sei que em breve também não estarei mais aqui, mas me prometa não magoar Lia. Seja honesto diante dos seus sentimentos, fortalecendo esse amor e vivendo por ele sem temer o peso daqueles que o perseguirão.

— Prometo! Não a abandonarei. Tenho por ela um amor intenso, que não será tirado de mim. Partirei de Roma o mais breve possível. Não se preocupe: levarei todos comigo.

O soldado saiu apressadamente, poupando as despedidas. Naquele exato momento, Demetrius apresentou-se às senhoras e, após inteirar-se das últimas ocorrências, as consolava com firmeza:

— Sejamos resignados. Nossas meninas são fortes e Octavius carrega virtudes que conheço desde menino. Tenho fé que Deus não nos abandonará.

Sofia, com intensa dificuldade, segurou as mãos de Miriam e Demetrius e disse:

— Meu querido amigo e minha mãezinha do coração, estou morrendo. Rogo que não permitam que as crueldades de Titus e Calcurnia afastem nossos filhos das leis de Deus. Assim poderei morrer tranquila.

Então respirou profundamente:

— Fui convidada para esta festa e nós três iremos: assim saberei o que fazem com nossos filhos. Calcurnia trata os servos como animais.

— Não está em condições de ir a lugar algum — disse Miriam, com preocupação.

— Tenho de ir. Lia estará mais segura com a nossa presença. Não posso deixar meus filhos sozinhos diante de tão delicado momento. Não me tirem este desejo: irei à festa.

— Respeitaremos a sua vontade — disse Demetrius, com convicção. Cuidaremos para que nada lhe aconteça ou com aqueles jovens.

Assim, aqueles corações ajustavam os detalhes para preservarem Sofia.

Na residência do general, Calcurnia e Domenica, exalando soberba, aguardavam a chegada das inocentes jovens.

Um velho servo, de nome Aurelius, adentrou o salão principal para notificar sobre a chegada de Titus:

— Senhoras, o general acaba de chegar, juntamente com as mulheres esperadas.

— Criatura repugnante e aparvalhada, não nos atrapalhe o caminho — disse a irmã do general. — Não me recordava de você, nunca deixei um velho permanecer como serviçal neste solar. Em breve, pensarei o que fazer contigo. Agora, saia da minha frente e me deixe passar!

Empurrando o pobre servo, Calcurnia foi ao encontro do general. Lia e Anmina mantinham-se firmes, sem arrogância. A irmã do general, como de hábito, não demorou a disparar desaforos gratuitos:

— Agora que estão sob minhas ordens, serão escravas comuns, sem privilégios ou prerrogativas. Qual das duas é Lia?

— Sou eu — respondeu Lia com segurança.

Mesmo nas situações hostis, Deus procede com misericórdia e abençoa Seus filhos. Antes de Calcurnia manifestar uma palavra a Anmina, Marcus Galenus permanecia em silêncio, ao lado de Domenica, sem ousar manifestar sua impressão sobre aquelas ocorrências: temia alguma represália contra as duas jovens. Com os olhos fixos na jovem de Gaza, estava entorpecido por sua beleza, e isso representava a identificação de dois corações em um único destino.

Domenica, enciumada, interrompeu as apresentações:

— Não devemos perder tempo com essas criaturas — com arrogância, chamou Aurelius: — Vamos velho, retire-as de minha presença.

Em um gesto impensado, Marcus Galenus, antes de perder-se da jovem, segurou-a pelo braço e disse:

— Por misericórdia, seja forte, pois não está sozinha.

— Serei forte o suficiente e terei confiança em Deus.

Resignados, aqueles filhos de Deus retiraram-se do recinto, enquanto Domenica, rubra de ciúme e ódio, manifestou-se:

— Jamais esteve longe do meu domínio. Não se atreva a me desafiar ou trair, pois sou capaz de tirar sua vida. Não se esqueça de que é minha propriedade. Na vida ou na morte, juro que será somente meu, somente meu.

Marcus Galenus mantinha-se em silêncio, sem titubear. E eis que, forte, a voz de Octavius foi ouvida:

— Poupo-lhes as saudações, pois elas já foram manifestadas por todos.

— Meu sobrinho querido! — disse Calcurnia, dissimulando. — Espero que tenha vindo para ficar em nossa humilde morada.

— Minha tia, deixe as representações para aqueles que acreditam nelas. Quero notícias de Lia e Anmina.

— Elas foram acomodadas com os demais servos. Eu mesma o conduzirei até elas. Mas, antes quero que conheça a mais bela patrícia: Domenica.

— Agradeço, mas não quero sua companhia, eu as encontrarei sozinho.

Sem sequer olhar para Domenica, Octavius se retirou para o interior da residência.

Atravessando o átrio, encontrou Lia em um aposento humilde e frio, compartilhado com a amiga. Anmina, percebendo a presença de Octavius, retirou-se com Aurelius para deixá-los a sós. Lia, ao vê-lo, não conteve a emoção e correu para abraçá-lo, no que foi retribuída calorosamente.

— Pelo Deus que aprendi a conhecer com Demetrius, creia em mim e no amor que sinto por você. Prometo que não permitirei que qualquer coisa lhe aconteça.

— Meu querido, em meu coração sua imagem ilumina meus dias. Mas, sinto que não nos será permitido traçar nossas vidas em uma estrada única. Seu avô e sua tia jamais permitiriam a uma escrava esposar um dos Gracus. Porém, aconteça o que acontecer, sempre serei fiel a você.

— Ficaremos juntos e a eternidade não será limite para este amor. Já pensei em tudo. Prometo que em breve sairemos daqui, devolverei a sua liberdade e viveremos em um lugar onde ninguém possa interferir em nosso caminho.

— Acredito em você, mas não quero que nada de mau lhe aconteça. Desconhecemos a força de seu avô e de sua tia.

— Aprendi muito pouco sobre a fé, mas sei que Deus não permitirá que a nossa luz se apague.

— Prometa que se algo sair diferente dos seus planos, não sentenciará o nosso Deus, não o acusará de ter nos abandonado, não perderá a fé e não reclamará de nada.

— Farei o possível.

Neste ponto, a conversa foi interrompida por Anmina, que retornou ao aposento e anunciou:

— É melhor que Octavius saia daqui, pois ouvimos a voz de Calcurnia.

Assim, entre sonhos e juras de um eterno amor, Octavius e Lia colocavam seus corações nas mãos de Deus, aguardando os dias que se seguiriam na esperança de uma vida de paz.

Na noite seguinte, Calcurnia recepcionava seus convidados: homens públicos, especialmente vinculados ao exército, ostentando superioridade e arrogância. Octavius demonstrava insatisfação, permanecia inquieto ao lado do avô. Ao saudar o velho general, os patrícios relatavam os atos de bravura do jovem soldado na conquista de novas terras.

De súbito, o ambiente turvo foi iluminado pelas figuras de Sofia, Miriam e Demetrius, que adentraram em meio aos olhares de espanto e malícia. A irmã do general não conseguiu se conter:

— O que essa mulher faz aqui acompanhada desses escravos?

— Minha tia, essa mulher é minha mãe e os demais são da família. Se eles não cabem aqui, eu também nada tenho a fazer neste recinto.

Dizendo isso, Octavius encaminhou-se para recepcioná-los:

— Mãe, de todos que já desfilaram diante dos meus olhos nesta noite, é a personagem mais bela e feliz.

— E Lia? Onde está?

— Ela está em seus aposentos. Não quero que ela se exponha diante dessa casta.

Em meio à futilidade que revestia o ambiente, o general tentava disfarçar o incômodo que invadia a sua alma diante da presença de Sofia. Assim, manteve-se em conversa com um velho patrício, Tiberinus, magistrado influente e seu amigo íntimo no passado. Também viúvo, Tiberinus era pai de Servio Tulio, um jovem virtuoso que se afeiçoara a Octavius e desde a infância tornaram-se amigos fiéis.

Por causa da grande amizade dos rapazes, Titus havia conseguido fazer ingressar o filho de Tiberinus na carreira militar tão sonhada pelo patrício. Assim, o magistrado tinha enorme dívida para com o general. Entre as recordações dos feitos gloriosos do filho e do amigo, apresentando os primeiros sinais de embriaguez, Tiberinus levantou o cálice que tinha na mão e disse:

— Meu caro amigo, sou grato a você por ter concedido ao meu filho a oportunidade de brilhar nos ofícios militares. Sabe bem o que é estar em estado de viuvez. Sem o seu bondoso auxílio, seria incapaz de criar meu filho. Peça-me o que quiser e eu serei seu escravo.

— Servio Tulio é para meu neto como um irmão. Juntos me concederam orgulho e felicidade, apesar de eu considerar seu filho um tanto tolo com aqueles ideais de um único Deus. Onde está ele?

— Foi convocado para uma campanha, em breve estará de volta — e, bebendo em um único gole o que restava no cálice, continuou: — Diga! Diga! O que quer de mim para que eu possa demonstrar que a sua bondade não foi em vão?

— Meu caro, no momento oportuno cobrarei o que me deve. Creia, jamais faço algo para alguém sem que tenha algum benefício em meu favor. Nunca se esqueça disso.

Tiberinus percebeu que o olhar de Titus se transfigurava e, tentando suavizar o momento, contemplou levianamente o salão, as mulheres que dançavam para alegrar os convidados, e disse:

— Essas dançarinas não estão sendo suficientes para meus olhos, já as conheço de outras comemorações em sua morada. Não haveria uma surpresa escondida em algum lugar deste solar? Quem sabe novas preciosidades trazidas dos seus povos conquistados?

Titus, pensativo, com um sorriso sarcástico decorando sua face, chamou Calcurnia e, sem que ninguém ouvisse, ordenou que Lia e Anmina adentrassem o recinto e dançassem para seus convidados. Após alguns instantes, trajando pedrarias e excessos, alheias ao que iria lhes acontecer, as jovens se viram em meio aos rostos turvos de todos.

Ao vê-las, Sofia fez com que percebessem sua presença. Octavius, alheio aos acontecimentos, foi surpreendido com o anúncio de Titus à pequena multidão:

— Senhores, tenho uma surpresa a todos os presentes. Duas pedras raras para contentá-los.

Sob as ordens de Titus, dois soldados continham Octavius. Sem ter a medida do que poderia provocar, segura, Lia se manifestou:

— Não dançarei para ninguém neste lugar ou em qualquer outro, mesmo longe daqui. Arranquem minha carne, mas não poderão arrancar de mim a dignidade.

Tiberinus, fora de si, se aproximou de Anmina:

— Os deuses foram perfeitos nesta criação. Jamais vi uma tez tão macia.

Na tentativa inútil de se proteger, Anmina soltou-lhe uma cusparada e disse:

— Faço das palavras de Lia as minhas. Não dançarei para ninguém, mesmo que isso me custe a vida.

— Insolentes! Se não querem dançar, não há problemas Tiberinus olhou friamente para Titus e se adiantou no comando: — Punição para essas miseráveis. Assim, assistiremos a um espetáculo para ajustar as palavras nos lábios afiados dessas imprestáveis. Quero ver se tamanha coragem resiste ao acalanto de um açoite. Tenho comiseração ao ver uma tez perfeita se transformar em uma lembrança.

Titus mandou chamar Atrimedius, que, mesmo carregando o peso dos anos sobre si, se mantinha forte no cumprimento de seus ofícios junto aos Gracus. Repousou sua mão sobre o ombro do servo como quem lhe aprovava e exaltava sua atitude e sua fidelidade. Com precisa frieza, fez sua voz entoar a terrível ordem:

— Faça com que elas caiam diante de todos nós.

Iniciada a cena de horror, Lia e Anmina recebiam as chicotadas sem tréguas, mantendo-se em pé com soberana e inexplicável demonstração de coragem. Marcus Galenus abaixava a cabeça, tentando não ver tamanho sofrimento, enquanto Octavius, contido pelos soldados, assistia a tudo sem nada poder fazer. Domenica, com cinismo, comentou com Calcurnia:

— Por que não caem?

— Esses escravos possuem alguma manifestação de magia no momento em que são açoitados. Chamam de fé.

Sofia e Miriam choravam copiosamente diante da própria limitação. De súbito, Demetrius, frente ao suplício daquelas mulheres, tomado por uma força hercúlea e sem dizer uma palavra, aproximou-se de Atrimedius e segurou o seu braço sem muito esforço:

— Abaixe esse braço antes que eu o separe de seu corpo.

— Está louco? Sabe quem você está desafiando?

Demetrius, concentrando sua força na mão, fazia Atrimedius ajoelhar-se com imensurável dor.

— Pelos deuses! Quem é você? De onde vem com tanta força? Somente experimentei tamanha força nos braços dos gladiadores.

— Sou Demetrius! O ex-gladiador destas paragens.

Neste ínterim, Octavius havia se desvencilhado dos legionários e correu para socorrer Lia, enquanto o velho Aurelius amparava Anmina, acomodando-a em seus braços. Sofia, ajoelhada no recinto funesto, segurava as mãos de sua filha entre lágrimas e orações.

Na face de Titus era visível o repentino pavor que as palavras do ex-gladiador causaram em seu íntimo.

Miriam, expressando a bondade de sua alma, aproximou-se de Demetrius e, com voz tênue, solicitou:

— Meu filho, por Deus, peço-lhe que o liberte de suas mãos. Se prosseguir com essa demonstração de força ilusória, estará sendo igual a esses malfeitores que massacraram nossas meninas.

Assim, com os olhos fixos na veneranda mulher, ele aos poucos foi deixando Atrimedius livre.

Drusus, em total desespero, mal conseguia manifestar uma palavra. Lentamente, Demetrius foi ao encontro de Titus, que estava na parte alta da sala de festas. Subindo três degraus, o ex-gladiador encarou o general e disse:

— Agora sabe quem sou. Se promover qualquer ofensiva contra aquelas jovens, você sentirá o peso dos meus punhos. Diante de tão deprimente espetáculo, quero que recorde que possui uma dívida para comigo. Liberte as duas jovens e permita que elas sigam conosco.

— Cão miserável! — disse o general aos gritos, demonstrando a temporária insanidade do vinho, sem medir o teor das palavras. — Em vez de tê-lo entregado a Aimã para ser treinado como gladiador, devia tê-lo matado, quando estive naquele maldito vilarejo grego na noite em que escravizei sua tia Miriam.

Nesse momento, Miriam aproximou-se de Demetrius com passos lentos, como quem carrega o peso de um grande sofrimento. O ex-gladiador observando as copiosas lágrimas da anciã, a apoiou em seus braços, enquanto ela se dirigia a Titus:

— Por misericórdia, repita. Diga que não estou alucinada. Demetrius é meu sobrinho, filho de Hannah e Cimiotis? Diga, pela compaixão que sustenta o hálito de sua vida.

Demetrius se mantinha alheio àquelas palavras, apesar de conhecer a história da veneranda mulher. Drusus secava o suor que lavava sua face descarada. O general percebeu que havia desvendado parte de um passado muito distante e inutilmente tentava disfarçar. Miriam, segurando a túnica do general, prosseguiu:

— Pelo menos uma vez em sua vida olhe nos meus olhos e diga a verdade. Demetrius é meu sobrinho?

— Sim, ele é o menino grego. Vi o seu afeto por ele, até maior que o da mãe. Queria que você viesse para Roma comigo, sozinha, para cuidar de meu filho sem a interferência de ninguém. Diante das ocorrências, não poderia deixar de punir o menino, ou perderia minha honra diante dos meus homens.

— Poderia eu demonstrar toda minha repugnância, porém nada direi ou farei, a não ser orar o resto dos meus dias para que Deus tenha misericórdia do seu coração tão frio. Você me coroou com as algemas da escravidão, mas não foi capaz de escravizar minha alma. Recupero parte do que fui, do que sou. O que serei, deixo nas mãos do meu Deus. Para você, deixo não o ódio, mas minha comiseração e o meu silêncio para que viva os seus dias ungido pela sua própria consciência. Sei que diante desses fatos permitirá que nossas meninas nos acompanhem.

187

Por todos os anos de convivência com Miriam, Titus havia desenvolvido respeito por ela, ouvia as suas palavras ponderadas. Paralisado como se uma força invisível contivesse seus atos, não ousou contradizê-la:

— Permitirei que sigam com você, porém não lhes concederei a liberdade: elas permanecerão como minhas propriedades.

— Para o seu coração, este ato anuncia um traço de bondade. Levaremos as jovens conosco, mesmo que as mantenha sob seu domínio.

O silêncio se fez ensurdecedor. Demetrius, sem compreender o que acontecia, desceu os degraus apoiando o braço daquela soberana mulher, enquanto Octavius segurava Lia desacordada em seus braços. Galenus repetia o gesto com Anmina. Sofia depositava em Titus um olhar de piedade e compaixão. Os demais convidados não se atreviam a manifestar uma palavra e abriam caminho para a saída daqueles filhos de Deus. O general, diante da luminosa superioridade de Miriam, não ousou uma palavra ou um gesto. Quando Demetrius e Miriam desapareceram no meio da pequena multidão, Drusus tentou romper o silêncio:

— Meus amigos, a festa apenas iniciou. Vamos! Música e dança para nossos convidados.

Assim, aquele ambiente frívolo mantinha a sua animação, enquanto o passado se fazia presente na difícil revelação, desvendando e ajustando o futuro daqueles filhos de Deus.

Já na residência de Sofia, Anmina se encontrava recuperada do açoite menos intenso. Lia exigia cuidados maiores: recebeu toda a severidade sobre o corpo franzino, a ponto de ficar desacordada.

A mãe do patrício, com lágrimas nos olhos, via diante de si a filha do coração ulcerar no silêncio, sem que nada pudesse fazer em seu favor:

— O açoite foi severo e em demasia, temo que ela não acorde. Octavius se ajoelhou desesperado e, após ouvir as palavras da mãe, abraçou a serva, aproximando-a do peito forte:

— Mãe, está errada. Jamais soube orar, mas eu suplico: Deus, é o Senhor de todas as criaturas. Nos seus códigos de ordem e justiça estão escritas as leis de nossas vidas. Não sou digno sequer de pronunciar o Seu nome, mas dentro de mim sei que jamais deixaria de nos conceder os lenços para secar nossas lágrimas de agonia. Desfalece nos meus braços aquela que me colocou diante do Senhor, não como um soldado banal, mas como Seu filho. Pouco sei da morte, menos ainda do amor, mas, pela misericórdia que coroa o Seu bondoso coração, me faça forte para acatar as ordens de tão bondoso general que é. Seja a vida ou a morte do meu grande amor, seja Senhor Deus, a misericórdia dos meus dias para eu prosseguir e suportar a dor que se apodera de mim, tal qual a força de uma lâmina que atravessa meu peito, rasgando meu coração. Seja, Deus de luz, conosco, para todo o sempre.

O aposento era banhado pelo frescor noturno e pelo perfume de paz exalado por Jeremias, Áurea e Horacio. Invisíveis, permaneciam fiéis aos seus filhos encarnados. Lia, desprendida temporariamente do corpo sofrido, escutava a prece de Octavius e, chorando, era acalentada pelos braços de Jeremias. Entre soluços, disse:

— Não sei quem é você, porém, se ainda estou viva, me permita morrer escutando as palavras de Octavius, assim como permanecer protegida por seu coração bondoso ainda desconhecido para mim.

— Minha criança, conhece-me de outras paragens, mas ainda há de me conhecer melhor, porque em breve, muito breve, estará me segurando em seus braços maternais. Não morrerá agora, porque viverá o quanto for possível até que outros possam abraçar a vida na Terra.

— Perdoe-me a ignorância. Disse que será meu filho? Como alguém como eu poderia carregar no ventre alguém como você?

— Porque o amor que nos une o coração é maior do que qualquer erro cometido no passado. Eleve os seus pensamentos e busque em Deus a coragem para enfrentar os dias que estão por vir. Ninguém sofre sozinho. Antes de iniciarmos a fase dos nossos sofrimentos, alguém muito especial está sentindo as primeiras dores para minimizar as nossas lágrimas. Nenhuma noite é eterna e assim retorno ao planeta, com a graça de nosso Deus, para preparar aqueles que seguirão o Messias. Rogo-lhe somente que me atribua o nome de Apolonius Copernicus. Assim continuaremos a história de nossas vidas. Por agora, retoma às suas tarefas, renovada e feliz, buscando em Deus a força para o novo amanhã.

Secando as lágrimas, refeita, Lia despertou suavemente. Octavius a abraçou com imensa ternura, enquanto Sofia sentia a presença dos amigos invisíveis e agradecia em oração:

— Queridos amigos, que somente o poder do sentimento mais puro poderá nos fazer perceber. Sou grata pela infinita bondade de ter trazido de volta nossa menina. Que Deus, em Sua graça, derrame o perfume mais suave dos céus sobre seus corações.

De súbito, ouviu-se um ruído nas proximidades:

— Quem está aí? — perguntou Anmina, assustada.

— Sou eu, Marcus Galenus — e lentamente o rosto do jovem foi sendo definido na modesta luz.

Octavius, sem ousar sair de perto de Lia, inquiriu o jovem:

— O que faz nestas paragens? Caiu em desvario? Minha tia e Domenica o sentenciarão à morte se souberem que esteve aqui.

— Tenho consciência do que poderei sofrer. Aventurei-me até aqui somente para ter notícias de Anmina e de Lia.

A jovem de Gaza, preocupada, solicitou:

— Se você possui um pouco de sanidade, retorne. Não suportarei vê-lo em sofrimento por minha causa. Estou bem, mas agora lhe rogo: retorne.

— Por misericórdia, não peça minha partida. Não consigo tirar seu semblante de dor de dentro de mim. Sinto-me sentenciado pela clausura junto à Domenica, mas prometo que um dia me libertarei dos grilhões que me prendem a ela. Assim, poderemos manifestar nosso amor sem medo ou desespero.

Todos ouviam aquelas palavras sinceras com respeito e mantinham-se em silêncio. Anmina, com lágrimas anuviando-lhe a visão, retribuía carinhosamente a demonstração de amor de Galenus:

— Sim, um dia nosso amor será abençoado e juntos viveremos momentos de união, que serão o registro vivo de nossas existências. Mas agora, vá. Onde estiver eu estarei com você.

Marcus Galenus, com o olhar triste, despediu-se e partiu, deixando Lia sob a atenção de Anmina, Octavius e Almerio. Sofia se retirou em busca de ar fresco. Ao chegar ao jardim, encontrou Miriam sentada no divã e Demetrius recostado em seu colo, tal qual um menino. Nitidamente, ambos confidenciavam suas vidas: a nobre serva relatava-lhe os feitos de seus pais e suas mais íntimas alegrias. Tinha por ele um amor maternal tão intenso que todos indagavam se ele era seu filho. Lentamente, a patrícia aproximou-se, derramando fraterno abraço sobre Miriam. Ela, por sua vez, chorando retribuía o carinho:

— Agradeço ao Senhor ter podido encontrar uma parte de mim que acreditei jamais recuperar. Jurei a Cimiotis e Hannah que um dia voltaria ao encontro deles, porém já havia abandonado esse sonho. Deus, em sua infinita grandeza, não permitiu que o sofrimento fosse eterno. Orei, por todos esses anos, suplicando para que não esquecesse as feições de meus amores. Em minha vida, conquistei outros elos de amor, porém a maior dor para um filho de Deus é sentir que as feições mais caras de sua existência se perderam entre recordações e lamentos. Poderia morrer agora e estaria feliz. Queria eu poder fazer com que Horacio me escutasse agora. Envelheci, mas meu amor por ele continua jovem e vivo. Agradeço ao Senhor tamanha misericórdia.

— Sou um homem marcado! Trago comigo fragmentos de um passado feliz e agora avanço confiante na madureza de minha vida. Senhor, recebe do coração deste Seu filho a gratidão por aprender a esperar, mesmo quando as lágrimas da ansiedade ofuscavam minha visão; por acreditar no Senhor sem medo de expressar e até sofrer a opressão do mundo, por me sentir vencedor das batalhas travadas comigo mesmo; por receber o carinho sem ser merecedor, por retornar aos braços dos meus, que não apontam meus erros. Por tudo isso e mais, recebe a minha gratidão, pois enquanto eu sustentar o hálito da vida é para mim a razão de minha existência.

O espaço era banhado em primoroso bálsamo celestial, abrandando aqueles corações que, entre juras de amor e vida eterna, mantinham-se envolvidos pela paz e pelo perfume das flores trazido pela brisa da noite.

Enquanto isso, no mundo invisível, Áurea e Tacitus observavam emocionados a atitude de Horacio, que ao escutar a prece de Demetrius e as declarações de sua esposa, chorava elevadamente, imantando-os com seu coração e coroando-os com amor e com as luzes dos céus, abençoando-os pelo triunfo da perseverança e pela coragem de continuarem vivendo.

CAPÍTULO 19

Dos sonhos à separação

A vida prosseguia. Cumprindo o compromisso assumido diante de Deus, Anmina correspondia aos chamamentos do coração apaixonado de Galenus.

Todos assistiam felizes, porém apreensivos, ao envolvimento daqueles filhos de Deus, pois conheciam a reputação de Domenica e sua paixão obsessiva pelo jovem.

Naquela manhã, Lia e Miriam cuidavam de Sofia, que havia despertado com a doença a maltratá-la. Estavam todas em amena conversa quando foram interrompidas pela presença de Anmina e Galenus. O jovem se manifestou com respeito:

— Senhora, perdoe-nos a interrupção. Respeitamos o momento, a sua saúde frágil, mas julgamos não haver tempo hábil para nós.

— Não importa a doença, ela é minha companheira de anos. Sempre terei tempo para minha família. Diga-me, o que o traz aqui?

Anmina, segurando as mãos de Galenus e com a face reluzindo intensamente, respondeu com firmeza:

— Estou esperando um filho.

As três mulheres presentes a acolheram com extrema demonstração de felicidade. Galenus, com uma marca de preocupação na face, disse:

— Reconhecidamente, este solar é composto por criaturas dignas e abençoadas, que são para nós uma verdadeira família. Sou um homem marcado pelo meu passado e sei que ele, meu passado, cobrará de mim meus feitos, seja no presente ou no futuro. Por um motivo que jamais poderei compreender, me aproximei daqui para cumprir ordens do general e acompanhar os passos de seu neto, que tinha se afastado de seus sombrios desejos. Vivi meus dias de cativeiro sob os caprichos de Domenica, uma mulher fria, capaz de arrancar as entranhas de uma pessoa viva sem desmanchar o sorriso da face. Sei que ela jamais permitiria minha união com Anmina e nem que meu filho veja a luz do dia. É por isso que estamos aqui, para suplicar ao seu bondoso coração que nos auxilie a conquistar a liberdade.

— Meus filhos, infelizmente o que me pedem não poderei conceder. O egoísmo de Titus me impede de libertar sequer um escravo, pois todos são propriedades dele. Meu maior infortúnio é conviver com a escravidão no meu lar, amar a todos e ser impotente diante das leis que favorecem exclusivamente homens como o general. Oro pela liberdade de vocês e garanto que, enquanto estiver viva, terão a paz de uma vida livre.

— Queria ver meu filho nascer seguro, feliz e, sobretudo livre — disse Anmina encobrindo a face com as mãos.

— Prometo que farei tudo para que essa criança nasça com dignidade.

Com sinceras demonstrações de agradecimento, o casal saiu do recinto. Sofia segurou a mão envelhecida de Miriam:

— Sejamos fortes, apesar de me sentir fraca diante da vida, algo me diz que em breve, muito breve, teremos outra anunciação igual a essa.

— O que diz nada mais é do que o coração maternal se pronunciando.

— Bem sabe que Lia e Octavius estão unidos pelos vínculos do coração. Mantêm o sigilo, mas não poderíamos deixar de perceber tamanha felicidade em seus semblantes. Estou morrendo e temo por meus filhos. Minha presença, de alguma maneira, contém os ímpetos do general. Creio que de alguma maneira represento medo para ele. Porém, quando eu não estiver mais aqui, ele estará livre para agir de acordo com seus instintos. Ele jamais aceitará o amor de ambos.

— Deus não nos abandonará. Ele sempre esteve conosco, nos momentos mais rudes de nossas vidas, e não será agora que Ele se ausentará. Por agora, repouse tranquila e não se esqueça de que ainda estou aqui: minha presença também controla o general.

Com a paz em seus corações, aquelas mulheres continuaram renovando suas esperanças e sedimentando em Deus a coragem para seguir adiante.

Cinco meses se passaram desde o anúncio feito pelo jovem casal. Naquele entardecer, Anmina lutava tal qual uma heroína para trazer à vida o filho que anunciava sua chegada antecipadamente, aumentando seu sofrimento. Miriam e Lia, assim como a sofrida Sofia, vencendo o próprio corpo alquebrado, a auxiliavam naquele difícil parto.

Enquanto isso, Demetrius e Octavius acalmavam o ânimo de Galenus, que buscava nos amigos a força para enfrentar os desafios de seu futuro.

O velho servo Almerio, demonstrando sua experiência, socorria as intensas dores que transformavam as faces de uma simples mulher em mãe. Após horas de uma luta incessante, ouviu-se um choro miúdo que significava mais uma vida no planeta.

Envolvidos por um clima de felicidade, todos observavam Galenus sustentando aquele pequenino filho de Deus, que se perdia em suas imensas mãos e apresentando-o com orgulho:

— Eis meu filho! Carregará o nome de meu pai: Livius.

O carinho geral era demonstrado nos mínimos gestos e cuidados, no acolhimento fraterno ao pai, à mãe e ao filho, com extrema ternura.

Enquanto isso, no invisível, Áurea, Horacio e Tacitus derramavam sobre eles cântaros de paz. Sentindo que o ambiente se transformava como por encanto, Sofia segurou a criança em seus braços frágeis, sem sequer imaginar que o pequeno Livius era na verdade seu pai Virgilius, presenteado pela oportunidade de retornar ao seio familiar pela graça de Deus para ajustar seu próprio passado.

Cumprindo sua missão, o tempo seguiu silenciosamente e caminhou sessenta dias. Nas diversas e obsessivas tentativas de Titus para afastar o neto do coração materno, conseguiu, com a sua influência, uma convocação para que Octavius partisse temporariamente com a legião. Mesmo contrariado, Octavius respeitava a responsabilidade e a disciplina, cumpria as ordens de seus superiores, enquanto aguardava a resposta à sua solicitação de desligamento dos campos de batalha.

Naquela manhã, na residência de Sofia, nas primeiras horas do dia, todos os servos se preparavam para recepcionar Octavius, que retornaria após longa ausência. Miriam dedicava-se aos afazeres domésticos quando percebeu que Lia tinha a feição empalidecida. Ao sustentar um cesto nas mãos, a jovem desfaleceu por instantes. Miriam, habilidosa, imediatamente correu para auxiliá-la:

— Por Deus, filhinha querida, está doente?

Sofia adentrou o recinto e repetiu o gesto de Miriam e tentou auxiliar a jovem. Constrangida com a presença da mãe, Lia tentava disfarçar o incômodo físico que lhe trazia a aflição do momento:

— Não se preocupem comigo, hoje despertei indisposta.

Miriam e Sofia, após a acomodarem, trocaram olhares experientes, porém sem repreensão. Sofia, com carinho maternal, disse:

— Sabemos que seu coração foi coroado pelo amor de meu filho. Qual é o seu infortúnio?

— Espero um filho de Octavius — disse entre lágrimas. — Queremos somente viver em paz, sem temer a fúria de Titus e de Calcurnia.

— Filha, tenha coragem. Não podemos desviar ninguém das estradas que levam ao destino de cada um. Estou feliz, pois ambos são para mim as pedras mais preciosas com as quais fui presenteada nesta vida. Meu coração também teme, mas Deus não nos furtará o auxílio.

Nas proximidades daquele recinto, Octavius, sem ser percebido, ouviu a conversa. Com a expressão mais pura aureolando sua feição, correu para abraçar Lia:

— Deus... Deus! Serei pai! Como agradecer tão formoso presente?

— Diga-me, Senhor, como agradecer tão formosa missão de ser pai?

— Meu filho! — disse Miriam — a missão que recebeu agora é a bênção dos céus, pois os pais são os mestres naturais dos filhos de Deus, que suplicam a indicação do caminho da luz em seus próprios exemplos.

Enquanto a família se apresentava totalmente emocionada, uma figura inerte preenchia o recinto: o jovem Servio Tulio, porte franzino para um soldado, tinha a tez dourada pelos raios do sol e a face marcada por imensa cicatriz desenhada desde o queixo até a testa, resultante de uma batalha nos primeiros dias em que experimentou a fúria inimiga. Mesmo assim, seu rosto deformado não lhe tirava a brandura agraciada por uma voz serena que atribuía candura à sua personalidade, tão diferente de seu pai. Octavius, com euforia, aproximou-se do confrade e com espontaneidade buscou o amigo pelo braço e o apresentou:

— Perdoem-me, tamanha foi a minha emoção que quase havia me esquecido de que não estou só. Trago comigo um grande amigo: este é Servio Tulio.

— Estou sendo agraciado por nosso Deus em conhecê-los. Sempre ouvi dos lábios de Demetrius e Octavius as histórias abençoadas deste solar. Rogo ao Senhor que seja eu merecedor de conviver com vocês um instante de minha vida.

— Meu caro, você é amigo de meu filho, logo, é membro de nossa casa. Em nome de Deus, nós o saudamos.

Após as saudações, repentinamente, Octavius teve a face marcada por enorme preocupação:

— Tenho consciência de que meu avô não calará tão facilmente.

Tanto eu quanto Servio, aguardamos ansiosos as nossas dispensas dos campos de batalha. Estaremos em solo sangrento enquanto meu avô e Tiberinus, pai de meu amigo, exigirem de nós a dedicação às nossas carreiras. Quando Servio foi ferido pelo inimigo, ainda jovem, juramos que não morreríamos naquela condição.

— Meu querido, — disse Lia com doçura. — Apesar do medo que não é maior que meu amor por você, agradeço aos céus por pensar assim.

— Devemos manter segredo sobre nosso filho. Não quero que nada de mal aconteça à minha família caso eu seja obrigado a me ausentar daqui. Infelizmente, terei que agir o mais breve possível. Irei embora antes de qualquer decisão do exército quanto à nossa concessão de baixa. Não poderei deixar nosso futuro somente nas mãos do destino.

— Meu amigo, sua preocupação é oportuna — disse Servio. Não devemos nos esquecer de que ainda estamos sob o julgamento de Roma e a ela devemos lealdade. Não poderemos nos ausentar de nossas responsabilidades, pois seremos punidos como desertores. Todavia, não devemos furtar nossas atenções dos cuidados com o seu filho e seus familiares. Auxiliarei no que for necessário para prevalecer o bem sobre todos.

Miriam com uma demonstração de fé replicou:

— Vamos seguir os nossos caminhos com elevada força em nossas almas. Nada, nem ninguém será soberano às leis de Deus. Não há casualidade em nossas vidas. Somos chamados à experiência. Em algumas situações, essas experiências são cercadas de dificuldades, lutas, dores ou lágrimas, mas elas são preciosos ensinamentos que fortalecem nossa fé. Do que nos valeria atravessar a vida sem experimentar o contato com aqueles que se diferenciam de nós por condutas frias, aprisionados aos desejos dos seus corações? Não poderemos viver isolados das lições ofertadas pela grande mãe chamada vida. Onde quer que nossos medos ou angústias estejam, o Senhor estará presente nos sustentando, sem atravessar nossos caminhos, mas seguindo ao nosso lado, abrandando e abençoando para todo o sempre os nossos sentimentos e os nossos destinos.

Envolvidos pelas sábias palavras de Miriam, todos permaneceram unidos por todo aquele dia, vivendo a alegria que exalava intenso perfume sobre aqueles filhos de Deus.

Nos dias que se sucederam, a família de Sofia desfrutava a felicidade geral, em especial pelo pequeno Livius, que, com o corpo mirrado, lutava para fortalecer-se e, sobretudo por verem o filho de Lia desenvolver-se radioso, vigoroso, delineando formas tão perfeitas que somente as bênçãos de Deus poderiam ter definido.

Naquela manhã, acompanhadas por Demetrius, Lia e Anmina foram ao mercado para suprir as necessidades da residência.

Com descontração, aqueles filhos de Deus distraíam-se escolhendo frutas, alheios ao pequeno conflito iniciado por uma liteira que era agressivamente conduzida entre a plebe sofrida e, acidentalmente, foi contida quando um dos seus carregadores perdeu o equilíbrio.

A mulher que estava na liteira, aos gritos, agrediu o humilde serviçal, o culpando pelo ocorrido. Retirando o véu que cobria suas feições, todos puderam ver o rosto de Calcurnia. Em pé entre os curiosos que se aproximavam, ela imediatamente avistou Lia. Com os olhos ardendo em uma fúria que consumia o coração e o raciocínio, Calcurnia tratou de encobrir o rosto para não ser reconhecida. Aproveitando o momento em que Lia ingenuamente se mostrou em seu ângulo de visão, a patrícia registrou a imagem: ostentava uma criança no ventre e o pai deveria ser Octavius. Uma violenta chama de ódio acendeu sua alma, mas a astuta Calcurnia não permitiu que fosse notada: ordenou imediata marcha em direção à terma onde Titus, Drusus e Tiberinus deveriam estar.

Ao chegar lá, seu hálito ofegante rasgou o ambiente sem as saudações preliminares. Assustado com a presença da irmã, Titus a interrogou:

— O que faz aqui desta maneira?

— Meu irmão, infelizmente as notícias que trago não são as mais favoráveis para nós. Diga-me, quando Octavius retornará?

— Nos próximos dias. Felizmente, ele retornou aos ofícios militares, esquecendo-se daquela escrava fútil e das garras de sua mãe.

— Está enganado. A escrava espera um filho de Octavius.

— Está alucinada! — gritou Titus, não conseguindo conter o ímpeto diante de tão grandioso golpe. — Não é possível. Como soube disso?

— Deparei-me com Lia no mercado. O desprezível condutor de minha liteira quase provocou um acidente comigo. Paramos para ajustar a marcha quando, de súbito, avistei Lia ao longe, ostentando um rebento no ventre bem desenvolvido.

— Como pode ter certeza de que este filho é do meu neto?

— Eu possuo meus informantes. No caminho para cá, por meio deles, eu investiguei a vida da família de Sofia e confirmei o que digo — disse ela, destilando desarmonia e fúria. — Além do mais, nasceu uma criança, filha de Anmina e Marcus Galenus.

Completamente fora da razão, pronunciando palavras soltas, o general sentenciou colericamente:

— Basta. Morte para aquelas malditas, a começar por Sofia.

— Não se preocupe, ela já está morrendo. Enquanto vinha para cá, fui informada pelo condutor, que a conhece.

— Vou destruir a família de Sofia, nem que eu viva o resto de minha vida somente para assistir a essa destruição — ameaçou o velho militar e, dirigindo para Drusus os olhos vermelhos, prosseguiu: — Necessito de seu auxílio para trazer meu neto de volta ao convívio dos Gracus. Assim farei prevalecer a minha vontade.

— Auxiliarei no que for necessário. Gostaria de saber o que farei. Após as revelações da escrava Miriam quanto a Demetrius, julguei que havia esquecido essa família.

— Perdoe-me, mas é um tolo. Acreditou que eu esqueço quem me feriu? Não esqueci ninguém, estava apenas aguardando o momento de agir. Pratico em minha vida a astúcia de um lobo: ele espreita, coloca-se belo, apresentando aparente docilidade e amabilidade, cativando sua presa e, quando todos acreditam que ele está frágil e modificado em um dócil animal, aí é o momento de atacar. Um lobo sempre será lobo, jamais se transformará em um animal domado ou adestrado no cativeiro dos homens. Sou assim e chegou a minha vez de atacar.

E, olhando para Tiberinus, concluiu:

— Chegou a hora de pagar o que me deve.

— Meu caro amigo, bem sabe que serei fiel a você até os últimos dias de minha vida. O que tem em mente?

— Drusus forjará uma situação de roubo e todas as acusações deverão recair sobre Lia. Oferecerá o quanto for necessário para corromper os juízes, fazendo que eles a declarem culpada.

— Mas, se a escrava estiver de fato esperando um filho, sabe o que acontecerá com ela. Será açoitada até a morte em praça pública para servir de exemplo. Secando o suor da fronte, Tiberinus prosseguiu nervoso: — Tem mesmo certeza de que quer isso?

— Tenho. No ato da sentença farei Octavius escolher: ou ele abandona de vez a escrava, para poupar-lhe a vida, ou ela receberá a morte. Maior dor é ver quem amamos sofrer e, se conheço meu neto, ele escolherá a vida da escrava. Quando ele escolher a liberdade, eu mesmo farei que ela seja morta, e tudo parecerá um simples acidente. Não posso me apresentar diante de meu neto como carrasco por duas vezes. Quero que ele veja em mim a justiça, pois somente eu sou capaz de saber o que é melhor para todos.

— Se esta é a sua vontade, farei tudo o que me pede.

Aqueles filhos de Deus, desafiando a justiça celeste, permaneceram unidos por mais algumas horas, ajustando os detalhes de seu plano sórdido, retirando do ar o perfume de esperança e alegria da família de Sofia, criando em torno deles um império de amargas e tristes emoções.

CAPÍTULO 20
Lições de perseverança

Dois dias transcorreram e, naquela manhã, Galenus foi até a residência de Sofia em busca de notícias do filho e de Anmina. Desde o nascimento de Livius, Galenus se dividia entre as ilusões amorosas de Domenica e o amor verdadeiro de Anmina, visando proteger a sua família. Conhecedor do coração frio e insensível da jovem patrícia, mantinha as aparências para garantir a preservação de todos.

Após as saudações da família, Anmina buscou o braço de Galenus e levou seu amado para o jardim para conversarem:

— Minha querida, não tolero mais esta situação. Quero estar com você e com nosso filho, mas a cada dia me sinto mais distante. Tenho consciência de que sou um homem repleto de marcas do passado, mas suplico ao seu Deus, ao Deus que aos poucos vou conhecendo, que tenha compaixão de nós.

— Compreendo você, pois também carrego dentro de mim a vontade de viver meus dias ao seu lado. Devemos aguardar: esse dia está por vir.

Almerio, preocupado, se aproximou com a triste notícia:

— Meus filhos, nossa querida Sofia agoniza. Ela suplica a presença de todos.

Ao ouvir isso, eles foram para o aposento de Sofia. Lia, Miriam, Octavius, Demetrius e Servio Tulio conservavam-se fiéis na oração.

Quando percebeu que todos estavam presentes, Sofia lançou mão de seu último alento e disse:

— Agora que todos estão aqui, posso cerrar meus olhos para este mundo. Agradeço a Deus ter podido compartilhar meus dias ao lado de cada um de vocês. Trago no peito somente uma dor: a de não ter podido lhes conceder a liberdade, em especial a você, Miriam, que jamais foi para mim uma serva, mas uma mãe.

— Minha querida! — disse Miriam com as lágrimas orvalhando o rosto. — Não turve seu coração com esses sentimentos. Sempre fomos livres. A liberdade está dentro do nosso coração e de nossa alma. Nada e nem ninguém pode tirar isso de nós. É a filha que não pude conceber em meu ventre, mas em meu coração você iluminou as tristezas e saudades com seus sorrisos e lutas.

— Sinto que chegou minha vez de partir. Desde ontem sinto que suavemente me ausento daqui, como se pudesse voar sem ter asas. Ouço a voz de minha mãezinha, fortalecendo minha alma. Ouço a voz de Tacitus, me pedindo coragem. Somente os seus rostos me coroam o coração. Nada suplico a Deus em meu favor, mas rogo proteção, piedade e misericórdia a cada um de vocês, que ficarão e experimentarão as grandes emoções ou angústias desta vida em torrenciais lágrimas e alegrias. Queria poder segurar em meus braços meu neto, mas cabe a mim neste momento encontrar-me resignada diante dos desígnios de Deus. Devo compreender que a morte não é capaz de apagar ou arrancar de nós o tão fortalecido amor que nos uniu por tantos anos. Que Deus permita que, após atravessar os mistérios do túmulo, eu possa retornar para junto de vocês, com a mais pura intenção de lhes conceder coragem e fé para que, fortalecidos, possam sentir que jamais estarão sozinhos.

Naquele momento, o aposento foi banhado por intensa luz, enquanto uma austera dispneia abraçava Sofia, fazendo com que as suas forças se extinguissem. Com a feição serena e as mãos gélidas, desprendida do corpo sofrido, ela se viu nos braços de Áurea, que, juntamente com Horacio e Tacitus, mantinham-se em ardorosas preces. Sem a compreensão perfeita daquele momento, Sofia entregava-se aos amigos presentes como uma menina:

— Mãezinha, que Deus nos abençoe. Acreditei que eu estivesse morta, mas estou viva, tão viva que sinto meu coração bater dentro de mim.

— Filhinha, de fato está viva, tanto quanto nós, pois a morte do corpo não significa a morte da alma. Sigamos para que, em breve, possamos estar junto dos nossos amores.

— Se estou morta, onde está Pompilius? Por que ele não está aqui?

— Nosso Pompilius ainda permanece vivo na Terra e em breve retornará aos nossos braços, mas agora silencia em oração e sigamos.

Sofia, com dificuldade, apoiou-se nos braços de Horacio e Tacitus e suavemente beijou a fronte de todos de sua família, que, diante daquele instante supremo, ajoelhavam-se entre despedidas e lágrimas. Nesse momento, Miriam, com sua sensibilidade, notando a presença radiante de seres invisíveis, orou:

— Deus, o Senhor é a luz de nossas vidas. Ainda somos aqueles filhos que necessitam do aprendizado nas escolas das lágrimas para um dia podermos ver a claridade das Suas leis. É a fonte de nossa fé, elevando-nos aos céus nos momentos em que os labirintos das tormentas se aproximam com severidade e sofrimento. É a chuva de paz, quando estamos fatigados pelas dificuldades e provas que se aproximam como nuvens de angústia. É a misericórdia, esperança suprema, que agora nos conduz aos portais do Seu coração, acalentando-nos no momento desta despedida.

Com os olhos marejados, todos se mantinham em silêncio, escutando a doce voz de Miriam ecoando naquele recinto, sem perder o brilho daquele momento, que permitiu serenar seus corações na aceitação da vontade soberana de Deus.

Passaram-se dois dias e as estreitas ruas de Roma enchiam-se com a notícia da morte da veneranda. Naquela manhã, no palácio dos Gracus, Titus e Calcurnia deixavam transparecer sua satisfação:

— Minha irmã, nada poderia ser mais oportuno. Hoje mesmo farei que a escrava seja presa.

Assim, sem perda de tempo, saíram em busca de mais informações sobre a morte de Sofia, visando pôr em prática o sombrio plano que tinham traçado.

Enquanto isso, Domenica dominava o ambiente. Após seu banho, derramava-se em sensualidade sobre Galenus, que trazendo o coração sofrido diante daquela morte, mantinha-se distante, calado e sério — como já era seu hábito — diante das palavras alucinadas daquela mulher:

— Quero que saiba que não me casarei com Octavius. Como parte do acordo que estabeleci com esses tolos Gracus, já recebi fortuna suficiente para nos mantermos ao longo de nossas vidas. Voltaremos para a Gália, concederei sua liberdade e viveremos unidos até o final dos nossos dias.

Galenus, perturbado com o que ouvia, disse:

— Não irei a lugar algum com você. Deve compreender e acatar a verdade: não tenho por você um amor que possa continuar ao seu lado até o fim dos meus dias. Prefiro feri-la agora com a verdade que viver esta mentira até a minha morte. Não suplicarei sua compreensão, mas jamais foi capaz de deixar meu coração em cativeiro.

Domenica, alucinada, lançou-se contra Galenus agressivamente:

— Cão miserável! Repudia-me? Você é minha propriedade e jamais se libertará de minhas mãos. Terá a morte, eu prometo. A morte...

O jovem, percebendo que a patrícia era dominada pela loucura, saiu sem mais nada dizer, enquanto ela, entre lágrimas, gritava alucinada pelos servos e guardas para prenderem Galenus, que se perdia na bruma triste.

Na biblioteca da residência de Sofia, Octavius e Servio Tulio estavam concluindo os relatórios do exército para que pudessem o mais breve possível receber suas baixas, acompanhados por Demetrius, que se estabeleceu naquele solar. Enquanto isso, Miriam, Lia e Anmina cuidavam dos afazeres domésticos. Então, vozes e gritos foram ouvidos. Um general chamado Justus, acompanhado por uma escolta de dez soldados, invadiu a casa:

— Venho em nome de Tiberinus. Onde está a escrava ladra de nome Lia?

Sem compreender a ocorrência, Octavius tentava, inutilmente, argumentar:

— Deve estar havendo algum engano. Aqui não há nenhuma ladra.

Sem querer ouvir, Justus parecia cego diante da ordem que recebeu: retirou da cintura um pequeno saco contendo dois colares; joias finíssimas. Exibindo-os friamente, continuou:

— Tenho permissão para matar qualquer um que tente esconder a mulher que roubou estas joias da residência dos Gracus.

Miriam, Lia, Anmina e Demetrius entraram no recinto. O general, alucinado, se aproximou de Lia e Anmina dizendo aos gritos:

— Percebo de longe a presença de delinquentes. Quem é Lia?

— Sou eu, senhor — disse ela, com serenidade.

O centurião agressivamente a segurou pelo braço, enquanto Octavius lançava-se sobre ele. Após pequeno tumulto, o filho de Sofia foi contido pelos soldados e tentava argumentar inutilmente:

— Você me conhece dos campos de batalha. Todos sabem que estas mulheres não frequentam a casa de meu avô. Como Lia poderia ter retirado essas joias de lá? Isso é impossível.

— Quando estamos em trabalho não possuímos amigos. A acusação e a ordem de prisão vieram de Tiberinus.

Escutando Justus, Lia olhou com simplicidade para Octavius e tentou tranquilizar a todos, dizendo:

— Meu querido, não se preocupe comigo. Estarei bem. Nenhuma mentira dura mais que um dia. Diante de Deus, há apenas o império do amor, da justiça e da verdade.

Justus, sem mais nada a dizer, saiu empurrando a inocente, tal qual um soldado em campo de batalha, sem respeitar o filho que ela trazia no ventre.

Servio Tulio, ao ouvir o nome do pai, não escondeu a perturbação e, junto com Octavius, seguiu em direção ao cárcere, em busca da liberdade de Lia.

No silencioso deslocamento até a sede do governo, Justus trazia uma feição de dor mesclada ao suor que orvalhava sua face. De súbito, ordenou uma pausa. Descendo lentamente do seu cavalo, pegou um pequeno recipiente que continha um fétido unguento e imediatamente tirou a armadura, como quem tentava buscar um alívio momentâneo. Lia o observou e percebeu que em seu tronco havia um foco de sangue, que acentuava sua dor e tingia sua túnica alva. Em um gesto espontâneo e humilde, ela retirou o lenço que encobria seus cabelos e se pôs a cuidar do guerreiro ferido. Aquele homem, acostumado com a rude vida do exército, jamais recebendo carinho igual se assustou:

— O que faz? Por que me auxilia? O que quer de mim?

— Nada quero além de ajudá-lo: o ferimento que carrega poderá matá-lo. Por misericórdia, me deixe interromper o sangue para que possa concluir a sua missão.

Uma brisa meiga soprou sobre aqueles filhos de Deus, fazendo que o corpo de mãe que Lia ostentava se apresentasse nítido aos olhos do oficial. Naquele instante, um inexplicável sentimento invadiu sua alma e, por mais que ele se esforçasse em manter a desconfiança em sua face, o receio se perdia e o velho soldado serenava diante de tão cândida mulher, permitindo que ela se transformasse em momentânea enfermeira:

— Fui notificado de que estaria conduzindo uma ladra qualquer ao cativeiro. Nada foi relatado quanto a estar à espera de uma criança. Diga, Octavius é o pai?

— Sim, senhor. Espero um filho de Octavius.

— Apesar da difícil situação, Octavius me é muito querido, apesar de não ter podido demonstrar quando estava em sua residência. O ferimento que trata agora poderia ter sido a minha morte se Octavius não tivesse, com toda a habilidade, salvado a minha vida. Quando meu agrupamento queria me deixar para morrer na Síria, ele me carregou sobre os ombros e me trouxe para Roma. Devo a ele respeito e confesso que estou confuso diante da ordem de sua prisão. Sou um homem rude e, por duas vezes da mesma fonte recebo dedicação de pessoas que nem conheço. Sou temido por todos e vejo que não me teme. Por quê?

— Porque creio em Deus e porque diante de mim está um homem digno e nenhuma rudeza é capaz de me fazer esquecer da vida, das virtudes eternas de bondade e coragem que carregamos em nossas almas.

— É conhecedora do Deus único; suas palavras parecem com as de Octavius. Perdoe-me, mas você não sabe o que diz. A vida é violência e morte. Veja o que eu mesmo fiz a você!

— A vida é eternidade e aprendizado. A violência e a morte são estados passageiros de nossos pensamentos e sentimentos. Creio que, quando o Messias chegar a este planeta, sobre nós recairá a chuva de justiça e amor que somente Ele será capaz de expressar.

— Consegue me perdoar mesmo tendo a arrancado de sua família?

— Sim, pois sei que somente cumpre as ordens que recebeu.

Um guarda aproximou-se e disse:

— Senhor, perdoe-me a intromissão, mas o tempo avança e nosso dever é levar a acusada para o cárcere.

Fitando Lia com um olhar compassivo, ele disse:

— Tenho de honrar meus deveres. Devemos seguir.

Apressando-se para terminar o curativo improvisado, ela concluiu com brandura:

— Sim, temos que seguir; devemos cumprir nossas missões.

Embriagado pela rápida conversa, Justus aprumava-se sobre o cavalo, enquanto a escolta seguia silenciosa sob suas ordens.

Ao chegar ao cárcere, enquanto Justus registrava o término da tarefa, um soldado encaminhou Lia até a cela onde permaneceria por dois dias, até o seu julgamento. A jovem, não suportando a agressividade das mãos do soldado, que a empurrou com severidade, caiu no chão, enquanto ouvia a porta fechar-se sobre sua liberdade. Com medo, porém sem abandonar a fé, ouviu uma sofrida voz chamá-la:

— Lia? Deus não pode ser tão bondoso.

Assustada, ela caminhou lentamente aproximando-se daquele homem totalmente ensanguentado, com ferimentos de severo açoite, tentando identificar sua face totalmente transfigurada:

— Por Deus, o que aconteceu com você, Galenus? — espontaneamente tentava acomodá-lo, limpando-lhe o sangue.

— Infelizmente, sofro as consequências de meus próprios atos. Ao confessar a Domenica que não mais viveria uma mentira ao seu lado, ela ficou alucinada e me mandou para cá, debaixo do açoite.

Buscando no ar um alívio para seu sofrimento, ele prosseguiu:

— Pelo que pude compreender, vamos ser sentenciados juntos.

— Sou acusada de furtar joias da residência dos Gracus. Até o momento, não compreendo ao certo o motivo dessa encenação. Sei que sou inocente e que isso, diante de Deus, basta. Não podemos perder a fé. Devemos ter coragem e seguir adiante.

Em seus sofrimentos, ambos consolavam-se, aguardando o julgamento.

Após os cuidados de Lia, Galenus vencia as agressões sofridas, porém, sua face apresentava severos hematomas.

O cárcere frio que os retinha mantinha-se aquecido pela conversa na qual ambos relembravam fatos de suas vidas e os sonhos de perpetuarem suas famílias. Então, a porta de ferro anunciou a chegada de alguém. Com a pouca luz disponível, Lia tentava identificar a visita inesperada. Retirando o capuz que cobria sua cabeça, Domenica trazia uma feição modificada. A beleza e os excessos haviam sido esquecidos: a sua face alterada, com traços alucinados, era digna de misericórdia. Ignorando a presença de Lia, ela seguiu em direção a Galenus, que, acorrentado, não teve sucesso em esquivar-se. Após pronunciar palavras desconexas e juras de amor, a patrícia disse:

— Relevarei todos os seus feitos. Farei com que esqueça aquela desprezível e insignificante mulher e aquele que diz ser seu filho. Partiremos e viveremos um para o outro. Você é meu, minha propriedade, e nada nem ninguém o afastará de mim. Diga uma só palavra e eu o tirarei deste cárcere fétido.

— Não poderei viver ao seu lado mentindo e fingindo. Compreenda que o que sente não é amor, mas sim amor-próprio ferido. Prefiro a morte a viver renegando Anmina e Livius, meu filho.

Encolerizada, Domenica esmurrava Galenus, que recebia a demonstração de ódio sem poder se afastar. Em um ato impensado, antes que Lia pudesse se manifestar em favor de seu amigo, Domenica, completamente fora de si, tirou de uma pequena bolsa um punhal e se lançou contra o jovem, perfurando o seu braço.

— Terá a morte, eu juro. Perseguirei a você e aos seus até o final de minha vida e, se possível, até depois de minha morte. Eu juro!

Presenciando a cena, um soldado retirou Domenica, que gritava palavras desconexas e alucinadas.

Percebendo a delicada situação do amigo, Lia se apressou em pedir unguentos aos guardas para tratar do ferimento. Na carceragem, os soldados tinham sido orientados para dar tratamento diferenciado àqueles cativos, atendendo-os prontamente. Galenus sofria resignado, enquanto Lia o tratava como uma enfermeira bondosa.

— Tenho gratidão em meu coração, pois Deus a enviou até as trevas para que me trouxesse um pouco de luz. Sinto vergonha desta cena que presenciou.

— Não se envergonhe, nosso passado é o mestre do nosso presente e não devemos ignorar os nossos erros, pois eles nos renovam a cada dia. Tenha fé para não desistirmos de viver.

E a noite avançou sobre aqueles filhos de Deus, que aguardavam mais um nascer do sol naquele momento tão encoberto pelas trevas.

CAPÍTULO 21

Desconhecido amanhã

Dois dias se passaram e, na sede do governo, no grandioso salão de mármore, nunca tantos homens públicos haviam se reunido para julgar um caso tão simples e corriqueiro. Todos encenavam, orientados por Titus, Drusus e Tiberinus, que os mantinham sob acordos e promessas de facilidades e ganhos em suas vidas pessoais. Além daqueles homens públicos, as amargas figuras de Calcurnia e Domenica estavam presentes.

Lia adentrou o recinto apoiando Galenus coberto de chagas.

Cirinus se levantou e sem nenhuma piedade leu as falsas acusações:

— Esta mulher e este homem foram acusados do roubo de dois colares pertencentes à Calcurnia, irmã de Titus.

Octavius, indignado, ouviu aquelas duras palavras e, inutilmente tentou defendê-la:

— Senhores, estou diante de homens inteligentes. Esta mulher não poderia ter retirado da casa de minha tia essas joias. Ela sequer possui livre acesso àquele solar. Como podem acusar esses inocentes? Em nenhum campo de batalha presenciei tamanha crueldade. Estamos deixando de ser humanos para sermos animais.

Após pequena agitação e infundadas acusações, Cirinus, sem se impressionar com as palavras de Octavius, e sem perder tempo leu rapidamente a sentença:

— Ambos serão chicoteados até a morte. Somente será concedida a liberdade aos pobres infelizes se Titus Gracus, com sua misericórdia, manifestar-se a favor deles. Mesmo assim, se livres, deverão partir de Roma e jamais poderão retornar. O semblante de Octavius se transformou e o desespero tomava conta dele, quando Titus se aproximou e em voz quase inaudível disse:

— Se quiser, poderá salvar a escrava.

— Diga, por misericórdia, o que terei de fazer?

— Quero que retorne ao convívio da nossa família, concedendo a continuação de meu nome com a mulher que eu escolher e a permanência no exército para exercer os ofícios a você designados, tomando a patente de general em um futuro próximo.

— É muito o que me pede. Ao certo, sua ganância há de querer muito mais do que isso.

— Sim, quero que me prometa que nunca voltará a ver a escrava e que renegará o filho que ela carrega no ventre. Assim, eu garantirei que ela suma de Roma e nunca mais o encontre.

— E Galenus, permitirá que ele parta de Roma com vida?

— Não tenho interesse algum nesse cão miserável, mas se quiser, poderei ter compaixão desse ser desprezível.

Os soldados seguravam os dois filhos de Deus, encaminhando-os ao cárcere, para a execução da sentença nas primeiras horas do dia seguinte. Octavius, com visível desespero, não hesitou e se manifestou:

— Eu aceito. Garantirá que nada acontecerá a ela, e nem ao meu filho e nem a Galenus, pois serei capaz de matá-lo sem piedade. Permitirá que partam de Roma em total segurança.

Demonstrando nítida satisfação, Titus discursou aos patrícios presentes:

— Como sou misericordioso, deixarei minha clemência recair sobre esses infelizes. Os deuses sussurram em meus ouvidos, suplicando este ato ilustre. Esta noite, os seres desprezíveis deverão se ausentar de Roma e nunca mais poderão pisar aqui. Quanto a você, meu neto, ficará sob a guarda destes homens — nisto, o general apontou dois dos seus soldados — para que não cometa nenhum ato impensado.

Lia, assustada, olhou para Octavius sem compreender as ocorrências. Justus, com disciplina militar, percebeu os fatos e se colocou no lugar do soldado que segurava o braço da escrava, retirando-a, juntamente com Galenus em direção ao cárcere.

Aquele alegórico agrupamento foi desfeito, enquanto Octavius e Servio Tulio foram conduzidos para o salão ao lado. Sem percebê-los, Drusus e Tiberinus mantinham-se em conversa, alheios à presença dos jovens soldados:

— Tudo está preparado de acordo com os nossos planos — disse Tiberinus, com satisfação. — Hoje à noite uma caravana será organizada sob a liderança de Justus, que conduzirá Lia e Galenus para fora desta cidade. Titus, com sua astúcia, ofereceu bom dinheiro a dois soldados dessa escolta para que executem os escravos.

— E Justus? — perguntou Drusus. — Ele sabe dos nossos objetivos? O que faremos com ele? Não devemos nos expor. Não poderemos cometer nenhuma falha.

— Não se preocupe! Eu já me encarreguei deste assunto. Ele nem sequer desconfia. É um soldado e vive sob o orgulho de um código de honra e honestidade que não existe para nós. Eu mesmo o eliminarei. Assim, nada poderá sair errado.

— Titus ficará feliz. Acabarão os problemas de sua família.

Drusus saiu rindo, enquanto Tiberinus foi surpreendido pela presença do filho e de Octavius, que imediatamente disse:

217

— Não posso acreditar que tudo isso tenha sido uma armação de meu avô, de Drusus e sua. Em respeito a Servio, nada farei a não ser desprezá-lo pelo resto de meus dias.

Octavius, acompanhado dos dois soldados, deixou o recinto, enquanto Servio Tulio secava uma lágrima tímida:

— Meu pai, envergonho-me do que acabo de ouvir. Jamais julguei um ato seu, mas agora me parece um estranho e, sobretudo, um verdugo. É sanguinário e egoísta, jamais foi meu amigo, sempre me repudiou devido à deformidade que carrego. Encontrei amigos nessa família que, com seu amigo, mandou para a morte.

— Cale-se, filho ingrato. Fiz tudo isso para garantir o nosso futuro e a sua permanência no exército. Sempre foi um fraco, apesar de todo o meu esforço por torná-lo um homem. Após esta noite, quando eu acabar com a vida de Justus, assumirá o lugar do centurião e aí terei orgulho de você, como Titus tem de Octavius.

— Não quero o lugar de Justus, assim como não permitirei que nada de mal aconteça à família de Octavius. Prometo que, enquanto eu viver; estarei ao lado deles, protegendo-os como se fossem meu sangue. É cruel, e sua crueldade será reservada somente para os seus devaneios. Quanto ao que sinto por você, não seria diferente da piedade que tenho por sua alma insana.

— Ofereci a você tudo o que de melhor um pai pode oferecer a um filho e agora me acusa de insano? De hoje em diante nada terá de mim, e não ouse me chamar de pai. Sairá de minha casa levando somente o que possui agora em seu corpo, e nada mais. Se assim prefere, nada mais tem a fazer perto de mim. De agora em diante não será mais meu filho.

Com violência, Tiberinus esbofeteou o filho e deixou o recinto pisando duro. Octavius, ouvindo a conversa da sala ao lado, retornou atônito, a tempo de ver o patrício sair. Servio Tulio, ajoelhado como quem recebeu um golpe no peito, olha para o amigo e confirma as intenções do pai, de Titus e de Drusus, e então deixa as lágrimas caírem, tal qual um menino. O neto do general com precisão, disse:

— Meu amigo, nada poderei fazer fora deste edifício, pois estou sendo vigiado. Peço que comunique a Miriam e a Demetrius todas as ocorrências. Diga-lhes que preparem tudo o que puderem, pois hoje nós iremos embora de Roma. Não partirei sem minha família, inclusive Almerio, Anmina e Livius se ficarem, morrerão. Em memória de minha mãe, a nossa história familiar não terminará nas mãos de meu avô. Não posso agora agir movido pelos meus sentimentos; devo agir e pensar como um soldado.

— Para onde pretende ir? — perguntou Servio com interesse.

— Iremos para a Grécia, terra de Miriam e Demetrius. Enquanto você seguirá para ajustar os detalhes da viagem com os demais, eu falarei com Justus, pois ele foi meu amigo nos campos de batalha e agora suplicarei o auxílio dele.

— Irei o mais breve possível, porém me permita partir com vocês.

— Não compreendo. Quer seguir conosco? Sabe das limitações e dificuldades que enfrentaremos nessa difícil viagem? E seu pai, não teme alguma represália?

— Nada mais tenho a fazer nestas paragens. Suplico que permita que eu siga com você. Sem impedir as lágrimas que lhe lavaram a face, continuou: — Tenho consciência das limitações e dificuldades impostas quando estamos dispostos a recomeçar. Sou um soldado. Peço que não olhe para mim como se eu fosse um reflexo da mente ensandecida de meu pai, mesmo tendo ouvido as suas palavras duras. Não estou fugindo, mas sim buscando iniciar uma nova vida.

— Como poderia dizer não? Iremos todos.

Em rápida despedida, Servio Tulio abraçou o amigo e seguiu para encontrar Miriam e Demetrius.

Em um pequeno compartimento na sede do governo, Justus apresentava-se forte. Como por encanto, a ferida que ulcerava seu corpo estava praticamente curada, após o limitado auxílio que Lia havia lhe oferecido. Octavius, livrando-se astutamente dos soldados que o vigiavam, adentrou a sala sem ser anunciado:

— Perdoe-me o infortúnio, mas venho diante de você implorar auxílio. Bem sabe das ocorrências recentes.

— O que quer de mim? Titus foi misericordioso e concedeu a vida aos condenados. Não sei em que posso ser útil.

— Tudo que presenciou foi uma encenação de meu avô. Hoje ele executará Lia e Galenus.

— O que diz? Não pode ser possível! Eu mesmo fui designado para conduzi-los em segurança para fora de Roma. Desconheço este mórbido plano.

— Acredite em mim, por misericórdia. Após a execução de Lia e Galenus, você também será morto. Quero a sua ajuda para que possa levar minha família para bem longe daqui — com visível preocupação, continuou. — Além do mais, Lia carrega um filho meu.

O centurião levantou-se e, com a mão direita no queixo, caminhou pensativo. Minutos depois, disse:

— Não consigo compreender, mas a sua história me atordoa. Apesar de minha espada marcada pelo sangue que derramei um dia, fui treinado para defender as leis justas e não a insanidade egoísta de homens sem escrúpulos.

Fez uma breve pausa para respirar e continuou:

— Terá meu auxílio, mesmo consciente de que serei sentenciado por isso. Salvou minha vida, sempre admirei seus feitos e isso é o mínimo que posso fazer.

Ajustando a armadura, como quem se prepara para sair, concluiu:

— Me aguarde logo mais nas proximidades. É um soldado e ao certo não terá problema em livrar-se desses guardas que o escoltam. Eu mesmo farei que Lia e o escravo sejam salvos. Contratarei alguns infelizes que conheço e eles, ao meu sinal, renderão os homens que estarão comigo, e assim simularemos um assalto comum.

— Serei grato a você por toda minha vida.

Dito isso, despediram-se.

A noite avançava. Com uma escolta de três guardas desconhecidos, Justus buscou Lia e Galenus para conduzi-los até o porto.

O caminho era agraciado pela luz lunar. Justus, com astúcia militar, agiu de acordo com o planejado. De súbito, um grupo de quatro homens aproximou-se, rendendo os soldados, inclusive aqueles contratados por Titus: sem esperar tal surpresa, eles caíram desacordados. Imediatamente, Octavius, Demetrius e Servio se fizeram presentes. Octavius abraçou Lia com ternura, ao que ela retribuiu calorosamente.

Então, outro agrupamento aproximou-se e Justus, com destreza, temendo alguma represália, ordenou:

— Escondam-se entre aqueles arbustos até que eu consiga dispersá-los.

Obedecendo, aqueles homens mantinham-se escondidos.

O novo grupo parou e Tiberinus desceu da montaria, interrogando Justus:

— Tinha uma missão. Cumpriu com precisão?

— Senhor, fomos atacados por marginais e os homens que seguiam comigo estão desfalecidos. Os marginais executaram os dois escravos, quando tentavam fugir. Seus corpos foram lançados no rio. Consegui, com muito esforço, manter-me vivo.

221

Acreditando que a história relatada abrandaria aquele homem, Justus não percebeu que Tiberinus continuava disposto a matá-lo. Sem dizer qualquer palavra, com frieza e rapidez, o magistrado retirou um punhal da cintura e se atirou contra o soldado, ferindo-lhe o abdome antes que pudesse se defender. Não suportando o inesperado golpe, Justus caiu ensanguentado. O patrício saiu rapidamente para evitar quaisquer suspeitas contra seu nome.

Observando a cena, Servio Tulio demonstrava repentina cólera contra seu pai, mas foi contido por Octavius até que Tiberinus desaparecesse na noite. Após estarem certos de que todos os perigos haviam passado, se aproximaram de Justus, que ainda estava vivo, embora gravemente ferido. Servio chorava, envergonhado pelos atos do pai:

— Não poderemos deixá-lo aqui. Eu mesmo o carregarei em meus braços. É o mínimo que posso fazer para limpar a honra de meu pai.

— Nossa viagem será difícil — disse Octavius. — Nosso agrupamento sofrerá privações de todas as espécies. Miriam e Almerio carregam o peso da idade avançada. Galenus e Justus estão feridos. Lia está à espera de um filho. Anmina leva o pequeno Livius.

Demetrius, interrompendo as observações de Octavius, repousou a mão no ombro do patrício e disse estimulando:

— Esqueceu-se de mim: também estou envelhecido, mas o asseguro de que chegaremos ao nosso destino no tempo certo. Mesmo que essa viagem demore, chegaremos aonde Deus nos encaminha. Sigamos, pois Miriam e Almerio nos aguardam.

Dispostos a vencer a longa viagem que não duraria menos que um mês, entre privações e medo, seguiram confiantes para os braços da Grécia, deixando para trás a grande mãe Roma, que guardava todos os fatos de suas vidas e todos os sonhos não realizados em seus corações.

Acreditando que havia eliminado Justus, Tiberinus encaminhou-se diretamente à residência de Titus para relatar-lhe as ocorrências:

— Tudo feito como planejou. Justus está morto.

O general, alheio à fuga do neto, brindava o êxito, sem saber que Octavius o havia abandonado de vez:

— Agora, diga: onde está meu neto?

Tiberinus engasgando-se com o vinho disse:

— Ninguém sabe de seu paradeiro, assim como ninguém sabe de meu filho.

Titus, com os olhos avermelhados, ordenou aos gritos a presença do chefe da guarda e determinou:

— Coloque todos os homens que forem necessários e ache meu neto. Que vasculhem cada vilarejo, que matem quem omitir uma informação, mas o tragam de volta para que eu mesmo o execute.

O chefe saiu para organizar a expedição, enquanto os dois patrícios mantinham-se em planos frios e hostis, envolvidos pelo ódio que transbordava de seus corações infelizes.

CAPÍTULO 22

Do reencontro e do iluminado nascimento

A viagem foi difícil e demorada. Privações de diversas naturezas abraçaram aqueles heróis, que venceram os dias sem luzes, obrigados a continuar sempre, com coragem e paciência.

Os homens traziam uma feição envelhecida pelas barbas que encobriam seus rostos. Os convalescentes, martirizados pelo sacrifício, seguiam entre a vida e a morte. Livius, frágil, exigia extremos cuidados da mãe. A velhice limitava a ação, enquanto a criança no ventre de Lia crescia aconchegada pelo carinho de Octavius, que a todo o momento demonstrava a satisfação e o orgulho pelo filho esperado. Somente a coragem vencia o medo e em silêncio eles lutavam contra a vontade de reclamar.

Assim, a embarcação seguia. Nos olhos, o brilho daqueles que levam um único objetivo, um único sonho. No coração, a esperança de viver um pouco de paz, coroada pelo amor que os unia.

Certa manhã, a embarcação humilde aportou na Grécia, entregando aqueles homens e mulheres aos seus destinos.

No convés, Miriam fixava o horizonte e cada onda do mar. Seus olhos fechavam como os de quem mergulha no fundo da alma, vasculhando no passado as recordações felizes de um tempo que não volta mais.

225

Com sua voz forte ordenando o desembarque, Octavius despertou a nobre mulher de seus sonhos:

— Vamos, chegamos! Quero acomodar todos rapidamente, pois estamos exaustos.

— Sim, meu filho. O tempo parece que retornou às minhas mãos. Infelizmente, não posso dizer que estou igual ao dia em que parti daqui, pois ninguém fica detido no tempo. Confesso que retorno melhor do que um dia fui. Parti sozinha e conheci Tacitus, irmão de meu coração. Agora volto trazendo comigo uma família.

Quando a ordem para desembarcar foi efetivamente lançada ao ar, aquele agrupamento pôs-se a descer. Servio saiu em busca de um transporte, pois ainda estavam a um dia de marcha do destino final. Enquanto isso, os demais assistiam respeitosamente à atitude de Miriam.

A velha serva se ajoelhou humildemente nas areias quentes em profunda meditação, emocionada. O ir e vir das ondas do mar brincavam com ela, como se reconhecessem alguém muito amado, que retornava após muito tempo de ausência e, majestosamente, saudavam aquela mulher depois de tantos anos.

Miriam chorava e enchia as mãos envelhecidas com a areia molhada, como se elas fossem capazes de abraçá-la ou de trazer de volta quem um dia amou com todas as forças de sua alma, um amor que se vive somente uma vez.

Servio retornou com um carroção e Demetrius, compreendendo o gesto de Miriam, disse:

— Compreendo sua emoção, mas devemos seguir: eu também tenho um passado a conhecer.

Com bondade segurou seus braços acolhendo-a com amor. Terminava a tarde quando avistaram ao longe um casebre humilde, recoberto de paz e luz. As luminárias simples, distribuídas harmoniosamente, haviam sido acendidas há pouco.

Miriam, Demetrius, Octavius e Servio desceram da embarcação na tentativa de encontrar alguém que residisse naquele lugar. Observando a varanda, depararam com um leito fixo, como se fosse utilizado com frequência. Antes de baterem à porta, Miriam disse:

— Não há ninguém em casa. Olhem para o céu. É hora de descermos a colina para esperarmos as embarcações pesqueiras.

Todos obedeceram silenciosamente, enquanto a veneranda e Demetrius iniciavam a lenta descida em direção ao mar. Servio, com respeito, disse:

— Octavius, vá com eles. Permanecerei aqui com os demais e os manterei acomodados na varanda até seu retorno.

Assim, os dois homens apoiavam Miriam no sofrido declive, quando ela avistou uma velha mulher sentada em um tronco de árvore, como quem aguarda alguém. Octavius e Demetrius observavam Miriam aproximar-se sem ser vista. Suas pernas mal conduziam seus passos. Com brandura, ela colocou a mão no ombro daquela mulher:

— Hannah! Minha querida Hannah...

A mulher virou-se e não foi capaz de esconder o susto e a felicidade — como uma criança, saltou num abraço afetuoso, entre gritos alegres:

— Miriam, por Deus, acreditei que estivesse morta. Que os céus a saúdem. Cimiotis não acreditará no seu retorno.

Hannah apontou para o mar: uma embarcação singela lutava contra as ondas e os pássaros que sobrevoavam os peixes frescos. Apresentando as marcas do tempo, Cimiotis saltou do barco, seguido de um jovem chamado Julius, que compartilhava com ele o humilde ofício da pesca. Ambos puxavam o barco para a praia, auxiliados por outros pescadores que assim lhes demonstravam amizade e apreço. Hannah correu para eles, segurando a mão de Miriam:

— Meu querido, Deus não se esqueceu de nós! Nossa Miriam voltou, voltou.

Cimiotis, certificando-se de que o barco estava firme na areia, largou as cordas e, assustado, estendeu os braços em direção à cunhada:

— Não pode ser possível o que vejo! Minha cunhada, nossa menina. Deus é misericordioso. Quais os ventos que a trouxeram para cá? Após tantos anos, quisera eu ter meu irmão aqui para saudar tão precioso retorno. Recordo-me de ambas jovens, aguardando nossa chegada do mar, com nosso filhinho, neste mesmo lugar. Ah! Recordações que o tempo não foi e nem será capaz de roubar de minha alma.

Octavius, ao lado de Demetrius, assistia a tudo. Miriam respirando profundamente, buscou o ex-gladiador pelo braço e o apresentou:

— Meu cunhado, minha cunhada: seu filhinho está aqui. Hoje é um homem que retorna aos seus braços.

Cimiotis, banhado em lágrimas, retirou o turbante que escondia seus cabelos brancos dos impiedosos raios do sol ardente. Aproximava-se lentamente, na tentativa de reconhecê-lo:

— Perdoe-me, mas nosso Demetrius morreu naquela noite, quando sob as ordens do general Titus, Horacio recebeu a sentença de morte e você, o brasão do cativeiro. Como pode este homem ser nosso filho?

— Quando parti, deixei a promessa de retornar. Passei todos esses anos acreditando na morte de Demetrius, até que um dia, há pouco tempo, Titus nos revelou que o nosso pequeno havia sido entregue para ser treinado e se tornar um gladiador. Deus, em Sua bondade, fez que eu o conhecesse jovem, cheio de vida. Ele está aqui, e creiam, terão orgulho de seus feitos: ele é um homem digno e um verdadeiro filho de Deus.

Demetrius escondia a face marcada entre as mãos, sem conseguir conter as lágrimas convulsionadas que desciam como um ribeirão que busca o caminho do mar. Hannah segurou suas mãos carinhosamente, beijando-as com ternura. A emoção era conselheira daquele casal. Cimiotis, sem mais perguntas, disse:

— Meu filho, seja bem-vindo ao seu lar e à sua família.

— São nobres demais e ao certo não terão orgulho de meu passado marcado.

— O passado não importa: é nosso filho, um pedaço vivo de nosso amor e de nossos corações.

Entre abraços emocionados, mãe, pai e filho registravam em seus corações o encontro amoroso. Ao longe, todos assistiam à cena. Julius, interrompendo aquelas demonstrações de amor, segurou Pompilius nos braços, o acomodou em um assento improvisado que iria servir de apoio até o casebre na colina. Com a feição escondida atrás de longa barba e de tez dourada, Pompilius arriscou uma frase ao ver Miriam:

— Ora, ora! Minha mãezinha do coração não reconhece o filho do passado, que não a saúda em pé, mas a honra, louvando o Senhor pelo seu retorno?

Miriam ouviu as palavras de Pompilius, aproximou-se e se ajoelhou diante dele:

— Pompilius, está vivo. Seu próprio pai havia dito que estava morto. Deus! Por que Titus não permitiu que fosse feliz ao lado de Sofia? Ela viveu seus dias sustentada pelas recordações dos momentos em que viveram a plena felicidade.

— Diga, onde está minha Sofia?

— Infelizmente, está morta.

Diante da dor que atravessava o peito de Pompilius, Miriam se levantou e silenciosamente buscou Octavius pelo braço:

— Não pude trazer sua esposa, mas aqui está seu filho.

Octavius, sem compreender completamente, se ajoelhou respeitosamente diante do pai, que segurou suas mãos. Ambos se reconheciam e firmavam suas afeições, abraçando-se.

— Pai! Meu pai que somente conheci pelas palavras doces de minha mãe. O que aconteceu com você? Por que está sem poder andar?

— Minha história é longa, assim como a de vocês deve ser. De agora em diante, teremos muito tempo para conversarmos sobre nossas vidas.

Octavius, Demetrius e Julius carregavam Pompilius, enquanto Hannah e Cimiotis seguiam em direção ao humilde casebre escutando as histórias de Miriam com atenção e pesar. Ao chegarem, após as rápidas apresentações, todos foram acomodados. A partir daquele momento, aqueles filhos de Deus seriam uma só família.

Noventa dias se passaram. Galenus, já recuperado, juntamente com Octavius e Servio Tulio, aprendiam com Pompilius o ofício de oleiro na oficina construída por Cimiotis para que o patrício pudesse trabalhar sem que as limitações de suas pernas interrompessem a caminhada de sua vida. Demetrius acompanhava Cimiotis na pesca, enquanto Justus, ainda convalescente, ia se recuperando do ferimento sob os cuidados de Miriam.

Naquela manhã, todos haviam saído para suas tarefas, apenas as mulheres permaneciam em casa, com seus afazeres, acompanhadas do velho Almerio. Sustentando-se com um cajado, ele se mantinha em bom ânimo e as acompanhava na dedicação ao pequeno Livius.

Lia prestes a dar à luz o seu filho, não havia parado de trabalhar. Após ter recolhido alguns frutos silvestres, ela vinha caminhando lentamente quando, perto da varanda, deixou o cesto cair de suas mãos. Anmina, vendo o sofrimento da amiga, correu para auxiliá-la:

— Minha querida, chegou sua hora. Vamos! Não tema; o seu filhinho quer ver a luz do dia.

Com dificuldade, Lia caminhou em direção ao leito, sem permitir que as dores apagassem a paz que delineava sua face branda.

A notícia da chegada do filho de Octavius e de Lia se fez conhecida por todos — até por Cimiotis, que ainda não havia lançado a embarcação ao mar e, assim sendo, retornou. Octavius, muito nervoso, era acalmado pelo pai e por Demetrius, enquanto Miriam, Hannah e Anmina se revezavam para auxiliar Almerio, que habilmente cuidava da jovem. Ela se mantinha serena, apesar da intensa dor.

O ambiente era inundado por um perfume singular, fazendo que Lia suportasse o padecimento com resignação. Por fim, seu filho a presenteou com um nascimento rápido e fácil, abreviando o sofrimento daquela mãe.

O recinto foi invadido por um choro fino, anunciando a chegada da nobreza dos céus à escola do planeta, coroando aqueles corações com a doce figura daquele filho de Deus. Octavius, sem conter-se, invadiu o aposento e correu para abraçar Lia:

— Como está? Que Deus abençoe este momento.

— Estou bem, muito bem.

Miriam, sorrindo, segurava a pequena criança entre os panos alvos. Com orgulho, acomodou-a nos braços desajeitados de Octavius:

— Deus me concedeu a oportunidade de ver duas gerações passarem pelas minhas mãos. Eis seu filhinho.

E Octavius, orgulhoso, apresentava o menino a todos. Acalentando o filho, ele sentou-se ao lado de Lia. Emocionada e visivelmente cansada, a nova mãe secou as lágrimas de Octavius e disse carinhosamente:

— Quero pedir algo. Quero que nosso filho receba o nome de Apolonius Copernicus.

— Seja feita sua vontade.

E, dizendo assim, começou a orar:

— Senhor, eterno das verdades e das luzes, a quem ainda não somos capazes de compreender. Sem nada termos pedido, acomodou nossos corações fatigados em Suas mãos quando estivemos distantes de Seu amor e dos Seus ensinamentos, padecendo amargos prazeres. Somente lágrimas e sofrimentos foram capazes de ajustar os nossos passos e nossos destinos. Somos Seus filhos, mas ainda necessitamos transformar nossas vidas em caminhos conscientes que nos levarão até Seu coração. Vivemos nossas histórias entre lutas e desenganos, mas Sua luz sempre foi presente entre nós. Somos gratos pela Sua bondade e seremos Seus servos até os últimos dias de nossas vidas.

No invisível, as lágrimas de Horacio e Áurea banhavam a todos, entre as bênçãos dos céus e a beleza do retorno de Jeremias ao planeta, na roupagem humilde de Apolonius Copernicus.

Enquanto a felicidade abençoava aqueles filhos de Deus, na residência de Titus, naquela mesma noite, Calcurnia e Drusus, sentados em um divã, planejavam uma festa para o dia seguinte. Súbito, Domenica, totalmente alucinada, dizendo palavras desconexas se aproximou com um cálice de vinho:

— Queridos titia e titio! — disse com ironia. — Trouxe vinho.

— Minha querida, está convalescente e mesmo assim se preocupa conosco — disse Calcurnia, sem ousar contrariá-la e já tentando livrar-se da jovem. — Creio que deva descansar. Após todas aquelas ocorrências, creio que o melhor para você é voltar à Gália.

— Se não fossem você e meu tio, eu estaria ao lado de meu Galenus. A vida sempre será responsável pelas nossas vinganças. Se a vida não for capaz disso, eu mesma farei com que ambos sejam sepultados e devidamente esquecidos.

A jovem saiu e o casal, sem dar importância às suas palavras, prosseguiu a conversa que vinha mantendo, recolhendo-se em seguida.

Já noite alta, Domenica espreitava Calcurnia e Drusus. Quando se certificou de que eles haviam adormecido profundamente, entrou no aposento e com a habilidade de quem conhece os animais ferozes que eram seu divertimento, abriu, na proximidade do leito, um cesto com três serpentes venenosas. Cuidadosamente, permitiu que as víboras deslizassem sobre os corpos adormecidos.

Calcurnia moveu-se inconscientemente e, em um gesto espontâneo, confrontou-se com as suas temporárias inimigas que, sentindo-se ameaçadas, atacaram a patrícia, que sentiu imediatamente as picadas, despertando de pronto. Na sequência, Drusus, acuado, sem conseguir tempo suficiente para se livrar daquela situação, teve a mesma sorte de sua amante.

Sem que ninguém percebesse sua presença, a sobrinha de Drusus, aguardando pacientemente o momento justo, assistiu às picadas fatais, demonstrando alucinada satisfação.

Após seu feito, Domenica foi para o salão e, junto à fera que mantinha como animal de estimação, tomou um veneno misturado ao vinho.

Horas mais tarde, aqueles três filhos de Deus foram abraçados pela morte. Livres de seus corpos físicos, não perceberam a presença de Áurea, Tacitus e Horacio, que bondosamente colocavam-se à disposição para ajudá-los na difícil luta de transpor os obstáculos do túmulo até a vida eterna. Entre injúrias, reclamações e total apego aos corpos inertes, entre culpas e egoísmos, tios e sobrinha continuavam sua recíproca perseguição.

Pela manhã, uma serva foi aos aposentos e encontrou o casal imóvel e, em seguida, o corpo de Domenica. Aos gritos, acordou Titus. O general, observando-os, ordenou que fossem preparados para o sepultamento.

Após o sepultamento, Titus, ao lado de Tiberinus, recebia os pesares dos patrícios. Entre um cumprimento e outro, um general chamado Sétimo Centurus, alardeando falsos sentimentos e se aproveitando do momento, se aproximou do general e disse:

— Diante desse quadro tão triste, trago-lhe boas-novas: minha legião encontrou seu neto.

A feição de Titus transfigurou-se em ódio latente. Toda a encenação de sofrimento pelas mortes de Calcurnia, Drusus e Domenica desapareceu e seus propósitos voltaram-se imediatamente para Octavius:

— Deixemos esse sentimentalismo para depois. Onde está aquele ingrato?

— Minha legião estava na Grécia, em missão sigilosa. Para minha surpresa, encontrei seu neto e Servio Tulio. Ambos trajavam vestes simples e circulavam pelo comércio. A vida possui suas ironias. Octavius, apesar da juventude, é um homem brilhante e respeitado por todos que com ele compartilharam seus dias de apogeu no exército. Um exemplo de justiça e amizade em um meio tão frio e egoísta. Sei que o general não irá se esquecer de mim depois desta preciosa informação.

— Tenha certeza de que não me esquecerei de você — disse Titus, com os olhos rajados de ira. — Não perderei mais tempo por aqui. Organize uma legião e a prepare para a guerra sob meu comando. Vamos destruir a aldeia em que meu neto está. Não quero escravos e não quero nada além da morte de todo o lugarejo. Fecharemos o porto e mataremos, em especial, um grupo de aldeões pescadores pertencentes à casta de Miriam. Não sobrará mais ninguém da linhagem de Áurea para me desafiar. Darei um fim a essa família. Viverei somente para massacrá-la.

O general saiu sem nada dizer. No dia seguinte, sob as ordens de Titus, a legião pôs-se em marcha. Nas embarcações de guerra, alheios aos reais objetivos daquela expedição, levavam armamento para conquistar uma enorme porção de terra e alargar as extensas fronteiras de Roma. Não tinham a consciência de que estariam enfrentando um agrupamento de inocentes submetidos à vingança pessoal e cruel de um homem distante da lucidez.

Duas noites antes da chegada dos soldados, Pompilius, Demetrius, Octavius, Servio e Justus estavam na varanda, conversando animadamente. Apesar de presente, Demetrius parecia distante. Octavius, observando o amigo, descansou a mão sobre seu ombro e disse:

— Meu amigo, percebo que está apreensivo. Podemos saber o motivo?

— Sinto que o vento sopra trazendo o canto de soldados que seguem para a guerra.

— Ora! Estamos em paz e jamais vivemos momentos tão serenos. Não se exceda nesses pensamentos.

— Talvez esteja certo. Estou envelhecendo e essa doença que ancorou em meu peito faz que meu coração bata fora do ritmo.

Pensativo, continuou:

— Sabemos que Titus não descansará enquanto não nos encontrar. Devemos estar vigilantes, sem subestimar os sentimentos de vingança que habitam o coração de seu avô. Não devemos acreditar que somente esta paz nos basta. Não devemos acomodar nossas almas neste porto de aparente calmaria. O bom soldado sabe estar atento, mesmo longe dos campos de batalha.

Lia, carinhosamente, ajeitava o filho nos braços de Octavius, que o sustentava como quem ampara a mais preciosa joia. Olhando para o rosto do pequeno, disse:

— Tem razão. Estou sendo negligente e deixando o coração negar os sinais da razão. Meu avô jamais me perdoará. Não podemos esquecer que esta região é conhecida por ele. A qualquer momento poderemos ser surpreendidos por suas legiões.

— Meu filho, então devemos proteger Lia, Anmina e as crianças — disse Pompilius. — Não podemos duvidar da vontade e dos atos de meu pai. Por mais que tenhamos fé, devemos nos lembrar de que fomos soldados, que conhecemos estratégias guerreiras.

— Sim, meu pai! Estava me esquecendo das estratégias do exército. Se conhecemos o inimigo, não devemos supor sua mansuetude. Haverá aqui um lugar seguro? Pelo que sei, meu avô explorou todas as partes desta ilha.

— Nem todas! — disse Cimiotis aproximando-se animado. — Esqueceu que sou nativo deste lugar, e pescador? Muito próximo daqui, há um lugar, uma pequena ilha onde nós pescadores aportamos quando a noite chega de súbito, trazendo tempestades. Lá, elas ficarão seguras e com todo o necessário para a sobrevivência.

— Então, logo nas primeiras horas do dia, elas seguirão com as crianças. Galenus ficará com elas até que tenhamos a certeza de que tudo está bem — disse Octavius. — Além do mais, quero que Demetrius fique lá também, descansando. Ele vem sendo castigado pela saúde oscilante.

Todos os presentes acataram aquelas decisões. Após breve despedida, deixaram Octavius, Lia e o filho juntos:

— Meu querido, se fosse hoje chamada aos braços da morte, morreria feliz.

— Não fale em morte. Viveremos juntos e veremos nosso filho crescer com felicidade.

— Jurei amor eterno e, aconteça o que acontecer, por toda a eternidade levarei você comigo. Suplico somente que não se esqueça de Apolonius e de sua fé em nosso Deus.

— Estará comigo e eu estarei com meu filho, mesmo que por algum motivo a vida me obrigue a viver ao seu lado sem saber que ele é meu filho. Eu saberei olhar em seus olhos e reconhecerei o mais valioso fruto do nosso amor.

Octavius segurou o filho e abraçou Lia, jurando união eterna, sonhando uma vida de paz que existia somente nos portais de seus corações apaixonados.

De acordo com as decisões da véspera, aos primeiros raios do sol todos estavam se despedindo, prontos para partir. Miriam, com o pequeno Apolonius nos braços, se encaminhou em direção a Demetrius, beijou sua fronte envelhecida e lentamente se aproximou de Lia, que se encontrava abraçada a Octavius. Não sendo capaz de conter a lágrima que orvalhava sua face, disse:

— Minha filhinha, aqui nos despedimos, porém creio que a eternidade não vai nos separar. Se Deus permitir, estarei com você quando as lágrimas insistirem em banhar seu coração. Eis seu filho abençoado.

— Agradeço a Deus ter podido conviver com duas mães. Quero ser para meu filho o que você foi para mim. Levarei seu semblante comigo aonde quer que eu vá.

Aqueles filhos de Deus embarcaram sob o comando de Julius e assim o barco se perdeu no horizonte.

Na tarde seguinte, após a partida de Lia e Anmina, a vila pacífica foi tomada de pavor pela chegada dos soldados, que desembarcavam com ordem de matar todos que não fossem capazes de informar sobre a família de Miriam.

Sem demora, Titus descobriu o casebre humilde e encontrou Miriam, Hannah e Almerio envolvidos nos afazeres diários. Sob as ordens do general, eles foram arrastados para fora e amarrados em um tronco. Tudo o que se ouvia era a fria voz de Titus:

— Não quero que morram. Quero meu neto vivo, para que ele veja morrer a escrava Lia diante de seus olhos. Digam-me: onde estão?

O silêncio era a resposta para sua pergunta. Cheio de cólera, ordenou ao soldado que os açoitasse. O severo chicote era acompanhado pelo vento, que cantava ao som do gemido tímido que, de vez em vez, era emitido pelos lábios envelhecidos daqueles três filhos de Deus.

Ao longe, revoltado, Cimiotis assistia a tudo, e era contido pelos braços de Julius. Enquanto isso, Justus pensava em algum modo de salvá-los:

— Acalme-se, homem. Sei o quanto é difícil assistirmos a essa demonstração de horror, mas devemos manter o equilíbrio para que possamos salvar os demais.

— Tem razão, mas o que fazer?

Após alguns instantes, Justus respondeu:

— Se encharcássemos de sangue algumas túnicas e disséssemos que Lia e o filho, Anmina, Galenus e Livius foram mortos?

— Que Deus nos perdoe a história criada, mas não vejo outra saída.

— Enquanto enfrentamos o general — disse Justus, com astúcia militar —, Julius conta a Galenus o que está acontecendo.

Julius saiu sem nada dizer. Cimiotis e Justus aproximaram-se do casebre, trazendo nas mãos algumas roupas com sangue de animais, alardeando sofrimento. O esposo de Hannah, com ingenuidade, disse:

— Por Deus, os lobos mataram as duas escravas e seus filhos, assim como a Galenus.

Octavius e Servio correram para tomar conhecimento daqueles feitos, enquanto Pompilius mantinha-se na pequena olaria.

Sem tempo para descobrir a verdade, Octavius ouviu as palavras de Cimiotis e aceitou-as. Com lágrimas mescladas a uma fúria incontrolável, o neto do general colocou-se em confronto com os soldados, sendo contido por cinco homens, enquanto outros três soldados repetiam o gesto com Servio Tulio. Um legionário preparava-se para executar Miriam quando Titus fez-se ouvir:

— Espere! O próprio destino já está se encarregando dessa mísera serva, porém, meu neto, eu o sentencio a viver carregando na alma esta cena. Sua punição será presenciar a morte desses cães miseráveis. — Com frieza, o velho patrício ordenou: — Matem a todos lentamente.

Os dois jovens nada podiam fazer, pois os soldados os mantinham sob controle. Acostumados com os campos de guerra assistiam à morte lenta de Miriam, Hannah, Cimiotis, Justus e Almerio que recebiam a sentença com dignidade.

Um a um, eles caíam ensanguentados. Tocados por uma luminosidade intensa e negando-se aos gemidos de dor, suas feições sustentavam o sorriso daqueles que morrem tendo concluído sua missão. Titus, olhando, para o neto, disse:

— Queria eu matá-lo, mas somente isso — com um gesto apontou os moribundos — bastará como minha vingança.

Diante daquele quadro de horror, Octavius sofria em silêncio.

Titus saiu em busca de mais alguém, vasculhou cada recinto. Após destruir o pequeno casebre, dirigiu-se à olaria. Parado no portal viu um homem sentado de costas, dando acabamento a um vaso.

Sem pensar, o general retirou um punhal da cintura e lançou vários golpes consecutivos sobre as costas daquele filho de Deus que, sem conseguir pronunciar uma palavra, desfaleceu sobre os jarros que caíram no chão.

Octavius, após severa luta com um soldado, livrou-se e correu para a olaria. Ao chegar, Titus limpava o punhal. Então o jovem ajoelhou-se e segurou o corpo inerte em seus braços:

— Pai! Meu pai, não me deixe neste momento de tamanha aflição. Titus ouvindo o neto, disse:

— O que diz? Seu pai está morto há anos. Adotou um miserável pescador ou oleiro para substituí-lo?

Octavius chorando convulsivamente, lentamente retirou o turbante e mostrou o rosto de Pompilius, que mesmo envelhecido, trazia bem definidas as feições patrícias da juventude.

— Ele é meu pai Pompilius, seu filho!

Dando-se conta do que tinha feito, Titus ficou perturbado. O desespero invadiu sua alma e, repleto de remorso, correu até o local onde estavam estendidos os demais.

Vociferando palavras desconexas, ordenou a retirada, assim como a prisão do neto e de Servio Tulio. Com isso, a legião partiu, deixando para trás o silêncio e o rastro de tristeza.

Enquanto acontecia aquela guerra particular, Julius, completamente amedrontado, não conseguiu cumprir de imediato as ordens de Justus e manteve-se escondido até a partida do general. Então, saiu de seu esconderijo temporário e caminhou pelo vilarejo, ouvindo histórias e boatos diversos que diziam que Octavius e Servio haviam sido mortos por Titus.

Com essa informação, sem qualquer garantia de sua veracidade, o jovem foi comunicar as notícias a Galenus. Depois disso, foram juntos até o casebre, onde amigos daquela família haviam recolhido os corpos para posterior sepultamento e tentavam, de alguma forma, apagar a hostilidade do cenário deixado por Titus. Lia aproximou-se do jovem pescador e, chorando, perguntou:

— Por Deus! Onde está Octavius? Não vejo o seu corpo.

— Infelizmente, pelo que soube todos morreram. Saíram daqui somente os soldados. Por todo o vilarejo, dizem que até o neto e o jovem Servio foram sentenciados à morte, e que Titus levou seus corpos para serem sepultados em Roma. Ninguém sobreviveu ao martírio.

Sem conseguir distinguir os fatos, Lia viveria seus dias levando consigo a informação da suposta morte de Octavius, assim como ele viveria acreditando que ela também havia morrido, ambos sem saberem a verdade. Caberia a eles sobreviver carregando em seus corações as recordações dos dias felizes que não voltariam mais.

Ela acomodou o pequeno Apolonius em um leito improvisado ao lado de Demetrius, que visivelmente sentia o corpo padecendo. Então Lia abrigou a branca cabeça de Miriam em seu colo, trazendo-a para a proximidade de seu coração e, envolvida por uma luminosidade especial, orou:

— Senhor, nossos dias perderam um pouco do brilho, mas ainda estamos vivos. Cale os nossos lábios de quaisquer reclamações e nossos corações de quaisquer mágoas. Não possuímos rumo certo, mas nossa fé nos sustenta. Auxilie-nos a avançar, sem vacilações. Fortifique-nos com a coragem, sem nos entregarmos diante deste momento tão sofrido. Estenda as Suas mãos, mas não esperamos facilidades: estamos conscientes de nossas obrigações e de nossas responsabilidades. Recebe em Seu bondoso coração esta família que fecha os olhos para o corpo, mas que vive em nossos corações.

Enquanto isso, no invisível, Horacio e Áurea recepcionavam aqueles filhos. Entre saudações de diversos seres visivelmente iluminados, eles seguiam seus destinos amparados pela graça de Deus, com exceção de Miriam: a veneranda mulher, totalmente livre das tormentas de um corpo massacrado, encontrava-se radiante, contemplando o sol que se refrescava tímido no oceano frondoso.

Naquele momento, Miriam transformava seu espírito, mantendo o semblante juvenil, subtraindo anos de sua existência, fazendo-se radiante em sua túnica alva, tal qual o exato dia em que a morte a separou de Horacio. Seus cabelos longos e soltos dançavam junto à suave brisa do mar. Horacio contemplava aquela beleza rara e aproximou-se emocionado:

— Miriam, venha conosco. Eu havia prometido que aguardaria a sua chegada em algum lugar destas areias. Aqui estou. Vamos seguir o nosso caminho, pois você está viva e seu amor reside eterno em minha alma.

Horacio abraçava Miriam e, por alguns instantes, não ousou dizer qualquer palavra. Os emissários celestes reconhecendo seus esforços estenderam as mãos benditas para

241

confortar suas almas e, abençoando seus corações, desenharam sobre eles um imenso arco-íris, coroando-os como rei e rainha que vencem o limite de seus próprios sofrimentos em favor do bem comum.

No casebre humilde, após a oração de Lia, Anmina perguntou:

— O que faremos agora?

— Recomeçaremos em outro lugar — disse Galenus. — Seguiremos para a Palestina. Conheço aquela região e lá poderei montar um comércio de óleo para nos manter. Aprendi esse ofício com minha família, antes de me tornar um escravo.

Demetrius, com a voz rouca, manifestou-se buscando forças no fundo de sua alma:

— Meus caros, estou morrendo e não os seguirei: eu atrasaria a viagem. Aguardo para qualquer momento a minha morte.

— Jamais deixaria você aqui — disse Lia com bondade. — Foi a verdadeira figura amiga nestes anos tão difíceis. Permaneceremos juntos até o momento em que Deus permita a nossa partida.

Assim, aqueles filhos de Deus continuaram unidos sob a abençoada coragem e iluminada paciência, dedicando-se aos cuidados com o ex-gladiador, que lentamente sofria os limites do corpo.

Oito dias depois, Demetrius amanheceu com piora aparente. Lia e Anmina lutavam para confortá-lo, mas as suas escassas forças denunciavam para breve a partida. Enquanto Lia ajeitava o homem sobre o leito, com respeito ele segurou a frágil mão da jovem:

— Perdoe-me, mas diante deste leito de morte, sinto que o peso do meu passado recai sobre mim igual a uma lança fria a vazar-me o peito. Deus seria capaz de perdoar minhas faltas?

— Deus é bondade, sempre perdoa nossos erros: por mais que tenhamos sido agressores para outros, seremos perdoados. Agora, não se canse e repouse um pouco mais.

— Vivi ao lado do menino Octavius, dedicando-me a ele tal qual um pai. Ele foi para mim um filho que a vida jamais teria sido capaz de me presentear e eu de merecer. Desde o primeiro dia que ele deitou os olhos sobre você, eu sabia que você seria a escolhida por Deus para compartilhar seus dias e seus sonhos. Foi para ele o porto manso e sólido. Ele repousou em seu coração, consciente de tudo, e com coragem enfrentou os desafios da vida. Seguirei meu destino, mas confesso que partir e deixá-la só neste planeta fere-me o coração. Hoje, mal consigo parar sobre minhas pernas. Transformei-me em um menino frágil que busca consolo nos braços de uma heroína.

Inspirando profundamente, Demetrius buscou forças para orar:

— Deus de bondade, não sou merecedor de receber a Sua luz. Venho à Sua presença para agradecer os dias de separação, pois eles me ensinaram a lutar; os dias de lágrimas e mortes, pois eles me ensinaram a viver e deixar viver; os dias de limitação e chaga, pois eles me ensinaram a respeitar a Sua força; os dias de vitórias e conquistas vazias, os louros dos homens, pois eles me converteram para a Sua luz. Não suplico a Sua morada, mas, Senhor, me estenda Suas mãos para que eu possa ter forças para enfrentar meu novo destino.

Envolvido em extremo amor, o ex-gladiador despedia-se do planeta despertando no colo de Miriam. Ela, por sua vez, acariciava seus cabelos. Assustado, porém aconchegado pelo amor daquela soberana mulher, ele seguiu junto dela em silêncio, para continuar as linhas de suas vidas no invisível, porém vivos e conscientes de suas missões.

Galenus adentrou o recinto e auxiliou Lia e Anmina, que acolhiam o amigo em bondade e respeito. Com a força de sua personalidade, disse:

— Chegou o momento de nossa partida. Em breve, prepararei tudo para nossa viagem à Palestina. Lá recomeçaremos nossas jornadas.

Nas alturas derramava-se o calor divino sobre aqueles filhos de Deus que iriam buscar um recomeço em terras distantes e até mesmo desconhecidas. Reconfortados pela chama da oração, dispostos, eles se preparavam para enfrentar os desafios da dor e do trabalho, acolhendo a luz divina como companheira de seus dias.

CAPÍTULO 23
Confrontos e lágrimas

Um ano transcorreu e, em Roma, Octavius foi julgado como desertor. Como seu passado e seus feitos contaram em seu favor, ele foi absolvido das acusações e transformado em um homem de confiança do governo. Após a suposta morte de Lia e de seu filho, ele se dedicava integralmente ao trabalho, mantendo o equilíbrio e a ordem junto a corações endurecidos que conheciam a força da espada e desconheciam as leis justas para a humanidade.

Servio Tulio, após contrair matrimônio com uma jovem patrícia chamada Aurélia, mantinha-se ao lado do amigo e uma afeição verdadeira os unia fortemente: o aprendizado conjunto sobre o Deus único transformava os dois em irmãos de coração. A amizade daqueles homens era firmada pela honestidade, totalmente livre de quaisquer intenções egoístas. Eram unidos pelo propósito de seus ofícios e pelas famílias passadas, que não existiam mais.

O ambiente na residência de Titus mostrava-se diferente. O general, tomado por sua própria consciência, escutava a voz de Miriam ecoar em seus ouvidos, convertendo-o em vítima de si próprio. Os feitos de Octavius maltratavam seu coração. Marcado pelas linhas do passado, o general sofria seus pesares

245

e agora era somente um homem comum, atormentado, doente e só. Tiberinus havia sido morto em combate e todos os servos haviam fugido, restando somente um velho escravo, Quintinus, que se dedicava aos cuidados do general silenciosamente, sob as ordens de Octavius, que, mesmo distante e apesar de todo o passado, não abandonava o avô em seu infortúnio.

Naquela noite, Titus demonstrava piora aparente. Sem perder tempo, Quintinus foi até a residência de Octavius, ex--moradia de Sofia, para notificá-lo da situação. Octavius sozinho na biblioteca, como de costume, lutava entre as recordações de seu passado e as obrigações oficiais, que se resumiam em relatórios e leis que transcrevia. Uma velha serva anunciou:

— Senhor, Quintinus suplica a sua presença.

— Perdoe-me a intromissão, mas o general está morrendo. Por misericórdia, suplico a sua presença para que ele possa morrer com um pouco de paz.

— Por todo este tempo, meu avô não quis a minha presença e carregou por mim um ódio que desconheço a origem. A minha presença não seria uma afronta?

— Apesar da separação, você sempre foi um neto honrado e dedicado. Sua presença será um alívio neste momento de despedida. Além do mais, ele mal reconhece a si mesmo.

Octavius e Quintinus seguiram para a residência de Titus e entraram no ambiente denso. O general estava no leito, sem arrogância, elmo ou armadura que o fizessem crescer. Era um homem comum, lutando contra a morte. Sem reconhecer o neto, pronunciava frases desconexas e, após horas de martírio, despojava-se do corpo envelhecido sem perceber que, no invisível, as serenas figuras de Áurea, Tacitus e Horacio estendiam suas mãos, prestimosos. Porém, na cegueira de sua alma, Titus mantinha-se em meio às trevas íntimas de suas recordações e angústias, cego demais para ver aqueles iluminados filhos de Deus. De súbito, o aposento ficou ainda mais denso com a presença de Calcurnia, Drusus e Domenica.

O corpo de Titus Octavius Gracus foi preparado e, na manhã seguinte, o Estado prestava as honrarias ao grande general. A cidade curvava-se diante da notícia da morte daquele homem público que muito contribuiu para o avanço das fronteiras da grandiosa Roma, transformando-a em temporária dona do mundo.

Nove anos transcorreram desde a morte de Titus e, do outro lado do mundo, vamos encontrar Lia que, embora madura, não havia sido abandonada pela beleza. Dedicava-se integral e amorosamente à educação de seu filho Apolonius, que com ela aprendia as leis de Deus e a esperança na vinda do Messias, além de dominar a arte da leitura e da escrita com facilidade. Enquanto isso, Anmina, com dificuldade, lutava para educar Livius, que aos poucos demonstrava os primeiros sinais de gosto e apego aos jogos que aconteciam nas vias baixas de Jerusalém. O humilde comércio de óleo era mantido pela força de Galenus, Anmina, Lia e Apolonius. A vida desses personagens resumia-se em jornadas árduas e em cotidianas vitórias sobre sofrimentos, que recuavam diante da força, da fé e da esperança.

Naquela noite, vencidas as tarefas do dia, Lia sentou-se na varanda, contemplando as estrelas, enquanto Apolonius brincava feliz. Voluntariamente, o menino correu para abraçá-la e ela, com carinho e bondade, disse:

— Meu querido, já é tarde e estas paragens são violentas. Devemos nos recolher.

Naquele momento, envolvidos pela rediviva chama de amor que coroava seus corações, mãe e filho mantinham-se aconchegados:

— Mãezinha querida — disse Apolonius — quando o Messias chegar ao planeta viveremos os melhores dias de nossas vidas. Peço a Deus poder conhecê-lo, mas não me acredito digno de tão honroso presente.

— Somos todos dignos dos presentes de Deus, basta que tenhamos fé verdadeira no coração, razão em nossos pensamentos e trabalho sem reclamações em nossas mãos. Juntos, nada poderá nos fazer mal, pois estamos unidos e Deus está conosco.

Apolonius num gesto humilde deslizou sua mão na face da mãe e disse:

– Sei que estamos juntos agora, mas desconhecemos o amanhã. Sinto dentro de mim uma voz dizendo para que eu tenha força e coragem para enfrentar o meu destino. Aconteça o que acontecer comigo, estarei em seu coração.

E, apontando para o céu continuou:

— Sempre me disse que meu pai é a estrela de maior brilho, então quero que saiba que estará ao lado dela, pois você é a estrela mais radiante dos céus e de minha vida.

Lia, com carinho, beijou a testa do filho e deixou uma lágrima escapar de seus olhos:

— Se é assim, devemos ouvir essa voz interior que nos fala à alma. Para sua proteção, e se algo lhe acontecer, não diga o seu nome verdadeiro. Recorde as histórias que contei sobre a família Gracus. Sempre, em algum lugar, haverá um deles esperando por nós. Seu nome deve ser mantido em segredo, ou a fúria dos Gracus poderá se levantar contra nós.

Nisso, sorrindo, ordenou que o filho se recolhesse. Anmina, discreta, admirava o respeito de Apolonius pela mãe e, com a feição entristecida, mantinha-se quieta. Lia aproximou-se e notando a tristeza da amiga perguntou:

— O que maltrata seu coração?

— A vida é muito distinta para todos nós. Meu filho e Apolonius recebem a mesma educação. Por que são tão diferentes? Livius se interessa por jogos e agressividade, enquanto

Apolonius se dedica a orações e estudos. Acreditei que seriam como irmãos, mas confesso que mal vejo meu próprio filho. Agora, Galenus foi buscá-lo e sempre o encontra entre criaturas tão distantes de Deus. Ele é tão diferente de nós. Por quê?

— Não se desespere. Se ele está entre nós, é porque Deus confiou-nos a tarefa de educar e melhorar esse filho que tanto necessita de nosso apoio. Não devemos julgar.

— Desconhecemos o futuro e temo pelo nosso amanhã.

— Seja o que for que esteja reservado para nós, devemos agradecer e esperar.

— De fato, estou com preocupações em excesso. Vejo sua coragem após todos aqueles fatos do nosso passado. Levantou-se com fé e eu fico entre conjecturas tolas.

— Meu filho foi e será minha esperança. Nele encontrei a razão para continuar.

A noite prosseguia enquanto aquelas duas mulheres, aguardando o retorno de Galenus, recordavam os corações amados que compuseram as linhas de suas vidas em um passado distante.

CAPÍTULO 24

Entre as apostas e o cativeiro

Naquele tempo, a Palestina começava a despertar o interesse da grande mãe Roma: era um elo estratégico entre as regiões oriental e ocidental do império, facilitando as investidas do exército e servindo como base para o domínio do mundo.

Naquela manhã, uma embarcação romana aportou para, com urgência, providenciar suprimentos mínimos para posterior viagem.

Os soldados exploravam o vilarejo em busca de diversão fácil, jogos e apostas. E logo encontraram uma arena improvisada, onde homens de força hercúlea digladiavam-se sob gritos eufóricos, muito embora os jogos fossem proibidos. Em meio à agitação, como um homem feito, Livius negociava o destino de filhos de Deus que eram transformados impiedosamente em servos.

Os soldados romanos que haviam aportado jogavam com euforia, e eis que Livius viu-se acuado por ter perdido tudo que possuía. Antes de iniciar a última luta, o menino, qual um alucinado, segurava nos braços dos soldados dizendo:

— Permitam-me participar desta aposta.

— O que você tem para nos oferecer?

Após algum tempo de reflexão, sentenciou:

251

— Um escravo menino, conhecedor das letras. Ele servirá para qualquer ofício a ele designado. Tenho certeza de que os nobres soldados necessitarão de um bom servo para exercer as tarefas básicas na embarcação e para manter as suas necessidades como um serviçal comum, enquanto estiverem em batalha. Estou correto?

— Menino, pensa como um homem! Tem razão: necessitamos de alguém para auxiliar na cozinha. Agora, se estiver mentindo, arrancaremos do seu peito o coração vivo.

Livius não mediu as suas palavras e nem as suas consequências: o menino a que ele se referia era o inocente Apolonius, que, totalmente alheio aos fatos, auxiliava Galenus com extrema dedicação, junto a Anmina e Lia, no comércio de óleo.

Após várias apostas e investidas, Livius foi vencido e, num instante de lucidez, percebeu a gravidade de seu ato. Assustado, tentou correr para buscar a ajuda do pai e esconder Apolonius das frias mãos daqueles homens. Ao tentar escapar, um soldado o segurou pelo braço e disse:

— Onde pensa que vai fugindo de nós? Onde está o nosso prêmio?

— Sejamos complacentes...

Antes de completar a frase, o soldado o interrompeu:

— Não venha nos enganar. Queremos o menino agora, senão você será levado como escravo. Não percamos tempo, pois temos que partir.

Sem escolha, completamente assustado, Livius foi escoltado por três soldados até o pequeno comércio onde Galenus, Anmina, Lia e Apolonius trabalhavam exaustivamente.

Sem qualquer piedade, os guerreiros entraram no recinto, identificaram o filho de Lia, seguraram-no pelo braço e o arrastaram para fora. A mãe, desesperada, lutava, tentando salvar o filho. Galenus percebendo imediatamente a situação, bem como a feição de horror de Livius, perguntou:

— O que fez com este pobre inocente?

— Perdoe-me, pai, mas Apolonius é o pagamento de uma dívida de jogo.

Lia libertou-se do soldado que a segurava e correu para abraçar o filho. Apolonius com serenidade, a consolou:

— Mãezinha, não chore. Prometo que retornarei. Nossa temporária separação não será capaz de fazer que eu a esqueça.

Em meio à agitação, foi com firmeza que Galenus abriu caminho e, num silencioso respeito, abraçou Lia, humildemente, tentando acalentar aquele coração maternal. Apolonius olhando fundo nos olhos do amigo, disse:

— Antes de ser meu amigo, o senhor foi meu pai de coração! — enxugou uma lágrima tímida para prosseguir: — Eu juro que voltarei, mas, por misericórdia, cuidem de minha mãe e não julguem o ato de Livius. Ele necessita de amparo.

Diante de Galenus, Anmina e das lágrimas de Lia, Livius estava envergonhado. Totalmente fora de sua razão, lançou-se contra um soldado que estava de costas, amarrando as pequeninas mãos de Apolonius, na inútil tentativa de salvar o filho de Lia. Para se defender, o soldado virou-se rapidamente e, com destreza militar, retirou a espada e, em um único golpe no peito, silenciou Livius. O menino não suportou o severo ferimento e caiu. Aqueles homens imediatamente puseram-se em marcha, perdendo-se na poeira da estrada, deixando aqueles corações mergulhados em lágrimas e sangue.

Lia, com carinho e bondade, ajoelhou-se e nos seus braços recolheu Livius, que se encontrava semimorto, mas ainda fixava o olhar no pai e na mãe, dizendo:

— Perdão. Estou morrendo e estou com medo.

Galenus e Anmina respondiam ao filho com o silêncio. Lia, percebendo a delicadeza do momento, disse:

— Não há o que perdoar. Todos nós cometemos erros e eles nos ensinam a mudar o rumo dos nossos passos.

— Como pode me perdoar se tirei seu filho dos seus braços? Sinto-me marcado, como se de alguma forma já tivesse cometido falta semelhante.

O hálito de Livius lentamente se esgotava e num último suspiro, abandonou o corpo imóvel. Enquanto isso, olhando para o azul do céu, Lia orou:

— Deus, receba em seus braços este filho. Console-nos com a força do trabalho para que possamos viver na esperança de reencontrar quem amamos.

No invisível, em plenitude e graça, Sofia amparava em seus braços o menino adormecido e, antes de partir, derramava sobre Lia uma luz intensa. Sem nada dizer, ela levava consigo aquele filho de Deus, na esperança que lhe fosse dada mais uma oportunidade de viver, em um futuro próximo.

Nesse ínterim, no porto, a embarcação preparava-se para partir. Sem perder tempo, os soldados colocaram Apolonius junto a um velho africano que era responsável por manter a alimentação daquela tripulação. Com seriedade e simpatia, o velho cozinheiro tentava amenizar o medo que se anunciava na feição do menino:

— Meu jovem, me chamo Liberinus. Não tenha medo de mim. Carrego comigo o mesmo destino que o seu; ambos somos cativos. Seremos amigos, pois passei tantos anos sozinho nos porões das embarcações romanas que agora me sinto feliz pela sua companhia. Qual é o seu nome?

Apolonius, relembrando as palavras da mãe quanto a não revelar seu nome para evitar uma ofensiva da família Gracus, pensou por instantes e disse:

— Meu nome é Dacurius. Agradeço seu carinho e tenho fé em que um dia conheceremos a liberdade, pois sei que o Messias, que será enviado por Deus, não permitirá a escravidão eterna.

— Ora, ora! Crê no Deus único desta região? Envelheci no cativeiro e sei que não experimentarei a liberdade, mas não tiro de você o sonho juvenil; é apenas um menino.

Apolonius, com seu nome fictício, acompanhou Liberinus. Repousando a mão no ombro do menino, o velho cativo o encaminhou para suas tarefas, estreitando os vínculos de respeito e amizade.

Após vinte dias de viagem, aquela embarcação atracou em um porto nas proximidades de Jerusalém, com o objetivo de recolher um nobre patrício que adoecera a serviço do exército.

Ao longe, Liberinus e o pequeno Apolonius, agora chamado Dacurius, assistiam a quatro soldados carregarem para a embarcação um leito improvisado onde um homem maduro apresentava-se gravemente enfermo. Todos o saudavam e lhe rendiam demonstrações de respeito. Ele respondia aos cumprimentos com gestos limitados e com enorme dificuldade, como quem não suporta o peso do corpo cansado. Com curiosidade, o menino perguntou:

— Quem é aquele filho de Deus que apresenta tamanho sofrimento?

— Ele é conhecido como Octavius Claudius Gracus! Todos temem a sua morte, pois ele é o equilíbrio do exército.

E, apontando para outro patrício, o velho prosseguiu:

— Veja! Aquele que está ao lado dele é Servio, amigo fiel e de muitos anos.

Pensativo, Apolonius disse inocentemente:

— Deus! Ele tem o mesmo nome de meu pai. Seria o Senhor misericordioso em me mostrar a imagem do meu pai?

— Ora, meu jovem! Está alucinado? Como um homem influente como ele poderia ter um filho em cativeiro? Até hoje ninguém sabe absolutamente nada sobre a sua vida. Ele vive totalmente voltado para os ofícios militares, trabalhando incessantemente, dia e noite. Dizem que por isso adoeceu.

— Não estou alucinado. Ele tem o mesmo nome do meu pai, mas infelizmente minha mãe me contou a tragédia vivida por ele. De fato, é somente uma semelhança.

O menino, respirando profundamente, não imaginava que estava de fato diante do pai. E então Liberinus o convocou para retornarem às suas tarefas.

Naquela noite, o médico a bordo encontrava-se exausto e Apolonius foi convocado para cuidar do patrício, que ardia em febre. Com paciência, o menino manteve-se por toda a noite entre orações e cuidados extremos para com Octavius, refrescando-o entre os tremores e delírios em que dizia frases desconexas.

Percebendo a capacidade do menino, o médico romano ordenou que ele continuasse, sob suas ordens, ao lado do enfermo.

Ao final de três dias, as feições de Apolonius demonstravam esgotamento e, em contrapartida a febre de Octavius desaparecia como por encanto. Refeito e acompanhado de Apolonius, o patrício foi para a proa, buscar um pouco de ar fresco, carregando alguns relatórios, como quem não se permite deixar a cabeça solta, temendo voltar ao passado. Servio, observando a melhora repentina de Octavius, disse:

— Vejo que está recuperado!

— Estou bem — e continuou, olhando para o menino —, afinal, tive um excelente médico, apesar de tão pequeno. Nem sequer sei seu nome.

Apolonius, com a feição cansada, respondeu:

— Meu nome é Dacurius.

Um soldado, observando a intimidade do menino com Octavius, querendo se fazer notar, aproximou-se e com severidade empurrou Apolonius, que caiu no chão:

— Vamos, escravo miserável. Quem pensa que é? O que faz ao lado de tão nobre senhor?

Octavius não se conteve:

— Saia daqui antes que eu ordene a sua baixa. Deixe-o em paz, pois de agora em diante ele será meu servo pessoal.

O soldado saiu sem ousar dizer qualquer palavra. Servio Tulio estendeu a mão e colocou o menino em pé, enquanto Octavius o observava:

— Por instantes sua feição fez com que eu recordasse alguém de meu passado... Mas não pode ser; o passado nunca retorna. É melhor vivermos o presente. Diga: o que sabe fazer além de cuidar de um moribundo como eu?

— Eu conheço as letras.

Octavius imediatamente abriu um relatório e ordenou que ele fizesse uma leitura e escrevesse um pequeno texto. Os patrícios não escondiam o espanto e Octavius manifestou-se:

— Conhece mesmo as letras. Quem o ensinou?

— Minha mãe. Líamos as escrituras juntos.

— É seguidor do Deus único? O que estas escrituras poderiam ensinar a alguém?

— Sim, senhor! Creio nesse Deus de bondade. As leituras ensinam a fé, a esperança e a coragem. Sobretudo, ensinam a crer na vinda do Filho de Deus, o Messias, que trará a boa-nova a todos os sofredores da Terra.

— Um dia eu também acreditei nesse Deus, mas Ele me puniu e tirou toda a esperança do meu coração. Hoje não creio mais em nenhum deus. Estou admirado com você! É cativo e ainda fala de liberdade e bondade?

— Senhor, podemos perder a esperança, mas a fé jamais poderá ser tirada de nossas vidas.

— O seu Deus há muito tempo me abandonou. Entretanto, para o bem de todos nós, mudemos o rumo desta conversa: não gosto de olhar para trás. O meu passado arde em minha lembrança. Enquanto estiver ao meu lado, o proíbo de falar qualquer coisa sobre o passado. Agora que estou recuperado, será meu servo pessoal. Iremos para a Gália, onde resido. Lá o ensinarei tudo sobre leis e não essas fantasias das escrituras religiosas. Como não pude ensinar aos meus, vou ensiná-lo a ser um verdadeiro homem, não alguém cheio de misticismos.

— Vamos, meu amigo — disse Servio com cuidado. — É melhor que descanse agora, para que amanhã possa estar mais fortalecido e recuperado.

Octavius, atendendo às recomendações do amigo, preparou-se para o repouso necessário. Em respeito e silêncio, Apolonius acatou a decisão do patrício. E Liberinus aproximou-se:

— Filho, vamos nos despedir aqui. Confesso que jamais conheci homem algum que carregasse tamanha fé quanto a que carrega em seu coração. Sou um homem que morrerá sem nada levar desta vida, a não ser a gratidão por conhecê-lo tão brevemente. O que tem esse Deus de tão especial para fazer um rapazinho como você O amar tanto? Por que Ele, seu Deus, o transformou tão cedo em um homem feito, porém cativo?

— Meu amigo, Deus é a fonte renovadora de nossas vidas e não seria capaz de maltratar a ninguém. Levará, mesmo de um contato tão breve, a força de Deus. Criador de todos nós, Ele prometeu que enviaria o Messias para nos salvar. Não sei para onde a vida me levará, mas tenho certeza de que do coração de Deus jamais irei me separar.

Em um abraço fraterno, aqueles amigos firmavam suas afeições, enquanto Octavius sem sequer imaginar ou permitir-se ouvir seu coração, transformava o próprio filho em seu servo pelos anos que se seguiriam.

CAPÍTULO 25

Herança celeste, a luz

Uma árdua jornada de vinte anos seguiu-se àquele encontro entre Apolonius e Octavius. O jovenzinho grego apresentava uma extraordinária transformação fisionômica: amadurecia em espantosa serenidade, assemelhando-se à feição de Octavius em sua juventude inquietante. O patrício, naquela oportunidade, tinha os cabelos brancos a anunciar o peso dos anos sobre os ombros.

Respeitando as ordens de Octavius, Apolonius nada falava sobre o passado, mantendo-se fiel, sustentando o nome improvisado. O oficial e o cativo desenvolveram uma união firme e profunda, e admirada por todos. Servio Tulio acompanhava o amigo e irmão nas viagens pelas grandes extensões das terras romanas.

Certo dia, a embarcação seguia branda pelo alto-mar. Após ter honrado todas as obrigações com o patrício, Apolonius acompanhava as ondas do mar em profundo silêncio. Octavius o admirava de longe e, sem que Apolonius percebesse, se aproximou:

— Não havia percebido o que o tempo fez com você, o transformou em um homem. Está quieto. O que pensa?

— Estou perdido em meio a tantos pensamentos, recordando de feições amadas e muito caras que ficaram em algum lugar de minha vida. Perdoe-me; sei que não permite falarmos do passado, então me calo.

— Meu jovem, todos possuem um passado. Está servindo a mim por vinte anos e jamais me pediu algo. Quero presenteá-lo. Que posso fazer por você? O que lhe traria felicidade extrema?

— Senhor, nada me faria mais feliz do que poder reencontrar minha família, em especial minha mãe.

— Onde eles estão?

— Acredito que ainda vivem nas proximidades de Jerusalém.

Octavius, tocado pelas palavras de Apolonius, chamou Servio:

— Meu amigo, vamos alterar o rumo de nossa viagem. Estamos próximos da Palestina. Aportaremos para que Dacurius possa rever, brevemente, a sua família.

— Senhor, não sou merecedor de tamanha bondade. Agradeço a Deus e a seu coração o que faz por mim.

Mais dois dias de viagem e eles aportaram na Palestina. A emoção no rosto de Apolonius fazia-se evidente. Tal qual o menino que saiu daquele lugar há tantos anos, não perdia a oportunidade de observar tudo e todos. Ele já se punha a caminho de sua antiga casa quando ouviu a voz de Octavius:

— Aonde vai?

— Senhor, acreditei que poderia reencontrar minha família — disse o rapaz, com os olhos marejados. — Peço que me permita seguir; retornarei o mais breve possível e prometo que o servirei até o final dos meus dias.

— Não se atormente. Poderá reencontrar os seus familiares, mas eu e Servio Tulio iremos com você.

Não havia como contradizer a vontade do patrício, e um grupo foi organizado para reencontrar a residência do passado de Apolonius.

O pequeno vilarejo foi atravessado pelos viajantes. O comércio de óleo ainda existia, mas naquele dia encontrava-se fechado. Suaves recordações perpassavam a feição de Apolonius.

O grupo prosseguiu silenciosamente, já divisando um casebre. Apolonius caminhava lentamente para a porta principal, enquanto Octavius e Servio foram em busca de água fresca no poço próximo, distanciando-se do jovem.

Um senhor de longas barbas brancas demonstrava desconfiança diante daquele homem, tentando identificá-lo:

— O que quer em minha residência?

As palavras de Galenus convocaram a presença de Anmina, que também trazia o peso dos anos sobre seu corpo envelhecido. Ambos tentavam reconhecê-lo sem sucesso. Apolonius não pôde conter as lágrimas diante daquele casal e com a voz embargada disse:

— Compreendo que não será possível me reconhecerem. Sou Apolonius, filho de Lia.

Nesse momento, Galenus e Anmina desceram os degraus e correram para saudá-lo:

— Que Deus seja louvado para todo o sempre! — disse Galenus, saudando-o paternalmente. — Acreditávamos que estivesse morto. Após vinte anos, havíamos perdido as esperanças.

— Por misericórdia, onde está minha mãe?

Anmina segurou a mão do jovem com carinho e o encaminhou em direção a um aposento simples, revestido de candura feminina e de luz.

No leito, Lia com os cabelos brancos e soltos, trazia a feição franzina, de quem esperava a morte para poucos dias. Galenus fez-se ouvir sem demora:

— Deus nos trouxe um presente: seu filho está de volta!

Apolonius, chorando copiosamente, ajoelhou-se ao lado do leito da mãe e segurou-lhe a mão emagrecida. Lia banhada pela emoção, era só felicidade:

261

— Meu filho, todos os dias de minha vida orei para reencontrá-lo antes de morrer. Deus foi misericordioso comigo. Não pude vê-lo crescer ou se transformar em um homem feito, mas guardei a sua face como joia preciosa dentro de meu coração — disse ela, e fez uma pausa para tomar fôlego e contornar a saúde limitada e a intensidade dos sentimentos. — Deixe-me admirá-lo. O cativeiro não foi capaz de tirar sua dignidade, tampouco as virtudes de sua alma iluminada e caridosa.

— Mãezinha querida, honrei minha promessa de retorno, mesmo que breve, pois jamais me esqueci de você.

Nesse momento, um homem maduro adentrou o recinto acompanhado de uma nobre mulher de uma beleza simples, exaltada pelos longos cabelos negros e pela tez dourada que iluminava sua face meiga; trazia nas mãos um cesto com pães e, alheio aos acontecimentos, o casal anunciou:

— Querida Lia, trouxemos pães frescos para você.

— Meus amores, aproximem-se! — disse Lia com visível felicidade e momentânea melhora. — Deus é misericórdia plena! Trouxe-me de volta meu filho, aquele que sempre viveu em minha alma e em meus poucos sorrisos. Aquele que sempre animou as recordações do tempo mais feliz da minha existência, recordações que meu coração e minha fé guardavam em um reduto de esperança. Ele retornou trazendo o clarão da certeza de que, diante do nosso Senhor, nenhum sonho é impossível e de que a verdade sempre triunfa e jamais poderá ser esquecida.

O ambiente era tomado por intensa luz, como se os clarões dos céus recaíssem sobre aqueles filhos de Deus que se reencontravam e saudavam-se como amigos de tempos longínquos, atendendo aos chamamentos do coração.

Aquele homem seguro caminhou lentamente em direção ao filho de Lia e diante dele disse:

— Por Deus, então é Apolonius, o nome que aprendi a amar por meio dos lábios meigos de Lia, Galenus e Anmina

262

— soltando o cesto no chão, abraçou-o fraternalmente e secou as lágrimas. — Sou Nathanael[17]. Perdão, mas não consigo explicar a emoção que toma o meu coração. Reconheço-o e o saúdo como irmão e amigo eterno.

— Sim, estou de volta.

Com a humildade inerente à sua personalidade, Apolonius retribuiu o despretensioso abraço e, assim, ambos saudavam-se felizes.

— Confesso que a emoção que descreveu é semelhante à minha. Eu o saúdo como irmão diante de Deus e amigo eterno diante de nossas vidas.

Com simplicidade, Nathanael segurou as mãos daquela iluminada mulher e continuou:

— Vivi ao lado de sua mãe desde minha infância. Ela é para mim mais do que uma mãe prestimosa e amorosa. Ao lado desta família, comemorei felicidades, compartilhei tristezas e perpetuei minhas bodas. Quero que conheça Ruth[18], mulher que Deus confiou-me as afeições e o eterno amor, como esposa amada.

— Então é Apolonius! — disse Ruth, alargando o sorriso. — Sinto dentro de mim que de alguma forma o conheço.

Apolonius retribuía a carinhosa saudação. Então a conversa foi interrompida pela presença dos patrícios, que entraram no casebre. Galenus foi ao encontro de ambos:

— Senhores, quem são e o que querem?

— Sou Octavius Claudius Gracus, procuro meu servo.

— Deus, sustenta-me, pois meu velho coração não suportará tamanha alegria.

---

17 - Nota do autor espiritual (Ferdinando): 'Natanael Bar-Tolmai filho (Bar) de Tolomeu (Tholmai ou Talmai), nasceu em Canaã. Nathanael mais tarde foi conhecido pelo nome de Bartolomeu, apóstolo do Nosso Senhor Jesus Cristo citado em João I, 45:51.

18 - Nota do autor espiritual (Ferdinando): Respeitando o pedido desta irmã em Cristo, preservando-lhe a identidade, nestas e futuras linhas chamaremos a esposa de Bartolomeu pelo nome de Ruth.

— Como ousa falar assim com Octavius? — perguntou Servio Tulio.

— Não me reconhecem? Sou Galenus.

Aqueles homens não escondiam a surpresa. Octavius sentia-se como quem acabava de ser golpeado pelo destino. Aproximou-se com lágrimas nos olhos:

— Como podem estar vivos?

— Também acreditamos que estava morto. Temos um passado para revelar e muito para conversarmos.

Octavius saudou afetuosamente o casal amigo. Ambos retribuíam com respeito e ternura.

— Vamos, alguém ficará feliz em reencontrá-lo — disse Galenus, secando as lágrimas.

O patrício caminhava lento e silenciosamente em direção ao aposento de Lia. Com os olhos marejados, presenciou Apolonius sentado ao lado da mãe, que apresentava profundo abatimento. Empalidecida, ela tentava manter-se firme, apesar da enorme dificuldade, decorrente da doença que lhe afligia o corpo. Diante da emoção que invadia sua alma, Octavius sentia no peito o coração bater fora do ritmo e o ar faltar aos seus pulmões. Com passos trêmulos, aproximou-se, abraçando-a fortemente:

— Minha Lia, por que fomos sentenciados com a dor da separação? Foi o sonho de minha vida e de toda a minha juventude. O melhor de mim esteve em suas mãos e em seu coração. Meus dias foram fel longe do seu amor e do amor de nosso filho. Onde estará o fruto do nosso amor? Por que, por que os lares do planeta não foram capazes de nos manter unidos? Dentro de mim, sei o quanto desejei ardentemente viver meus dias ao seu lado. O Deus que você me ensinou a amar me abandonou há muitos anos.

Apolonius, sem compreender a cena a que assistia assustado, permanecia calado e imóvel, enquanto Lia retribuía carinhosamente o abraço de Octavius. Entre soluços, ela recuperou a voz e disse:

— Não compreendo os fatos de nossas vidas como se fosse o reflexo dos atos de um deus impiedoso e inflexível. Muitas vezes, para compreender a vida plenamente, necessitamos morrer, mesmo continuando ainda vivos. Não devemos nos revoltar ou mergulhar nosso coração em ódio ou amargura. O Senhor nos honrou, não importa o tempo que passou. A bondade do Senhor concedeu-nos o reencontro e estamos unidos, apesar de agora eu estar partindo. Sempre exaltei a sua imagem amada. Nos momentos em que fechava meus olhos ou respirava, você sempre foi a minha inspiração, o amor mais puro que alguém já pôde sentir.

— Não fale em morte, pois acreditarei mais uma vez que Deus me sentencia. Estamos juntos e recuperaremos os dias que passaram. Quero você ao meu lado, em meus sonhos e em minhas alegrias, pois esteve em minhas lágrimas por muito tempo.

— A morte não representa o fim. Somos eternos e nossas esperanças jamais poderão ser destruídas.

Lia estava tomada por uma intensa fadiga. Octavius, ajustando as almofadas, carinhosamente a acomodava no leito e, segurando suas mãos, com respeito e doçura, perguntou:

— A emoção foi tamanha, mas não posso esquecer meu filho. Onde ele está?

Lia estendeu a mão em direção a Apolonius, que imediatamente atendeu a solicitação da mãe, que respondeu prontamente:

— Eis nosso filho Apolonius.

Nesse momento, o patrício paralisou-se. A aflição e a angústia eram traduzidas por um pranto doloroso que revelava intenso sofrimento interior. Nos minutos que sucederam aquele momento, ele relembrou que havia vivido ao lado daquele homem, o sentenciado ao cativeiro, sem jamais imaginar que Dacurius, o servo humilde, era, na verdade, seu próprio filho. Tomado por forte emoção, quase num sussurro, disse:

— É meu filho? Por que me omitiu seu nome? Obriguei-o a esquecer o passado, não permitindo que me falasse sobre ele. Como pude fazer isso conosco?

Apolonius demonstrava igual surpresa. As lágrimas escorriam pelo seu rosto, incontidas, no que ele respondeu com simplicidade:

— Segui as orientações de minha mãe. Temia que a família Gracus pudesse me identificar. Respeitei a sua ordem de nada falarmos sobre o passado; acatei. Perdoe-me a dor de sua alma. Ainda quando menino, junto a Liberinus, quando vi a sua imagem pela primeira vez, meus pensamentos ficaram confusos: seu nome era o mesmo de meu pai, supostamente morto.

Em um abraço forte e demorado, o patrício prosseguiu:

— Compreendo! Sempre a família Gracus. Como posso perdoar a mim mesmo, se mantive meu próprio filho como escravo? O menino que um dia conheci se transformou em um homem que se manteve ao meu lado, fiel, por todo o tempo.

— Perdão, mas não me concedeu o brasão do cativeiro. Deus, em Sua infinita misericórdia, me fez compartilhar de sua vida não como pai e filho, mas como amigos, pois foi meu mestre nesses anos. Recebi os seus ensinamentos com muito respeito e amor. Creio que minha missão ao seu lado foi para que você pudesse resgatar a sua fé e não deixar o nome de Deus morrer em seu coração.

Todos assistiam atônitos àquelas revelações. O patrício, espontaneamente, ajoelhou-se e, humildemente, orou com fervor após muitos anos sem pronunciar qualquer oração:

— Deus, a mim não é justo pedir nada, pois somente a dor nos ensina a fortalecer a nossa fé e, por mais que tenhamos sofrido, somos filhos da nossa própria ignorância. Julguei-O injusto, enquanto estava escrevendo sábias leis para reger meu destino; punitivo, quando corrigia meus sentimentos e pensamentos tão distantes da Sua luz; inflexível, enquanto estava ajustando o meu próprio equilíbrio para encontrar o caminho da luz; cruel, quando exercia sobre mim a bondade ao deixar o meu filho ao meu lado, sem que meus olhos turvados pudessem reconhecê-lo. Não suplico perdão, mas certamente cruzei as estradas do próprio eu e, me sentindo vencido diante de tanto egoísmo, acreditei que estava só. Os anos de solidão não foram suficientes para que eu pudesse aprender a lutar sem tréguas contra as amarguras e o egoísmo que ainda residem dentro de mim. Na batalha de minha vida, somente hoje compreendo que escolhemos, para compor nossas histórias, as perturbações que nos afastam do Seu bondoso coração. Esqueci-me do Seu reino de amor e me escravizei ao meu próprio coração. As sombras me tiraram a visão do Seu caminho, mas confesso que meus olhos voltaram a ver por meio da humildade deste homem digno que é meu filho. Sei que não sou merecedor de ser chamado de pai. Estou vivo, Senhor, reconhecendo a Sua grandeza e a minha pequenez. Peço-Lhe a paz do trabalho incessante, a renovação de minha fé, pois sabemos que o caminho sempre é para frente. Por fim, seja nosso destino, pois tudo passa, mas jamais passará a Sua luz.

Aqueles filhos de Deus permaneciam unidos sob uma paz iluminada que banhava o recinto, enquanto Deus abençoava seus suplicantes corações, que, resignados, exaltavam o Seu nome.

Vinte dias se passaram, até que Lia amanheceu com uma sensível piora. Por todos esses dias, o patrício se manteve auxiliando a amada, como quem cuida de uma joia rara. As mãos gélidas anunciavam a proximidade da partida. E, diante de todos, vencendo a fragilidade dos pulmões, ela manifestou singela oração:

— Senhor, encontramos a coragem para seguir os nossos destinos. Perdoe-nos se por algum motivo do caminho nos desviamos de Sua luz, permite-nos retornar para as estradas da retidão. Abandonamos os portais da Terra conscientes de que o Senhor Deus vive para todo o sempre em nós.

Um longo e sereno suspiro silenciou os lábios de Lia. Octavius, em aparente desespero, segurou sua cabeça junto do próprio coração, na tentativa inútil de ofertar-lhe a própria vida. Calados, os presentes respeitavam o momento.

No invisível, Miriam com a juventude delineando seu espírito, aconchegava a recém-chegada em seus braços meigos, demonstrando um puro e verdadeiro amor. Lia já refeita, disse:

— Por Deus, é Miriam! Sempre esteve comigo e, pela graça dos céus, não poderia ser diferente agora. Como posso ser acolhida por tão intensa bondade? Tenho consciência de que a morte abraçou meu corpo, mas estou viva e não sinto dor alguma. Sinto-me fortalecida e em paz.

— Minha querida, não se preocupe com o corpo inerte: continua viva e radiante. Venho em nome de Deus acolher seu coração. Sigamos em paz.

— Perdoe-me as dúvidas, mas onde está Sofia e todos aqueles que estiveram presentes em nossa existência?

— Todos estão envolvidos em novas vidas, em outros desafios — disse Miriam, indicando com a mão direita: Observe com atenção cada rosto neste recinto. Aqui estão alguns dos nossos amores, em roupagens que ainda lhe são difíceis de identificar. Em breve, outros amigos chegarão. A mim foi confiada a missão deste momento. Eu aguardava com o coração puro e esperançoso a sua chegada. Agora, com esta missão cumprida, também poderei retornar ao planeta e continuar a luta pelos nossos mais profundos elos de amor. Você permanecerá aqui, enquanto eu e os demais estaremos em trajetórias missionárias na Terra, onde estaremos vinculados aos corações amorosos de Apolonius, Nathanael e Ruth.

Em todos os instantes, de tristeza ou alegria, eles nos conduzirão até o nosso Mestre Redentor, que já se faz presente entre os corações necessitados de luz, caminho e fé. A estrela iluminada do Messias é uma verdade entre os homens. Nosso Senhor carrega o nome de Jesus de Nazaré e bem-aventurado será aquele que o conhecer e o aceitar com a pureza da alma. Assim aprenderemos as Leis Divinas, que somente no coração do filho de Deus poderiam ser tão perfeitas, para ajustar as linhas estreitas de nossas histórias.

Com lágrimas nos olhos, Lia perguntou:

— Compreendo. Mas, o que acontecerá com Octavius, Galenus e Anmina?

— Permanecerão ao lado de Apolonius e Nathanael por mais um tempo e, em breve, retornarão ao seu lado, neste mundo novo ainda desconhecido para você. Com você, eles estarão sob as leis de Deus, nosso amparo para triunfarmos nas lutas redentoras, para enfrentarmos nossos desafios e para conduzirmos todos em direção à luz. Silenciemos em oração e sigamos nossos caminhos, pois sua chegada é esperada por muitos que, mesmo distantes daqui, sustentam este encontro. Caminhemos...

Em paz, Miriam e Lia desprenderam-se daquele recinto, enquanto a luz resplandecia sobre aqueles filhos de Deus, fortalecendo-os, para enfrentarem as novas lutas cotidianas, dentro da glória de viver.

Cinco dias após a morte de Lia, Servio Tulio preparava-se para a longa viagem de retorno a Roma. Octavius, profundamente abatido, despedia-se do amigo, que lhe perguntou:

— Tem certeza de que não quer voltar comigo?

— Sim! Tudo que amei e amo está aqui. Estou envelhecendo, quero passar meus dias ao lado de meu filho e fortalecer a minha fé.

— Então que seja feita sua vontade. Tenho que voltar para minha família. Meu filho Marcellus retornará dos ofícios militares e se casará. Com ele, reencontrarei o jovem Tarquinius Lidius Varro, seu amigo desde a infância. Eles foram criados como irmãos, sob as orientações do sábio amigo Lucinius.

— Saúde Marcellus e Varro por mim. Nossos rapazes compreenderão os desejos deste velho. Quando olho para esses dois jovens, um soldado e outro se preparando para os ofícios no Senado, vejo nossa amizade refletida em seus corações. Eles foram bem treinados por Lucinius e atravessarão a vida com coragem, justiça e retidão.

Com um abraço fraterno, os dois amigos despediram-se, entregando nas mãos do amanhã suas vidas e seus corações.

Todas as noites após a partida do patrício, Apolonius, Octavius, Nathanael, Ruth, Galenus e Anmina reuniam-se em um ambiente de paz, fortalecendo a fé na oração e no trabalho, aguardando o futuro desconhecido que lhes traria novos desafios e novas esperanças.

Para eles, o tempo seguia por estradas serenas, sem maltratar seus corações. Enquanto ocorriam as humildes reuniões, esses filhos de Deus permaneciam alheios ao nascimento do Nosso Senhor Jesus Cristo, mas continuavam fiéis ao credo no Deus único de que falavam as escrituras traduzidas pelos seus ancestrais.

No invisível, Lia brilhava na luz conquistada pelo seu coração.

Junto a ela, Miriam, em fase de retorno à Terra, aguardava para breve a chegada de Octavius, Galenus e Anmina.

Lia e Miriam contemplavam aquele inesquecível entardecer primaveril que abraçava a velha Palestina. Unidas pelos vínculos celestiais, derramavam coragem, confiança e força sobre o coração dos seus, que haviam retornado ao planeta em missões celestiais, para que pudessem vencer suas lutas individuais na busca da transformação da treva em luz e paz.

Essa candeia de fé e amor que um dia iluminou esses corações não estaria suscetível a se apagar diante de um simples golpe de vento, porque, mesmo diante das dores e testemunhos de fé que experimentariam em suas vidas, a força de Deus e a promessa da vinda do Messias sempre estariam presentes em seus corações, por toda a vida e por toda a eternidade[19].

Fim

---

19 - Nota do autor espiritual (Ferdinando): muitos amigos citados nesta história real se encontram em outras roupagens como personagens marcantes, dando sequência às suas vidas de apostolado e regeneração, no livro *Salmos de Redenção*. Unidos pelo vínculo mais puro de amor, retornam à vida corpórea Mirtes, como a serena e iluminada Helena; Jeremias, abnegado e amado mestre como Apolonius Copernicus; Horacio, na roupagem futura de Tarquinius Lidius Varro; Pompilius, nobre amigo e, sobretudo irmão em Cristo, mergulhado no futuro como Marcellus; Sofia, como a forte companheira da causa de Deus, Raquel; Titus Octavius Gracus regressa como Versus Antipas; Calcurnia como Sara; Tacitus, ilustre mestre de nossos corações, como o discípulo do Senhor, Nathanael, conhecido como o apóstolo Bartolomeu; Áurea, força e luz, atendendo o chamamento de uma nova vida, como a adorada e respeitada Ruth. Atendendo aos pedidos humildes de nossa amada e adorada Miriam e de nosso amigo Demetrius, guardaremos silenciosamente as suas identidades.

GALERIA DOS PERSONAGENS

Adriano	General romano.
Aimã	Treinador de gladiadores, que treina Demetrius.
Almerio	Médico e escravo.
Anmina	Serva de Gaza, esposa de Galenus e mãe de Livius.
Apolonius Copernicus	Filho de Lia e Octavius Claudius Gracus (espírito protetor Jeremias).
Argus	Soldado que lidera o ataque contra Pompilius.
Atrimedius	Africano capataz de Calcurnia.
Áurea	Esposa de Virgilius e mãe de Sofia.
Aurélia	Esposa de Servio Tulio.
Aurelius	Servo da casa de Titus.
Calcurnia	Irmã de Titus Octavius Gracus e amante de Drusus.
Cilus	Soldado que entrega Demetrius para Aimã, treinador de gladiadores.
Cimiotis	Esposo de Hannah e cunhado de Miriam, irmão de Horacio e filho de Jeremias.

Dacurius	Nome fictício que Apolonius assumiu depois de ser transformado em escravo.
Demetrius	Filho de Cimiotis e Hannah, e gladiador.
Domenica	Sobrinha de Drusus.
Drusus	Patrício de linhagem clássica, magistrado, com o ofício de questor, amante de Calcurnia.
Hannah	Esposa de Cimiotis e mãe de Demetrius.
Horacio	Esposo de Miriam e filho de Jeremias.
Jeremias	Espírito protetor dos personagens da história, pai de Horacio/Cimiotis e depois reencarna como Apolonius.
Julius	Pescador jovem que auxilia Cimiotis na velhice.
Lia	Escrava e filha adotiva de Sofia.
Liberinus	Africano cozinheiro que conhece Apolonius.
Livius	Filho de Anmina e Galenus, reencarnação de Virgilius.
Marcus Galenus	Servo, amante de Domenica, esposo de Anmina e pai de Livius.
Miriam	Esposa de Horacio, cunhada de Hannah e Cimiotis; serva de Titus Gracus e amiga de Sofia.
Mirtes	Esposa de Jeremias, mãe de Cimiotis e Horacio.
Octavius Claudius Gracus	Filho de Sofia e Pompilius, esposo de Lia e pai de Apolonius.
Pompilius Claudius Gracus	Filho do general Titus Octavius Gracus e esposo de Sofia.
Quintus	Gladiador que morreu nas mãos de Demetrius.
Servio Tulio	Amigo fiel de Octavius.
Sofia	Filha de Virgilius e Áurea, esposa de Pompilius.
Tacitus	Ex-escravo, professor de Sofia.

Tiberinus	Pretor romano que exige que Lia e Anmina dancem na festa de Calcurnia.
Titus Octavius Gracus	General romano, pai de Pompilius.
Virgilius	Esposo de Áurea e pai de Sofia.

Amigos, as páginas que seguem são relacionadas a algumas pesquisas históricas que envolvem este livro.

Na sequência, encontrarão um breve resumo dos irmãos Graco, citados nestas páginas, e uma visão resumida da Grécia nos anos que antecederam a vinda de Jesus.

Desejo-lhes uma excelente viagem nas páginas da História da humanidade.

Abraço, Gilvanize.

BREVE RESUMO

dos irmãos Gracus/Graco:

Tibério Graco (164 - 133 a.C.)

"Tribuno plebeu romano nascido em Roma, um dos célebres irmãos Graco e fundador do partido dos populares, facção radical que pregava reformas em contraposição à oligarquia senatorial. Irmão mais velho de Caio Graco (154--121 a. C.), era filho de Cornélia e de Tibério Semprônio Graco, destacado estadista da metade do século II a.C., conhecido como 'o pai dos Gracos'; foi educado por filósofos gregos e seguiu as tradições liberais de sua família desde o início da carreira em oposição à aristocracia, como questor, cargo no qual era responsável pelas finanças, na Espanha.

O ataque ao sistema aristocrático partiu desses dois políticos que descendiam da mais alta nobreza romana. A iniciativa partiu do mais velho eleito tribuno da plebe (133 a.C.), conhecedor da filosofia grega e admirador de Péricles, ambicionava recriar a classe dos pequenos proprietários e, com essa finalidade, apresentou o projeto de uma lei agrária, que restabeleceria a prática de uma antiga lei. Defendeu, sobretudo, sua ideia de uma reforma agrária, a fim de eliminar os malefícios decorrentes da proliferação dos latifúndios.

Como tribuno da plebe (133 a.C.), estabeleceu com o apoio do jovem irmão a Lei Agrária, também chamada de Lei Semprônia (133 a.C.), um projeto sobre a limitação das porções do *ager publicus*, que dava a cada pessoa 500 jeiras de terras (1 jeira = 400 braças quadradas = 0,2 hectares).

Ninguém poderia possuir mais de quinhentos jeiras de fazenda e quem tivesse filhos poderia conservar 500 para si, e 250 para cada um dos filhos, e o que sobrasse seria devolvido à República. Apesar de bastante moderadas e simples, as reformas visavam, sobretudo, a beneficiar os pobres. O projeto dessa lei agrária foi violentamente rechaçado pela nobreza, que conseguiu eleger um dos seus representantes, Otavius, como tribuno, com a missão explícita de vetá-la.

Essa manobra dos nobres era perfeitamente legal, mas os Gracos tentaram impor sua administração democrática pela violência, confiados no apoio popular, subestimando a reação dos latifundiários e da nobreza.

O tribuno convenceu então a plebe a votar a deposição de Otavius e a aprovar seu projeto, o que era ilegal. Uma vez aprovada a lei agrária, foi nomeada uma comissão de três membros, composta pelos dois irmãos e um cunhado seu, para executar o que a nova lei determinava. Diante da ilegalidade do procedimento que levara à aprovação da lei e por ser contrário ao espírito de sua reforma, o Senado recusou-se a autorizar os gastos necessários para a realização da reforma.

Ele voltou a desafiar os poderosos, promovendo uma assembleia tribal que votou um projeto pelo qual as despesas seriam cobertas pelo tesouro do rei Átalo III, de Pérgamo. Por último, quebrou a tradição ao tramar a sua reeleição como tribuno no ano seguinte. Isto aguçou a reação dos senadores e nobres conservadores do partido dos *optimates* (ricos). Acusado pelos seus adversários de pretender tornar-se tirano, a eleição do tribuno ocorreu num clima de grande turbulência.

Decididos a impedir a qualquer custo a sua reeleição, um grupo de senadores liderados por Cipião Nasica, um ex-cônsul e sumo sacerdote, provocou um conflito no fórum, invadiu com seus clientes o Capitólio, templo dedicado a Júpiter e situado na área central de Roma, onde se encontrava o famoso 'tribuno plebeu', que ali foi massacrado juntamente com mais de 300 de seus partidários, durante um comício pela sua reeleição.

Não obstante, dez anos depois (123 a.C.), Caio Graco foi eleito tribuno, com a intenção de continuar a obra do irmão. Beneficiado por uma lei (125 a.C.), que dava ao tribuno o direito de reeleição, Caio Graco tinha, em tese, condições para concluir o projeto do irmão. Eleito, Caio Graco reapresentou e aplicou a lei agrária, conseguindo distribuir os lotes públicos notadamente em Cápua e Tarento.

Em consequência da ação desses tribunos, a antiga Roma republicana do século II a.C. passou por excelente fase, devido às reformas sociais realizadas em etapas sucessivas por esses irmãos."

Fonte: http://www.dec.ufcg.edu.br/biografias/TiberiuS.html; último acesso em 26 de março de 2017.

Caio Graco (154 - 122 a.C.)

"Tribuno romano nascido em Roma e irmão mais jovem de Tibério Graco (164-133 a.C.), que também ganhou destaque como reformador e continuador da obra do irmão. Intelectualmente bem preparado e grande orador, após a morte do irmão, assumiu a frente da facção radical e tornou-se figura pública proeminente.

Eleito tribuno (123 a.C.) dez anos depois do assassinato do irmão, reuniu as facções que se opunham à aristocracia e retomou as reformas de Tibério. O mais moço foi ainda mais longe e depois de vingar a morte do irmão, tratou de restringir o poder do Senado e adotou medidas que favoreciam grandemente a plebe.

Regulamentou o *ager publicus* nas regiões mais afastadas, mas teve de respeitar as terras da nobreza próximas a Roma, e implantou várias leis populares, como a *Lex Viaria*, que determinava a construção de obras públicas para empregar os desocupados e a *Lex frumentaria*, que barateava o custo do trigo aos pobres. Reeleito (122 a.C.), beneficiado por uma lei (125 a.C.), que dava ao tribuno o direito de reeleição, tinha, em tese, condições para concluir o projeto do irmão.

Promulgou outras tantas leis, entre elas a de criação de colônias como as leis de fundação de colônias em Tarento, Cartago e outras cidades, e outra de concessão de cidadania romana aos latinos. Estas leis o fizeram perder progressivamente partidários entre a plebe, pois surgiram os boatos da ideia de que as colônias, como concorrentes de Roma podiam provocar a ira dos deuses. Isto acabou gerando uma nova revolta, mas desta vez, no Fórum.

Conta-se que em depressão por se sentir mal-agradecido pelo povo, pediu para ser morto por um fiel servo que, cumprido o pedido, no bosque de Furrina, perto de Roma, suicidou-se ao lado do amo. Em consequência da ação desses tribunos, a antiga Roma republicana do século II a.C. passou por excelente fase, devido às reformas sociais realizadas em etapas consecutivas por esses irmãos. Lembrando que os cônsules, em número de dois, eram magistrados supremos, que inclusive presidiam os cultos religiosos e comandavam os exércitos, enquanto os tribunos da plebe, em número de 10, eram sacrossantos, ou seja, tinham direitos especiais invioláveis e podiam vetar leis."

Fonte: http://www.dec.ufcg.edu.br/biografias/CaioSemp.html; último acesso em 26 de março de 2017.

BREVE RESUMO

da história grega culminando na chegada do Império Romano na Grécia

A importância de se conhecer a Grécia da Antiguidade (que se desenvolveu entre 2000 a.C. e 500 a.C.) é que a herança de sua cultura atravessou os séculos, chegando até os nossos dias. Foram influências no campo da filosofia, das artes plásticas, da arquitetura, do teatro, enfim, de muitas ideias e conceitos que deram origem às atuais ciências humanas, exatas e biológicas.

No entanto, não podemos confundir a Antiguidade grega com o país Grécia que existe hoje. Os gregos atuais não são descendentes diretos desses povos que começaram a se organizar há mais de quatro mil anos. Muita coisa se passou entre um período e outro e aqueles gregos antigos perderam-se na mistura com outros povos. Depois, a Grécia antiga não formava uma nação única, mas era composta de várias cidades, que tinham suas próprias organizações sociais, políticas e econômicas.

Apesar dessas diferenças, os gregos tinham uma só língua, que, mesmo com seus dialetos, podia ser entendida pelos povos das várias regiões que formavam a Grécia. Esses povos tinham também a mesma crença religiosa e compartilhavam diversos valores culturais. Assim, os festivais de teatro e os campeonatos esportivos, por exemplo, conseguiam reunir pessoas de diferentes lugares da Hélade, como se chama o conjunto dos diversos povos gregos.

Cidades-estados

Essa Grécia de 4.000 anos atrás era formada por ilhas, uma península e parte do continente europeu. Compunha-se de várias cidades, com seus Estados próprios, que eram chamadas de cidades-estados. Essas cidades localizavam-se ao sul da Europa, nas ilhas entre os mares Egeu e Jônio. Algumas das cidades gregas de maior destaque na Antiguidade foram Atenas, Esparta, Corinto e Tebas.

Essas cidades comercializavam e ao mesmo tempo guerreavam entre si. As guerras eram motivadas pelo controle da região e para se conseguir escravos, os prisioneiros de guerra, que moviam grande parte da economia daquelas sociedades.

Afora os escravos e os pequenos proprietários, havia os cidadãos propriamente ditos, naturais da cidade e proprietários de terras, que tinham direitos políticos e podiam se dedicar a atividades artísticas, intelectuais, guerreiras e esportivas. Isso indica que as pessoas com mais prestígio e propriedade cuidavam exclusivamente do aprimoramento do corpo e da mente. Os mais pobres e os escravos movimentavam a economia, fazendo o trabalho braçal, considerado, então, como algo desprezível.

Influência de Creta, Egito e Fenícia

Esses diversos povos gregos organizaram-se e ganharam força por volta do ano 2.000 a.C. A cultura grega tornou-se tão importante porque foi a síntese, o resumo, de diversas outras culturas da Antiguidade, dos povos que viveram na África e no Oriente Médio. Assim, os gregos conheceram os cretenses, que eram excelentes navegadores. Tiveram contato com os egípcios, famosos nos nossos dias pelo complexo domínio de conhecimentos técnicos que possuíam e por sua organização social.

Por fim, a influência dos fenícios também foi muito importante na cultura grega. Os fenícios foram o povo, naquela parte do planeta, que havia inventado o alfabeto cerca de 1.000 anos a.C. Esse alfabeto foi aperfeiçoado pelos gregos, que por sua vez deu origem ao alfabeto latino, inventado pelos romanos. Como se sabe, a língua portuguesa, que nós falamos, tem origem latina.

Todo esse processo demonstra como ocorreram frequentes intercâmbios entre os povos ao longo da história da humanidade, embora muitos conhecimentos e invenções tenham se perdido ou deixado de fazer sentido quando essas civilizações desapareceram.

Sociedade espartana

As cidades-estados sobre as quais sobreviveram mais informações são Atenas e Esparta. Essas sociedades eram, aliás, bem diferentes e frequentemente lutavam uma contra a outra. A sociedade espartana era considerada rígida. (Nos dias de hoje, quando queremos dizer que alguma coisa ou pessoa é muito cheia de regras, fechada, dizemos que é "espartana".) Em Esparta, os homens viviam para a vida militar.

Eles só podiam casar depois de terem sido educados pelo Estado, em acampamentos coletivos, onde viviam dos 12 até os 30 anos. Para o governo, existiam os conselhos de velhos, que controlavam a sociedade e definiam as leis. As mulheres espartanas cuidavam da casa e tinham também uma vida pública: administravam o comércio na ausência dos homens.

Atenas e a democracia

Já Atenas, que foi considerada o exemplo mais refinado da cultura grega, teve seu apogeu cultural e político no século 5 a.C. Na sociedade ateniense, diferentemente de Esparta, as decisões políticas não estavam nas mãos de um conselho, mas sim no governo da maioria, a democracia. Dentro desse sistema, todos os cidadãos podiam representar a si mesmos (não precisavam eleger ninguém) e decidir os destinos da cidade. Ao mesmo tempo em que Atenas abria o espaço para os cidadãos, reservava menor espaço para as mulheres do que na sociedade espartana. Em Atenas, as mulheres, assim como os escravos, não eram consideradas cidadãs.

Os jogos olímpicos

De tempos em tempos, as civilizações que surgiram após os gregos — inclusive a nossa — voltam seus olhos para essa cultura tão antiga, chegando mesmo a retomar alguns de seus costumes. Assim aconteceu, por exemplo, com os Jogos Olímpicos. Essa atividade ganhou importância no mundo ocidental na primeira metade do século 20, como uma forma de celebrar pacificamente a rivalidade entre os países que se confrontaram em duas Guerras Mundiais. Na verdade, as Olimpíadas foram reinventadas no final do século 19, ou seja, mais de 2.000 anos depois de terem sido extintas.

Na Grécia Antiga, os jogos olímpicos eram um ritual de homenagem a Zeus (o deus máximo de uma religião com muitos deuses). Esses jogos realizavam-se na cidade de Olímpia e envolviam todas as cidades-estados da Hélade em várias competições de atletismo. Dentre as modalidades de esporte que se praticavam havia a corrida, a luta livre, o arremesso de discos, salto e lançamento de dardos. Os vencedores voltavam às suas cidades com uma coroa de folhas de oliveira e um imenso prestígio.

Os macedônios e a cultura helenística

No entanto, após o esplendor de Atenas no século 5 a.C., as cidades-estados gregas foram perdendo seu poder e acabaram conquistadas e unificadas pelos macedônios, no século 4 a.C., sob o domínio de Alexandre, o Grande, a cultura grega se expandiu territorialmente, indo do Egito à Índia, num processo em que simultaneamente influenciava e sofria influências. Essa cultura que correu mundo, tendo como raiz a tradição grega, foi chamada de cultura helenística.

Por fim, no século 1 a.C., foi a vez dos romanos chegarem à Grécia antiga, conquistando-a. Ainda que Roma tenha incorporado a maior parte dos valores gregos, inaugurando a cultura greco-romana, os povos gregos da Antiguidade não conseguiram mais obter sua autonomia política e assim foram, ao longo dos séculos, desaparecendo.

Site: http://educacao.uol.com.br/disciplinas/historia/grecia-antiga-a--influencia-da-cultura-helenistica-na-civilizacao-ocidental.html último acesso em 26 de março de 2017.

De volta pra vida

GILVANIZE BALBINO

Romance pelo espírito Saul

Você acredita que uma pessoa possa mudar o seu jeito de ser?

Muitos acreditam que o ser humano vive muitas vidas justamente para que seu espírito, por meio de várias existências, tenha condições de mudar sua personalidade e transformar-se positivamente, livrando-se das ilusões do mundo para aproximar-se cada vez mais de sua essência divina.

A vida, como uma mãe zelosa, permite que seus filhos nasçam, morram e renasçam — tantas vezes forem necessárias —, apenas para descobrirem que o amor incondicional, tal qual uma semente, é um sentimento que necessita ser cultivado e que, a cada nova jornada, precisa ser cuidado para crescer forte e gerar frutos capazes de curar uma alma presa ao ódio ou amolecer um coração endurecido pela mágoa.

Nesta emocionante continuação do romance *O símbolo da vida*, os personagens retornam séculos depois para enfrentar desafios e superar sentimentos como o medo, o ódio e o desejo de vingança, bem como para fortalecer os elos de afeto e amizade.

De volta pra vida é um romance de grande valor educacional, que aborda temas como relacionamento, sexo, vida após a morte e fomenta reflexões profundas a respeito dos aspectos físicos e espirituais da doença de Alzheimer.

O símbolo da vida

GILVANIZE BALBINO
Romance dos espíritos Ferdinando e Bernard

O símbolo da vida é um romance histórico, que resgata fatos verídicos ocorridos no início da Era Cristã. Entre demonstrações de fé, amores e conversões, os autores resgatam com maestria fatos reais sobre a vida e obra de Marcos, o Evangelista.

Quem foi esse homem tão corajoso que, sem conhecer Jesus, o amou sobre todas as coisas e viveu para o Cristianismo? Como era sua relação com os demais apóstolos, principalmente Paulo de Tarso e Pedro? Quais eram seus desafios no Egito?

Neste romance emocionante e revelador, descubra o que aconteceu nos bastidores das trajetórias de alguns apóstolos, especialmente nos bastidores da vida de Marcos, um dos personagens mais marcantes da história cristã.

Este e outros sucessos, você encontra nas livrarias e em nossa loja:

www.vidaeconsciencia.com.br/lojavirtual

 vidaeconsciencia.com.br   /vidaeconsciencia   @vidaeconsciencia

Rua Agostinho Gomes, 2.312 — SP
55 11 3577-3200

contato@vidaeconsciencia.com.br
www.vidaeconsciencia.com.br